公共行政与公共管理
经　典　译　丛

"十三五"国家重点出版物出版规划项目

PUBLIC ADMINISTRATION AND PUBLIC MANAGEMENT CLASSICS

公共行政与公共管理经典译丛 学术前沿系列

新公共服务
服务，而不是掌舵

（第三版）

［美］ 珍妮特·V·登哈特（Janet V. Denhardt）
罗伯特·B·登哈特（Robert B. Denhardt） ／ 著

丁煌 ／ 译

方兴　丁煌 ／ 校

THE NEW PUBLIC SERVICE
SERVING, NOT STEERING
(THIRD EDITION)

中国人民大学出版社
·北京·

总　　序

在当今社会，政府行政体系与市场体系成为控制社会、影响社会的最大的两股力量。理论研究和实践经验表明，政府公共行政与公共管理体系在创造和提升国家竞争优势方面具有不可替代的作用。一个民主的、负责任的、有能力的、高效率的、透明的政府行政管理体系，无论是对经济的发展还是对整个社会的可持续发展都是不可或缺的。

公共行政与公共管理作为一门学科，诞生于 20 世纪初发达的资本主义国家，现已有上百年的历史。在中国，公共行政与公共管理仍是一个正在发展中的新兴学科，公共行政与公共管理的教育也处在探索和发展阶段。因此，广大教师、学生、公务员急需贴近实践、具有实际操作性、能系统培养其思考和解决实际问题能力的教材。我国公共行政与公共管理教育和学科的发展与繁荣，固然取决于多方面的努力，但一个重要的方面在于，我们要以开放的态度，了解、研究、学习和借鉴国外发达国家研究和实践的成果。另一方面，我国正在进行大规模的政府行政改革，致力于建立与社会主义市场经济相适应的公共行政与公共管理体制，这同样需要了解、研究、学习和借鉴发达国家在公共行政与公共管理方面的经验和教训。因此，无论是从我国公共行政与公共管理教育发展和学科建设的需要来看，还是从我国政府改革实践层面的需要来看，全面系统地引进公共行政与公共管理经典著作都是时代赋予我们的职责。

出于上述几方面的考虑，我们于世纪之交开启了大型丛书"公共行政与公共管理经典译丛"的翻译出版工作。自 2001 年 9 月本译丛首部著作《公共管理导论》出版以来，十五年间出版著作逾百种，影响了国内公共行政与公共管理领域无数的学习者和研究者，也得到了学界的广泛认可，先后被评为"十五""十一五""十二五""十三五"国家重点图书出版规划项目，成为国内公共行政与公共管理出版领域的知名品牌。

本译丛在策划之初分为"经典教材系列""公共管理实务系列""政府治理与改革系列""学术前沿系列"四个子系列，后来又增加了"案例系列""学术经典系列"两个子系列。在本译丛出版十五年后，为了更好地服务于国内公共行政与公共管理学科的发展，更方便读者查找译丛的相关图书，我们将译丛简化为"经典教材系列"和"学术前沿系列"两个子系列。"经典教材系列"图书出版的主要目的是满足国内公共行政与公共管理教育对教材和教学参考书的需求。这个系列所选教材的内容全面系统、简明通俗，涵盖公共行政与公共管理的主要知识领域，涉及公共行政与公共管理的一般理论、公共组织理论与管理、公共政策、公共财政与预算、公共部门人力资源管理、公共伦理学等。这些教材都是国外大学通用的公共行政与公共管理教科书，多次再版，其作者皆为该领域的知名学者，他们在自己的研究领域多次获奖，享有极高的声誉。"学术前沿系列"图书出版的主要目的则是介绍国外公共行政与公共管理学科的重要学术成果。这个系列选取学科发展历程中不同学术流派代表性人物的代表性著作，并持续介绍学科发展的最新研究成果。

总的来看，本译丛体现了三个特点：第一，系统性，基本涵盖了公共行政与公共管理学科的主要研究领域。第二，权威性，所选著作均是国外公共行政与公共管理大师或极具影响力的学者的代表作。第三，前沿性，反映了公共行政与公共管理研究领域最新的理论和学术主张。

　　在半个多世纪以前，公共行政大师罗伯特·达尔（Robert Dahl）在《公共行政学的三个问题》中曾这样讲道："从某一个国家的行政环境归纳出来的概论，不能立刻予以普遍化，或应用到另一个不同环境的行政管理上去。一个理论是否适用于另一个不同的场合，必须先把那个特殊场合加以研究之后才可以判定。"的确，在公共行政与公共管理领域，事实上并不存在放之四海而皆准的行政准则。立足于对中国特殊行政生态的了解，以开放的思想对待国际的经验，通过比较、鉴别和有选择的吸收，来发展中国自己的公共行政与公共管理理论，并积极致力于实践，探索具有中国特色的公共行政体制与公共管理模式，是中国公共行政与公共管理学科发展的现实选择。

　　本译丛的组织策划工作始于 1999 年底，我们成立了由国内外数十位知名专家学者组成的编辑委员会。当年 10 月，美国公共行政学会时任会长，同时也是本译丛编委的马克·霍哲教授访问中国行政管理学会，两国学会签署了交流合作协议，其中一项协议就是美国公共行政与公共管理领域著作在中国的翻译出版。2001 年，中国行政管理学会时任会长郭济先生率团参加美国公共行政学会第 61 届年会，其间，两国学会签署了新的合作协议，并再次提及已经启动的美国公共行政与公共管理领域知名学者代表作品在中国的翻译出版。可以说，本译丛是中美两国行政管理（公共行政）学会与公共管理学术界的交流合作在新阶段的重要成果。

　　在译丛的组织策划和翻译出版过程中，中国人民大学政府管理与改革研究中心、国务院发展研究中心东方公共管理综合研究所给予了大力的支持和帮助。我国的一些留美学者和国内外有关方面的专家学者参与了外文原著的推荐工作。中国人民大学、北京大学、清华大学、中山大学、复旦大学、厦门大学、武汉大学等高校许多该领域的专家学者参与了本译丛的翻译工作。在此，谨向他们表示敬意和衷心的感谢。

"公共行政与公共管理经典译丛"编辑委员会

译者前言

众所周知，自美国著名行政学家威尔逊于 1887 年在《政治学季刊》上发表《行政学研究》一文，主张政治与行政分离，第一次明确提出应该把行政管理当作一门独立的学科来进行研究，至今已有一百多年的历史。在这一百多年的发展历程中，行政学经历了多次学科研究范式的转换，特别是 20 世纪 80 年代以来，伴随着西方国家政府重塑运动的兴起和发展，新公共管理在当代公共行政理论与实践中越来越显现出其主导范式的地位。

所谓"新公共管理"（new public management，NPM），最初在很大程度上是一种欧洲的现象，其起源可以追溯到追求行政现代化的改革实践中"管理主义"对韦伯官僚制理论的持续争论。在争论中，管理至上学说占据优势，它从管理学的角度批判官僚主义，推崇私营机构的管理技术，认为分权、放松规制、委托等是医治公共管理机制僵化痼疾的组织原则。① 以此为指导的改善公共管理的实践尝试逐渐形成一种相对一致的流派，即"新公共管理"，它成为指导欧洲各国行政改革的主要原则。英国著名公共管理学家，曾任伦敦经济学院院长的胡德教授（Hood）特别将新公共管理的特质归纳为：（1）在公共部门中实施专业化管理，让公共管理者自己管理并且承担责任；（2）确立明确的目标，设定绩效测量标准并且进行严格的绩效测量；（3）特别强调产出控制，对实际成果的重视甚于对过程或程序的关注；（4）打破公共部门中的本位主义，对部门进行拆分与重组，破除单位与单位之

① 参见国家行政学院编译：《西方国家行政改革述评》，142 页，北京，国家行政学院出版社，1998。

间的藩篱；（5）在公共部门中引入竞争机制，降低管理成本，提高服务质量；（6）强调对私营部门管理方法和风格的吸收与运用；（7）强调对资源的有效利用和开发。①

作为一种现代形态的公共行政理论，新公共管理理论是"管理主义"（managerialism）或"新管理主义"（neo-managerialism）运用于公共部门的结晶，它表明了传统形态的公共行政理论正在普遍化为一般管理哲学的理论倾向。所谓"管理主义"，是工商企业管理领域长期流行的一套管理哲学，它主要包含如下几点核心观念：（1）社会进程的主要途径在于经济学意义上的生产力的持续增长；（2）这种生产力的增长以"管理"功能对劳动力要素和复杂的信息技术、组织技术、物质形态商品的生产技术的有效组织为前提；（3）管理是一项重要的、分离的和特殊的组织功能，在诸如计划、执行和衡量生产力的实质进展方面发挥关键作用，商业的成功越来越依赖于高素质和职业化的管理者；（4）为履行"关键作用"，管理者必须拥有合理的"管理权限"②。"管理主义"的信条就是"让管理者来管理"，这是良好管理的基本准则。③ 良好的管理可以消除繁文缛节，为人员提供良好的激励机制，使机构运作良好，有助于减少和消除浪费，有助于清楚地表明资金的花费去向，将资源集中于最有效的领域，为国家复兴提供钥匙。管理主义认为，良好的管理可以通过引进私营部门中良好的商业实践在公共部门中实现。20世纪80年代以来，管理主义与公共选择理论、交易成本经济学、委托—代理理论联姻，构成了"新管理主义"，其标准范本就是新公共管理理论。

新公共管理理论对管理持有以下两个理念，即管理的自由化和市场化。（1）管理的自由化④。管理主义认为，公共管理人员是具有高度专业化的和通晓如何管理的掌握着信息的个人，因此，新公共管理理论倾向于认为公共官僚制的不良绩效不是缺乏管理能力和不履行职责的结果，而是"坏制度"的结果，是繁冗和不必要的规则、规制及其他约束的结果。由于公共管理人员是"被制度束缚的人"，因此，为改进公共官僚制的绩效，管理者必须从政府的繁文缛节的枷锁中解放出来，政治家和其他人必须"让管理者来管理"，因此，要解除规制并进行分权，使管理过程如预算、人事、采购等合理化。（2）管理的市场化。市场取向的管理有两个基本概念，其一是竞争，其二是私营部门管理的普遍化。竞争源于新古典经济学的市场效率观念，主要是指在公共部门创立内部市场，由于竞争所带来的高效率和低成本，它被看作改进绩效的可靠战略。管理市场化取向的维护者相信，在市场压力下的公共管理者可以提高其绩效水平。关于私营部门管理的普遍化，新公共管理理论认

---

　　① C. Hood, "A Public Management for all Seasons?", *Public Administration*, 1991, 69 (Spring), pp. 3−19.

　　② Christopher Pollitt, *Managerialism and the Public Service: The Anglo American Experience*, Basic Blackwell, 1990, p. 7. 转引自 Larry D. Terry, "Administrative Leadership, Neo-managerialism, and the Public Management Movement", *Public Administration Review*, May/Jun 1998, Vol. 58, pp. 194−200。

　　③ Donald Kettl, "The Global Revolution in Public Management: Driving themes, Missing Links", *Journal of Policy Analysis and Management*, 1997, 16 (3), pp. 446−462.

　　④ 关于管理的自由化，Light 在其著作中有详细的论述。参见 Paul C. Light, *The Tides of Reform: Making Government Work 1945—1995*, Yale University Press, 1997。

为，私营部门的管理实践和技术优越于公共部门并且可以用于公共部门，公私管理之间的区别是一种假象，"管理就是管理"①。新公共管理理论的这些理念在奥斯本和盖布勒的《重塑政府》一书中得到了提炼和普及，成为新公共管理理论的精髓——企业家政府理论。

所谓企业家政府理论，是指美国学者奥斯本和盖布勒于 20 世纪 90 年代在《重塑政府》一书中提出的一种旨在运用企业家精神来对政府进行重新塑造的公共管理理论。该理论是伴随着西方传统政府官僚体制的危机而出现的，它不仅对政府的本质及其存在的必要性做出了新的回答，而且还对企业家政府的本质与特征做了简洁而形象的刻画。该理论认为，政府是我们用来做出公共决策的一种机制，是我们解决共同问题的方式，对于一切文明社会来说，政府都是必不可少的，但遗憾的是，政府的现状并不令人满意，它并没有像人们所期望的那样有效地运作。然而，问题不在于政府中工作的人，而在于他们工作所在的体制，正如奥斯本和盖布勒所言，政府中的大多数公务员"是负责的、有才能的、立志献身的人，只是受制于陈旧体制的桎梏，创造性得不到发挥，精力遭到浪费。我们相信这些制度可以改变，释放出政府公务员身上巨大的能量，提高他们为公众服务的能力"。因此，要从根本上提高政府的工作效率，就必须改革政府的不良体制。为此，他们提出了构成企业家政府理论之基本内核的十条政府体制改革原则：

（1）政府应集中精力"掌好舵"（即做好决策工作）而非"划好桨"（即做好具体的服务性工作），以便居高临下，用政策吸引竞争者，保持最大的灵活性来应付变化着的环境，出色地扮演好自己的角色。

（2）政府的行政专家们不应事必躬亲，而要善于授权，鼓励公众参与管理。

（3）政府应通过各种形式引入竞争机制，增强成本意识，提供优质服务，改善行政管理。

（4）政府应摆脱繁文缛节的束缚，只指导做什么，即要人们实现什么目标并根据目标制定必要的规章和预算，放手让人们去履行各自的责任，至于怎么做则无须管制过细。

（5）政府应讲究效果，对各部门业绩的衡量重在成果而不是投入项目的多少。

（6）政府是受顾客驱使的，其宗旨是满足顾客的需要，而不是官僚政治的需要，故政府应像企业一样具备"顾客意识"，建立"顾客驱使"的制度。

（7）政府应具有一种"投资"观点，应把利润动机引进到公众服务的活动中，变管理者为企业家，学会以花钱来省钱，为回报而投资。

（8）政府应着眼于以预防为主，而不是通过事后服务来挽回损失，它们在做出决定时，应尽一切可能考虑到未来，以防患于未然。

（9）政府应善于下放权力，实行参与式管理，通过参与及合作，分散公共行政机构的权力，简化其内部结构上的等级。

（10）政府在行政管理工作中应采取市场取向的思维，应引进市场机制，改善

---

① B. Guy Peters，*The Future of Governing：Four Emerging Models*，University Press of Kansas，1996，p. 28.

公共服务，政府的管理政策应以市场为依托，组织市场，规范市场，通过市场的力量推进变革。

　　作为一种试图超越传统公共行政理论的现代公共行政理论，新公共管理理论因其在一定程度上反映了公共行政发展的规律和趋势，因而对于西方国家的行政改革起到了十分重要的推动和指导作用，特别是作为其思想精髓的企业家政府理论一问世便因其本身所具有的价值在西方国家，尤其是在它的发源地美国产生了重大影响。当时的美国总统克林顿曾明确指出："每一位当选官员都应该阅读此书。我们要使政府在 90 年代充满活力，就必须对政府进行改革。该书给我们提供了改革的蓝图。" 1993 年 3 月，也就是在《重塑政府》一书出版的第二年，克林顿便宣布了一项为期六个月的计划，对联邦政府的行为进行全面调查研究，并委托副总统戈尔率领一个工作组开展这项工作。1994 年 9 月，戈尔和他的工作组完成了这项使命，并提交了一份长达 100 多页的调查报告——《创建一个花钱少、效率高的政府》，从此揭开了克林顿政府行政改革的序幕。该报告对联邦政府所面临的危机揭露得非常深刻，对解决危机的途径也阐述得相当详细，它清楚地表明了企业家政府理论所产生的重要而深刻的影响。正如克林顿和戈尔在其合著的一本书中所阐述的那样：我们不能容忍我们的政府花钱多、效率低的现象继续存在下去了，解决这一问题的办法也不应再是多设立些项目或多投入些金钱，我们要从根本上改变我们政府的行为方式——从自上而下的官僚体制转向一种自下而上、简政放权式的企业家政府模式。

　　当然，新公共管理理论在其风靡欧美等西方国家之际也遭到了来自多方面的质疑，尤其是，有不少学者对作为其思想精髓的企业家政府理论提出了尖锐的批评。例如，福克斯在《作为后现代符号政治的政府再造》一文中就提出新公共管理理论内在地存在着矛盾[1]，沙赫特在《再造政府还是再造我们自己》一书中也对新公共管理理论所倡导的价值观提出了异议[2]，还有人提出新公共管理理论所倡导的公共企业家精神以及特里所谓的"新管理主义"很可能会损害诸如公平、正义、代表制和参与等民主与宪政价值[3]。而美国学者哈伯尔和格林则更为具体地批评说，企业家政府模式引用法国经济学家萨伊对企业家概念的定义并试图将这一定义简单地推广为任何人、任何公务员或公共组织都可以仿效的行为准则，这是对美国政府及其治理模式的极大偏离，这些偏离将会引起涉及诸如"三权分立"体制中的制度关系、法治、制度稳定与整合、分配效应以及富有活力的政治社群的维持等传统的基本政治问题。[4]　诚然，这些批评意见的确从不同的侧面揭示了包括企业家政府理论

　　[1]　Charles Fox，"Reinventing Government As Postmodern Symbolic Politics."，*Public Administration Review*，1996，56（3），pp. 256-261.

　　[2]　Hindy Lauer Schachter，*Reinventing Government or Reinventing Ourselves*，State University of New York Press，1997.

　　[3]　Larry D. Terry，"Why We Should Abandon the Misconceived Quest to Reconcile Public Entrepreneurship with Democracy"，*Public Administration Review* ，1993，53（4），pp. 393-395；"Administrative Leadership，Neo-Managerialism，and the Public Management Movement"，*Public Administration Review* ，1998，58（3），pp. 194-200.

　　[4]　Richard T. Green and Lawrence Hubbel，"On Governance and Reinventing Government"，in Gary L. Wamsley & James F. Wolf ed.，*Refounding Democratic Public Administration*，Sage Publications，Inc.，1996，pp. 38-62.

在内的新公共管理理论的局限性，对于现代公共行政理论的进一步完善和发展无疑具有极为重要的促进作用，然而，这些对新公共管理理论的异议并没有进一步提出任何可替代的新理论模式。而新公共服务理论正是以美国著名公共行政学家罗伯特·B·登哈特为代表的一批公共行政学者基于对新公共管理理论的反思，特别是针对作为新公共管理理论之精髓的企业家政府理论缺陷的批判而建立的一种新的公共行政理论。

所谓"新公共服务"，指的是关于公共行政在以公民为中心的治理系统中所扮演的角色的一套理念。作为一种全新的现代公共行政理论，新公共服务理论认为，公共行政已经经历了一场革命。目前，与其说公共行政官员正集中于控制官僚机构和提供服务，倒不如说他们更加关注"掌舵"而不是"划桨"的劝告，即他们更加关注成为一个更倾向于日益私有化的新政府的企业家。但是，在他们忙于"掌舵"的时候，是否忘记了是谁拥有这艘船呢？在新公共服务理论家看来，公共行政官员在其管理公共组织和执行公共政策时应该集中于承担为公民服务和向公民放权的职责，他们的工作重点既不应该是为政府这艘航船掌舵，也不应该是为其划桨，而应该是建立一些明显具有完善整合力和回应力的公共机构。具体来说，新公共服务理论包括以下几个方面的基本观点：

（1）政府的职能是服务，而不是"掌舵"。公务员日益重要的角色就是要帮助公民表达并满足他们共同的利益需求，而不是试图通过控制或"掌舵"使社会朝着新的方向发展。在新公共服务理论家看来，尽管过去政府在为社会"掌舵"方面扮演着十分重要的角色，但当今时代为社会领航的公共政策实际上是一系列复杂的相互作用过程的后果，这些相互作用涉及多重群体和多重利益集团，这些为社会和政治生活提供结构与方向的政策方案是许多不同意见和利益的混合物。如今政府的作用在于：与私营及非营利组织一起，为社区所面临的问题寻找解决办法。其角色从控制转变为议程安排，使相关各方坐到一起，为促进公共问题的协商解决提供便利。在这样一个公民积极参与的社会中，公共官员将要扮演的角色越来越不是服务的直接供给者，而是调停者、中介人甚至裁判员。而这些新角色所需要的不是管理控制的老办法，而是做中介、协商以及解决冲突的新技巧。

（2）公共利益是目标而非副产品。公共行政官员必须致力于建立集体的、共享的公共利益观念，这个目标不是要在个人选择的驱使下找到快速解决问题的方案，而是要创造共享利益和共同责任。新公共服务理论认为，建立社会远景目标的过程并不能只委托给民选的政治领袖或被任命的公共行政官员。事实上，在确立社会远景目标或发展方向的行为当中，广泛的公众对话和协商至关重要。政府的作用将更多地体现在把人们聚集到能无拘无束、真诚地进行对话的环境中，共商社会应该选择的发展方向。除了这种促进作用，政府还有责任确保经由这些程序而产生的解决方案完全符合公正和公平的规范，确保公共利益居于主导地位。因此，公共行政官员应当积极地为公民通过对话清楚地表达共同的价值观念并形成共同的公共利益观念提供舞台，应该鼓励公民采取一致的行动，而不应该仅仅通过促成妥协而简单地回应不同的利益需求。这样，他们就可以理解各自的利益，具备更长远、更广博的社区和社会利益观念。

（3）在思想上要具有战略性，在行动上要具有民主性。满足公共需要的政策和方案可以通过集体努力和协作过程得以最有效并且最负责任地实现。新公共服务理论认为，为了实现集体意识，下一步就是要规定角色和责任并且要为实现预期目标而确立具体的行动步骤。这一计划不仅仅是要确立一种远见，然后再把它交给政府官员去执行，而且是要使所有相关各方共同参与到一些将会朝着预期方向发展的政策方案的执行过程中。在新公共服务理论家看来，通过对公民教育方案的参与以及对公民领袖更广泛的培养，政府可以激发人们重新恢复原本应有的公民自豪感和公民责任感，而且这种自豪感和责任感会进一步发展成为在许多层次都会出现的一种更强烈的参与意愿，在这种情况下，所有相关各方都会共同努力为参与、合作和达成共识创造机会。为此，政治领袖应该扮演一种明确且重要的角色，他们要明确地表示并鼓励对公民责任感的强化，进而支持群体和个人参与社区契约的订立活动。在新公共服务理论家看来，尽管政府不能创造社区，但是，政府，更具体地说，政治领袖却能够为有效的和负责任的公民行动奠定基础。人们必须逐步认识到，政府是开放的并且是可以接近的，否则，就不会有政府；政府是有回应力的，否则，就不会有政府；政府存在的目的在于满足民众的需要，否则，就不会有政府。于是，这里的目标就在于确保政府具有开放性和可接近性，具有回应力，能够为公民服务并且为公民创造机会。

（4）为公民服务，而不是为顾客服务。新公共服务理论认为，公共利益不是由个人的自我利益聚集而成的，而是产生于一种基于共同价值观的对话。因此，公务员不仅仅要对"顾客"的要求做出回应，而且要集中精力与公民以及在公民之间建立信任与合作关系。在新公共服务理论家看来，政府与其公民的关系不同于企业与其顾客的关系。在公共部门，我们很难确定谁是顾客，因为政府服务的对象不只是直接的当事人，而且，政府的有些顾客凭借其所拥有的更多资源和更高技能可以使自己的需求优先于别人的需求。在政府中，公正与公平是其提供服务时必须考虑的一个重要因素，政府不应该首先或者仅仅关注"顾客"自私的短期利益；相反，扮演着公民角色的人必须关心更大的社区，必须对一些超越短期利益的事务承担义务，必须愿意为他们的邻里和社区所发生的事情承担个人责任。换言之，政府必须关注公民的需要和利益。总之，新公共服务理论试图鼓励越来越多的人履行自己的公民义务并希望政府能够特别关注公民的声音。

（5）责任并不简单。公务员所应该关注的不只是市场，他们还应该关注宪法法律、社区价值观、政治规范、职业标准以及公民利益。我们知道，无论是传统的公共行政理论还是新公共管理理论都倾向于将责任问题简单化。例如，前者将公共行政官员视为只是简单地直接对政治官员负责，而后者则认为行政官员应像企业家那样有更多的行动自由，其工作绩效的评估主要应从效率、成本—收益以及对市场的回应性等方面进行。然而，新公共服务理论认为，这样的理论模型并未反映当今公共服务的需求和现实，责任问题其实极为复杂，公共行政官员已经受到并且应该受到包括公共利益、宪法法令、其他机构、其他层次的政府、媒体、职业标准、社区价值观念和价值标准、环境因素、民主规范、公民需要在内的各种制度与标准等复杂因素的综合影响，而且他们应该对这些制度与标准等复杂因素负责。

（6）重视人，而不只是重视生产率。如果公共组织及其所参与的网络能够以对所有人的尊重为基础通过合作和分享领导权的过程来运作的话，那么从长远的观点来看它们就更有可能获得成功。新公共服务理论家在探讨管理和组织时十分强调"通过人来进行管理"的重要性。通常，人们往往将生产力改进系统、过程重塑系统和绩效测量系统视为设计管理系统的工具。但新公共服务理论家却认为，从长远的观点来看，这种试图控制人类行为的理性做法在组织成员的价值和利益并未同时得到充分关注的情况下很可能要失败。此外，虽然这些探讨可能会取得一些成果，但是它们却培养不出具有责任心、献身精神和公民意识的雇员或公民。在新公共服务理论家看来，如果要求公务员善待公民，那么公务员本身就必须受到公共机构管理者的善待。新公共服务理论已经充分地认识到公共行政官员的工作不仅极为复杂，而且面临着巨大的挑战。公共行政官员既不像传统公共行政理论所认为的那样只是需要保障和组织一种官僚职业的雇员，也不像新公共管理理论所主张的那样只是市场的参与者，他们的动机和报酬远不只是薪水或保障的问题，他们希望与别人的生活有所区别。因此，分享领导权的概念对于为公共雇员和公民提供机会以便他们的言行符合其公共服务的动机和价值至关重要。分享领导权必定会具有相互尊重、彼此适应和互相支持的特点。特别是通过人民或与人民一起来行使领导权可以改变参与者并且可以把他们的关注焦点转移到更高层次的价值观念上。在这个过程中，公民和公共雇员的公共服务动机同样可以得到承认、支持与报偿。

（7）公民权和公共服务比企业家精神更重要。新公共服务理论认为，与那些试图将公共资金视为己有的企业管理者相比，乐于为社会做出有意义贡献的公务员和公民更能够促进公共利益。在新公共服务理论家看来，新公共管理理论鼓励公共行政官员采取企业家的行为方式和思维方式，这样便会导致一种十分狭隘的目的观——所追求的目标只是在于最大限度地提高生产率和满足顾客的需求。而新公共服务理论则明确地认识到，公共行政官员不是他们机构和项目的所有者，政府的所有者是公民。公共行政官员有责任通过担当公共资源的管理员、公共组织的监督者、公民权利和民主对话的促进者、社区参与的催化剂以及基层领导等角色来为公民服务。这便是一种与看重利润和效率的企业所有者大不相同的观点。因此，新公共服务理论家认为，公共行政官员不仅要分享权力，通过人民来工作，通过中介服务来解决公共问题，而且还必须将其在治理过程中的角色重新定位为负责任的参与者而非企业家。

应当指出的是，尽管新公共服务理论是在对新公共管理理论进行反思与批判的基础上提出和建立的，但是，这并不意味着它是对新公共管理理论的全盘否定。从理论视角来看，它本质上是对新公共管理理论的一种扬弃，它试图在承认新公共管理理论对于改进当代公共管理实践所具有的重要价值并摈弃新公共管理理论特别是企业家政府理论的固有缺陷的基础上，提出和建立一种更加关注民主价值和公共利益、更加适合于现代公民社会发展和公共管理实践需要的新的理论。正如罗伯特·

B·登哈特教授所言："即使在一种思想占据支配地位的时期里，其他思想也从来不会被完全忽略。然而，在民主社会里，当我们思考治理制度时，对民主价值观的关注应该是极为重要的。效率和生产力等价值观不应丧失，但应当被置于民主、社区和公共利益这一更广泛的框架体系之中。在这个框架中，其他有价值的技术和价值观（比如传统公共行政理论或新公共管理理论的核心思想）都可能粉墨登场。随着时间的流逝，这个争论肯定还会持续若干年。但新公共服务理论提供了一个令人振奋的观点，围绕这个观点，我们可以展望公共服务的前景。未来的公共服务将以公民对话协商和公共利益为基础，并与后两者充分结合。"①

总之，无论是从理论价值还是从实践意义来看，《新公共服务：服务，而不是掌舵》一书都不失为公共行政学研究领域的一部颇有创新性的学术力作。当然，由于作者生长在一个社会制度、文化背景以及政治价值都与我国有很大差异的国度里，所以书中肯定有一些与我们的国情不太相符的内容，相信明智而耐心的读者能够以正确的态度加以鉴别、批判。

本书的第一版是我于十多年前引进中国并翻译成中文版的，毋庸置疑，该书中的许多观点和理念无论是对我国的公共管理学界还是对我国的公共管理实践均产生了重要影响。现在的这本是该书的第三版，在这一版中，作者除了以专栏的形式介绍了一些体现新公共服务理念的典型个案和实例外，还根据美国等西方发达国家的公共管理实践新增了两章（即第10章和第11章），专门探讨新公共服务的行动建议和案例研究。像十多年前本译著的第一版一样，本书第三版的译作原本也应该更早一点儿交稿，但依然是因为教学、科研以及行政等诸多方面的繁杂事务缠身，所以还是拖了一些时间，好在我与登哈特教授夫妇常有交流，对他们的思想比较了解，进而为我的翻译工作提供了便利。为了尽可能地保证译稿的质量，当我翻译完全书后，我首先还是请我夫人方兴教授帮我对译稿进行了认真的校对，然后我又对译稿进行了统校。尽管译者不敢玩忽，希望能准确、完整地传达原文的思想和语气，但因功力有限，再加之时间仓促，讹误之处恐仍难以避免，乞请读者批评指正。

在此，我要感谢本书的作者罗伯特·B·登哈特教授，作为具有国际声誉的著名行政学家，登哈特教授不仅为我翻译本书提供了诸多帮助，而且还在百忙之中欣然为我们撰写了中文版序言。最后，我尤其还要衷心地感谢刘晶社长和朱海燕女士对我的信任和理解，她们对工作的认真负责令我钦佩，她们对朋友的宽容大度令我感动。

丁　煌
于珞珈山

---

①　Robert B. Denhardt & Janet Vinzant Denhardt，"The New Public Service，Serving Rather than Steering"，*Public Administration Review*，2000，60（6），pp. 549-559.

中文版序言

《新公共服务：服务，而不是掌舵》一书的中文版正在一个不仅是中国而且是世界各国都充满了巨大的机遇、变革和挑战的时代印行。世界各国都正在努力地与似乎是不断变化着的全球经济和政治现实同步前进。由于每一个国家都试图在一个日益相互依赖的世界中行动和互动的同时供养和保护其人民，所以领导者和公民、政治家和行政官员、学者和学生也都必须找到一些更好的新途径（方法）来改进作为其服务对象的人们的生活。这些挑战和需求不仅很新并且很复杂，而且要应对这些挑战和满足这些需求，就要求每一个国家的每一个公民都应该有活力、智力和创造力。

然而，在中国，目前出现了真正前所未有的振奋局面和发展势头。自 1978 年中国实行改革开放政策以来，中国已经进行了一场令世人瞩目的改革。伴随着向社会主义市场经济体制的发展，中国在 1991 年至 1998 年之间 GNP（国民生产总值）的平均增长率达到了 10.5％。政府组织结构的调整、政府行政过程的合理化、政府行政效率的改进以及地方政府的强化，所有这一切都正在以种种其他国家难以充分意识到的方式真正地改变着中国公共行政的面貌。改革的继续进行不仅会创造一些积极变革的新机遇，而且也会随之带来一些挑战。尽管如此，在过去很短的几十年里，中国已经成为世界上经济增长速度最快的国家之一。

与此同时，中国的公共行政（公共管理）研究也得到了长足的发展。1998 年，中国有几所重点大学开始培养第一批公共行政学（行政管理）专业的博士研究生。1988 年，中国行政管理学会成立，而且《中国公共管理评论》（英文版）的发刊已经在这个正在出现（或者重新出现）的领域激发了人们的兴趣并且为公共行政领域的实际工作者和学者提供了一个重要的论坛。

尽管中国所面临的挑战在许多方面都是独一无二的，但是，在更加广泛的意义上，我们的国家（美国与中国）和其他民族国家所面临的问题有许多都具有共同的主题并且它们所涉及的问题种类也具有相似性。例如，我们怎样创立一个既高效又民主、既公正又富有同情心、既有代表性又负责任的行政机构？行政职能的绩效怎样才能符合并且影响更大治理系统的价值观？我们怎样才能在避免市场模型的内在缺陷或者至少对这种内在缺陷有所补救的同时利用这种市场模型的力量？

在考察这几种问题时，中国和美国明显地将很不相同的历史、文化和政府体制作为其出发点。很自然，我们的《新公共服务：服务，而不是掌舵》一书主要是从美国和西方的视角来写的，因为我们所关注的是我们认为在政府中对市场模型的依赖方面已经成为潮流的东西。我们认为，尽管市场模型和效率及其所包含的利润等价值观对于私营部门很有用，但是它作为认识和解决根本治理问题的一种手段却并非完全有用或者适用。不过，在包括美国在内的许多国家中，已经有一种思维的转变越来越使我们不是把公民视为民主治理过程的充分参与者和真正"主人"，而是视为"顾客"。我们的《新公共服务：服务，而不是掌舵》一书的目标就在于就除了效率之外我们的政府——包括行政部门——还应该促进什么样的价值观这个问题展开讨论。我们认为，美国公共行政的卓越价值观应该基于促进民主公民权和民主参与并且应该基于公共服务的规范和理想。我们十分强调就共同价值观进行公开对话的重要性以及在增进公共服务的尊严和重要性的同时建立强大的社区。

中国是从一个很不相同的维度来看待这些治理问题的，它正在走向市场经济体制并且正在努力推进仍然较新的公共行政科学的发展。在许多方面，中国学者和中国公共行政官员所面临的价值问题与美国同行所面临的价值问题都有很大的差别。然而，我们希望，通过彼此之间的思想交流，我们能够相互学习对方的经验并且能够进一步丰富我们对需要提出问题的本质以及构造问题答案的方法的认识。我们渴望更多地了解中国公共行政的情况以及所取得的经验。我们希望《新公共服务：服务，而不是掌舵》一书的中译本可以在我们面对挑战和机遇时为我们再提供一套与我们的中国同行和学生一起谈论的理念。

最后，我们要衷心地感谢中国武汉大学的丁煌教授为本书的翻译及在中国的出版所做的努力，我们期待着他不久再一次来到美国与我们进一步合作。

珍妮特·V·登哈特和罗伯特·B·登哈特
于美国亚利桑那州凤凰城

第三版前言

本书有两个基本目的。其一是要对公共行政领域的种种想法 ix
和呼声进行综合，这些想法和呼声要求将公共利益的民主价值
观、公民权和服务重新肯定为公共行政领域的规范性基础。其二
是要为围绕着一些原则而组织这些想法提供一个框架，进而为它
们提供一个我们认为一直都缺少的名称、外壳和表达方式。本书
就是一个唤起我们对我们的价值观进行思考并且按照我们的价值
观行动的号角。作为一种挑战，它旨在使我们认真细致并且批判
性地思考什么是公共服务，为什么公共服务很重要，以及引导我
们的行为内容和行为方式的应该是什么样的价值观。我们不仅要
赞颂公共服务的特色、重要性和意义，而且还要考虑我们怎样才
可能更好地实践这些理想和价值。

构成本书理论核心和实质的有两个主题：（1）促进公共服务
的尊严和价值；（2）将民主、公民权和公共利益的价值观重新肯
定为公共行政的卓越价值观。我们希望，在此所提出的这些思想
不仅可以有助于我们启动更多的对话，而且也有助于从我们自身
内部寻找我们所作所为的精神之所在。我们希望像"民主""公
民""自豪"这样的语词不仅在我们的言语中，而且在我们的行
为中都要比像"市场""竞争""顾客"这样的语词更加流行。**公
务员（通常）不是提供顾客服务，而是提供民主。**

这些主题——公共服务的尊严与价值以及民主、公民权和公
共利益的价值观——是美国遭到"9·11"袭击之后我们紧接着
在为美国公共行政学会网站撰写的两篇在线论文的论题。在第一
篇文章中，我们在表达悲伤和怀疑的同时也十分钦佩去帮助处于

12

x　困境中的人们的那些勇敢的公务员。当别人奋力挣扎着从世界贸易中心向下逃生的时候，警察和消防队员们却正在往世界贸易中心的楼梯上冲，这个情节尤其激发起我们的钦佩之情：

> 这些人再一次向美国表明他们与众不同。使他们与众不同的是他们朴素的、常常也是无名的英雄品质。他们是公务员。他们以一种如果说不是被许多人不可能理解那么也会是被许多人难以理解的方式为他们的公民同伴服务……恐怖主义的这种恐怖行径以一种奇特的方式使我们想起了我们为什么要从事公共服务。我们关心我们的国家，关心我们的社区，并且关心我们的邻里。我们每一个人，无论我们是穿制服、套装，还是穿夹克、工装，或者戴安全帽，都在改进他人生活的过程中扮演着某种角色。为公众服务——帮助处于困境中的人们，使世界更加安全和整洁，帮助孩子们学习并茁壮成长，着实地到别人不愿去的地方——这就是我们的工作和职业。（Denhardt and Denhardt 2001a）

在第二篇文章中，我们不仅写到我们一直都很钦佩许多为了我们而孜孜不倦地工作的公务员，还写到公民权的重要性以及我们有责任促进公民积极地参与政府的活动：

> 公共服务的精神并非只限于那些正式为政府工作的人们，即并非只限于那些被我们视为公务员的人们。普通公民也希望有所贡献。然而，他们可以发挥其许多才能的途径却一直都有限，究其原因，我们认为，在某种程度上是因为，过去几十年来我们都严重地抑制了公民角色，进而更喜欢把人们视为顾客或者消费者，而不是将人们视为公民。（Denhardt and Denhardt 2001b）

xi　我们不仅对这种反应感到满意，而且还对这种反应感到有点儿意外。许多人给我们写信并且与我们谈到我们的这些文章对他们所具有的意义，以及他们多么希望听到并且谈论公共服务的价值观、精神以及崇高性。在本书中，我们试图通过将这种讨论牢固地建立在历史和公共行政思想与实践发展的基础之上来拓展这种讨论。尽管这些想法并不新鲜，但是它们却正在开始获得一种更为清晰的声音并激发起一种更新的兴趣。公共服务的理想怎么啦？我们什么时候开始听不到它们的？管理哲学和管理理论对于政府之适当角色与身份的看法变化是如何改变公务员的思维方式和行为方式的？在这个过程中公共服务的那些价值观被丢失了吗？特别是那些可以为公共服务领域提供尊严、勇气和承诺的价值观在这一过程中丢失了吗？我们怎样才能重新发现并肯定这些价值观？

自《新公共服务：服务，而不是掌舵》的第一版出版以来，这种讨论一直在持续进行。我们一直都很欣慰的是能够有机会与美国以及巴西、瑞典、荷兰、意大利、韩国和中国对社区与组织中新公共服务感兴趣的朋友们叙谈并且聆听他们的想法，而且，本书的第一版于 2004 年就在中国出版了中译本。我们从这些讨论中所获得的洞见和想法使我们更加坚信并且更加尊重公务员在民主治理中所从事的这项非常艰难但却极其重要的工作。它使我们想起了我们原先撰写这本书的原因——与其说是要主张一套原创的新理念，倒不如说是要表达一些对于有效治理极为重要的思想和观点，而这些思想和观点已经常常被另一些试图运用企业的价值和方法来重塑政府以及试图从其他方面"修理"政府的做法遮掩得暗淡无光。

《新公共服务：服务，而不是掌舵》一书于 2007 年出了一个扩展版，该版新加了一章，讨论新公共服务的基本原则怎样才能付诸实践。在这一版（第三版）中，我们又另外新增了一章（第 10 章），探讨我们在选择许多公民参与的成功方法时应该关注的行动建议和因素。

我们并不自命要提供所有的答案，或者说，我们并不自命非要明确地表达该领域的"正确"价值观；更确切地说，我们倒是希望人们重新开始谈论这些价值观，并且希望人们谈论得更大声一点儿并且更有力一点儿。我们想要就公共服务的尊严和职业启动一些对话并且想要帮助公务员重新发现其行为的精髓和意义以及他们这样做的理由。

珍妮特·V·登哈特和罗伯特·B·登哈特

致　谢

　　我们要感谢许多人在我们从事这项研究期间为我们提供的指　　xii
导和帮助。我们特别要感谢美国以及世界各国的一些有远见的公
务员和积极参与的公民在公共服务与公民参与方面提供的重要榜
样。其实，这些人已经证实了"新公共服务"。我们只不过是给
他们的工作命了个名罢了。我们还要感谢学术界的朋友和同事在
我们从事这项研究期间为我们提供的帮助与支持。在我们可以提
到的许多实际工作者和学者中间，我们尤其想要回忆诸如下面这
样一些人的智力贡献、支持和友谊：马文·安德鲁斯（Marvin
Andrews），玛丽亚·阿里斯特格塔（Maria Aristgueta），林恩·
贝利（Lynn Bailey），埃里克·伯格鲁德（Eric Bergrud），迪克·
鲍尔斯（Dick Bowers），哈里·布里格斯（Harry Briggs），乔·
凯尔（Joe Cayer），琳达·蔡平（Linda Chapin），杰夫·查普曼
（Jeff Chapman），曼努埃拉·科奇（Manuella Cocci），汤姆·艾
克勒（Tom Eichler），艾琳·艾森（Eileen Eisen），弗兰克·费尔
班克斯（Frank Fairbanks），马克·格拉泽（Mark Glaser），乔·
格雷（Joe Gray），乔·格拉布斯（Joe Grubbs），杰伊·哈克斯
（Jay Hakes），约翰·霍尔（John Hall），玛丽·汉密尔顿（Mary
Hamilton），马克·霍尔泽（Mark Holzer），埃德·詹宁斯（Ed
Jennings），吉姆·基恩（Jim Keene），谢里尔·金（Cheryl
King），克里斯蒂安·拉科（Christiaan Lako），利纳·兰利特
（Lena Langlet），罗兹·拉斯克（Roz Lasker），布赖恩·马森
（Brian Marson），芭芭拉·麦凯布（Barbara McCabe），辛西娅·
麦克斯温（Cynthia McSwain），约翰·纳尔班迪安（John Nalban-

dian)，尼科·内利森（Nico Nelissen），罗伯特·奥尼尔（Robert O'Neill），菲尔·彭兰德（Phil Penland），简·珀金斯（Jan Perkins），杰夫·拉菲尔（Jeff Raffel），兰迪·里德（Randy Reid），丹·里奇（Dan Rich），费伊·施密特（Faye Schmidt），卡米拉·斯蒂弗斯（Camilla Stivers），詹姆斯·斯瓦拉（James Svara），拉里·特里（Larry Terry），约翰·托马斯（John Thomas），卡伦·托雷森（Karen Thoreson)，以及奥赖恩·怀特（Orion White）。我们还要非常特别地感谢我们优秀的研究助手凯利·坎贝尔（Kelly Campbell)、钱虎（Qian Hu）和卢宾卡·阿多诺斯卡(Ljubinka Adonoska)，作为我们优秀的研究助手，他们已经并且将会继续对公共行政领域做出重大的贡献。我们永远要感谢 M. E. Sharpe 出版公司的优秀编辑哈里·布里格斯（Harry Briggs）和伊丽莎白·格兰达（Elizabeth Granda）。总之，我们要向所有的人真诚地道一声"谢谢"！而且像一直以来的那样，我们想要对我们的孩子们迈克尔（Michael)、本（Ben）和玛丽（Mary）表达我们的喜爱和赞赏之情。

目　录

第 1 章

公共行政与新公共管理

　　政府不应该像企业那样运作，它应该像一个民主政体那样运 3
作。在我们这个国家（美国）以及全世界，无论是选举产生的公务
员还是被任命的公务员，他们都是根据这个原则行事的，并且
正在重新恢复对诸如公共利益、治理过程以及扩大民主公民权等
理想的信奉。结果，他们正在学习政策制定和执行的新方法，认
识和承认他们所面对挑战的复杂性，并且重新恢复对其公务员和
公民的善待与尊重。随着这种服务意识和社区意识的增强，公共
雇员感到自己更受重视并且更有活力。在这个过程中，公务员也
正在重新与公民联系起来。行政官员正在逐渐认识到他们有许多
东西要通过"倾听"公众的声音而不是向公众"发号施令"并且
要通过"服务"而不是"掌舵"才能获得。应公务员的邀请乃至
强烈要求，普通公民又一次参与到治理过程之中。公民和公共官
员正在以一种互利合作的方式齐心协力地界定与处理一些共同的
问题。

　　我们认为，这种新的态度和新的参与表明公共行政领域正在
出现一场运动，我们将这场运动称为"新公共服务"。新公共服
务运动试图提出和通报有关该领域的许多重要的规范性问题。在
公共服务领域我们怎样才能确定自己行为的本质特征？我们行为
的驱动力是什么？当我们因工作的艰苦和混乱而沮丧时，是什么
给了我们力量和能力？即便是在我们面临一些因资源极为有限而 4
难以处理的复杂问题以及当我们面对那些常常对我们的所作所为
表示不满并且加以批评的公众时，我们怎样才能不退却并且继续
前进？我们认为，答案就在于我们信奉公共服务的理念。

就那些为了使世界更加安全和整洁、为了改进我们的健康状况、为了教育我们的孩子，以及为了解决我们所面临的许多社会问题而努力工作的人们而言，对于其非凡的献身精神，我们找不到任何其他的合理解释。我们能否在别的什么地方找到我们为了将促进公民权和公众参与作为我们工作的一个重要组成部分而付出种种努力的根据呢？还有什么东西能够使得那些消防队员、警官、社会工作者、规划员和检查员、接待员和办事员、管理人员和分析人员尽心尽力并且坚定不移地为他们的社区和国家服务呢？

研究告诉我们，公共服务的理念对于理解公务员怎样才能成功地做好自己的工作至关重要。但是，今天所缺失的东西似乎是既能够表达又可以重新肯定这些公共服务价值观之重要性的统一主题和原则。当然，关于这些价值观在美国以及其他地方的整个公共行政史上都一直被人们争论不休，但是今天人们似乎要比以前更加关注这些问题。当然，有些重要的"驱动力"最近在公共行政领域已经得到了广泛的讨论：新公共管理（NPM），为结果而管理的运动，——在此仅列举两种。尽管所有这些影响一直都很重要，但是它们都满足不了我们对回答某些核心问题更为基本的渴望：我们是谁？我们为什么在这儿？所有这一切都意味着什么？在我们公共行政领域的整个历史发展过程中公共行政官员都一直被鼓励要把事情处理好，但是那只是一个不完整的答案。我们还想重新审视社会价值观。

公共行政的精髓就在于此。就公共行政而言，最重要的并且最有价值的就是我们为公民服务以增进共同的利益。公共行政官员要负责改进公共卫生状况，要负责维护公共安全，要负责提高我们的环境质量，以及许许多多的其他工作任务。从根本上来看，无论是就他们而言还是对我们来说，真正重要的不是我们所做的工作多么有效率，而是我们怎样促进了大家生活水平的改进。在本书中，我们要通过新公共服务来唤起人们对这种职业精神的肯定，新公共服务是一场基于公共利益、民主治理过程的理想和重新恢复的公民参与的运动。我们将论证，这场运动目前正表现在我们与政治领袖互动的方式上，表现在我们与公民接触的方式上，以及表现在我们给我们的组织和社区带来积极变化的方式上。

我们将通过把新公共服务与对公共政策和公共行政的传统探讨及当代探讨进行对比来描述新公共服务的各种要素。在本章中，我们将非常简要地考察传统公共行政的历史和发展，我们在此可以将传统公共行政称为老公共行政。然后，我们将对新公共管理进行概述，我们将新公共管理视为当代公共行政的主要方法或主流方法。在第2章中，我们将特别提到公共行政的一些最重要的备选观点，尽管这些观点在公共行政的整个历史中不太占主流地位，但是它们现在却正在被越来越迫切地表达出来。在考察完新公共服务的背景和历史根基之后，我们将在第3章至第9章中探讨新公共服务中我们发现最有吸引力的七个方面。在第10章中，我们提供了一些实例来说明新公共服务价值正在美国以及世界各地得以实施的情况。在本书的开头，我们注意到我们并没有试图对已经出现的许多新公共服务的例证进行列举，也没有试图为新公共服务而建立一个完备的理论框架。相反，我们在此的目的只是要以一种非常基本的方式列出学者和实际工作者在努力建设新公共服务时可能会遇到的那些规范性问题和思考公共行政的备选方法。

1.1　老公共行政

尽管在整个人类历史的进程中政府曾使用过复杂的管理和组织结构，但是公共行政作为一个独立的研究和实践领域普遍被认为起始于 19 世纪末 20 世纪初。例如，它在美国的表现形式典型地始于伍德罗·威尔逊（Woodrow Wilson）的一篇著名论文，威尔逊当时是一位大学教授，后来当上了美国总统。威尔逊通过评论说"'贯彻'一部宪法比制定一部宪法更困难了"（Wilson 1987/1887，200）来说明政府的行政任务不仅越来越多而且越来越复杂。为了更为有效地管理政府，威尔逊建议我们应该注意事务性的领域，因为"行政管理的领域就是一个事务性的领域"（209）。为了遵循这个事务性的模型，威尔逊建议，政府应该建立行政当局，进而从本质上控制官僚组织并且把实现最可靠且最有效率的运作当作其可能的目标。

然而，位于这些权力中心的人们过去并没有积极地或者广泛地参与政策的制定。他们的任务倒是执行政策和提供服务，而且在这些任务中，他们为了忠实地执行正常的指令而被要求按照中立原则和职业特性行动。他们要受到细致的监视并且要对通过选举产生的政治领袖负责，以便自己不偏离既定的政策。威尔逊也认识到，在另一方面存在着一种潜在的危险，即认识到政治，或者更具体地说，腐败的政客可能会对追求组织效率的行政官员产生消极的影响。这种担心引出了威尔逊的著名格言："行政管理是置身于'政治'所特有的范围之外的。行政管理的问题并不属于政治问题。尽管行政管理的任务是由政治加以确定的，但是政治却无须自找麻烦地去操纵行政管理机构"（Wilson 1987/1887，210）。因此，威尔逊确立了已为人所知多年的政治—行政（或曰：政策—行政）二分法。

两个关键主题

在威尔逊的论文中，我们发现了两个在其后的半个世纪或许更长时间里充当着公共行政研究焦点的关键主题。首先，政治（或政策）有别于行政。与此相连的思想就是行政官员要对民选政治家负责并且具有中立的能力。其次，人们关注于创造一些将会使公共组织及其管理人员能够以最有效率的方式行动的行政管理结构和行政管理策略。这些思想都值得进一步探讨。

首先，将政治与行政相分离的思想就受到了许多早期的评论并且最终以许多重要的方式指导着实践。例如，这种二分法明显地成为地方政府议会—经理制的根据，地方政府的这种议会—经理制意味着议会被赋予确定政策的责任而市政经理则负责执行政策。当然，如同在其他领域中一样，在这个议会—经理制的例子中，政治与行政的严格分离被证明是很困难的。无论是市议会的成员还是州立法机关或者联邦立法机关的成员，统治集团的成员总是要保持对行政机关工作状况的积极关注。尤其通过监督功能，他们对行政机构的工作施加了大量的影响。相反，行政官员最终在政策过程中扮演着一种更为积极的角色，当他们用专家的建议影响立法过程时，情况尤其如此。通常，许多诸如卢瑟·古利克（Luther Gulick）这样的评论家都认为，政策与行政不可能被分离，公共管理人员的每一次行动都包含着一个"由裁量权和行动构成的无缝之网"（1933，561）。古利克是纽约的第一位市政经理，而且他还是美国公共行政学会（ASPA）的奠基人。像锡拉丘兹大学马克斯维尔学院院长保罗·阿普尔比（Paul Appleby）这样的另一些人甚至更为简要地说："公共行政就是政策制定"（Appleby 1949，170）。

随着时间的推移，威尔逊对政治与行政所做的区分必定变得模糊起来。然而，在许多方面，政治与行政之间的关系对于公共行政这个领域仍然很重要。尽管政治与行政的"二分法"被说得过分绝对了，但是政治问题与行政问题的相互作用必定是认识我们当今政府工作状况的关键。然而，也许更为重要的是，政治与行政的分离位居老公共行政的责任表现形式的中心，按照这种责任观，被任命的行政官员要对自己的政治"主人"负责——而且只有通过他们才能对公民负责。按照这种观点，如果一个中立且有能力的行政机构受控于民选的政治领袖并且对其负责的话，那么民主治理的要求就可以得到满足。一位名叫弗雷德里克·克莱弗兰（Frederick Cleveland）的早期学者评论说，如果"在行政当局之外有一个代表机构（例如一个立法机关）有权决定成员（公民）的意志并且有权通过行政当局来执行（那种）意志的话"（Cleveland 1920，15，圆括号是本书作者所加），那么民主责任就可以得到维护。按照这种观点，立法机关的工作方式有点儿像一个监督某一企业运作的董事会。

其次，威尔逊坚持认为，而且其他人也同意，公共组织在其运转过程中应该尽可能地追求最高的效率，而且这样的效率可以通过统一的并且主要是等级制的行政管理结构得到最好的实现。当然，这种观点符合那个时期企业管理人员的思想。诸如效率专家弗雷德里克·W·泰勒（Frederick W. Taylor）（1923）等许多人就运用"科学管理"方法试图通过详细的"时间和动作"研究来了解到底怎样才能改进生产过程。例如，泰勒就试图通过设计一种可以计算单独一满铲子泥土的理想重量的试验来确定铲土的"一种最佳方法"，这种理想重量的理想标准意味着每天可以铲最多的土！

诸如伦纳德·怀特（Leonard White）（1926）和威洛比（W. F. Willoughby）（1927）这样的另一些早期的理论家集中关注的则是建立一些将会高效率运转的组织结构。而且，多数人都发现有一种观念很引人注目，这种观念认为，一个强有力的行政长官应该被赋予贯彻执行分配给该机构的工作的权力和权威。此外，如果该行政长官通过一种具有统一指挥、等级权威以及严格分工特点的组织结构来工作的话，那么他或她就会非常成功。因此，行政长官的工作就是要确定最佳的分工，然后再开发协调和控制的恰当手段。或者说，根据古利克提出的 POSDCORB 这个经典的首字母缩略词，行政长官的工作就是计划、组织、用人、指挥、协调、报告和预算（1937，13）。但是另一方面，效率是多数早期作者和实际工作者所接受的关键价值观。

不一致的观点

然而，这并不是说**所有的人**都承认效率是评价行政官员的最终标准。具有学者和实际工作者双重身份的马歇尔·迪莫克（Marshall Dimock）就对这种观念提出异议，他写道，机械的效率只是"冷酷地计算并且没有人性"，而"成功的行政管理则是温暖的和有活力的，它讲求人性"（Dimock 1936，120）。迪莫克继续说，成功的行政管理"不只是一种无生命的抵押品。它要搞规划，做设计，说理论证，教育培训，为社会这个整体搞建设"（133）。还有一些人则提出，不仅政治领导人而且行政官员最终都要关注诸如正义、自由和平等这样的问题——这些问题要比单独的效率难以处理得多。

最后，许多作者都特别提到，对组织效率的追求可能很容易以牺牲公民对政府工作的参与为代价。也许作为其同代人中最著名的公共行政理论家，德怀特·沃尔多（Dwight Waldo）在其稍后的著作中对公共行政领域正在出现的正统做法做了总结，他写道，"有人认为并且强调，效率的实现手段和测量标准对于所有的行政管理都一样。如果民主要幸存的话，它就不能忽视集权、等级制和纪律的教训"（Waldo 1948，200）。此外，他还评论说，"无论是私人行政管理还是公共行政管理，都在某种重要的……意义上违背了民主的理想……因为它们都坚持认为，无论民主多么美好，多么合乎需要，都只是某种处于行政管理边缘的东西"（Waldo 1952，7）。

所以，与把效率当作评价行政绩效的唯一标准相对应，有人可能会利用其他的标准，例如，对公民所关注问题的回应度。有人可能会说这是一个很吸引人的观点，然而，这些备选的意见顶多只能算得上参照物，因为公共行政这个正在形成的领域严格地经过了"政治—行政""科学管理""行政管理""科层管理"这些思想阶段。在每一种情况下，理论和实践都证实了严格等级制结构的重要性，这些严格的等级制结构是由一些希望以尽可能最有效率的方式来实现该组织目标的管理人员自上而下加以控制的。有趣的是，甚至在该领域经过了下几个十年而进入其行为的或曰"科学的"阶段时，同样的问题仍然很突出。尽管这种辩护有点儿不同，但是最终的建议却在很大程度上具有同一性。 *9*

理性模型

《行政行为》（1957）是由后来荣获诺贝尔经济学奖的著名政治科学家赫伯特·西蒙（Herbert Simon）撰写的一部经典著作，该书做了最好的论证。按照西蒙所描述的实证科学观点，陈述可以根据它们是真是假来进行分类。当然，科学家所关注的是证实某些命题的真假。要这样做，他们就必须除去那些倾向于干预人类事务的烦人的"价值观"。所以，那些谈及个人偏好或团体偏好的词语是不允许进入科学研究的，在我们现在的研究背景下，则是不允许进入行政行为的研究的。相反，西蒙认为只有一个标准可以被用来帮助将价值观从对组织行为的讨论中剔除出去，这个标准就是效率标准。

这个论点的关键在于理性的概念。在西蒙看来，尽管人类针对其所面临的问题而能够获得的理性程度是有限的，但是他们却能够以团体和组织的形式联合起来有效地应对其周围的世界，而且他们能够以一种理性的方式这样做。毕竟，在理论上，我们并不难为实现多数目标而确定一个合理的行动步骤。然而，当我们将活生生的真人插入这幅画面时，问题就出现了，因为所有的一切都会涉及人类所关心的问题和人的特质。于是，问题就变成了如何使这些人与这个理性的计划相匹配以及怎样确保人的行为沿着尽可能最有效率的路径前进。

与一种长期认为人的理性所关注的是诸如正义、平等和自由这类问题的哲学传统相对应，西蒙更为限定性的观点是，理性所关注的是对实现理想目标的正确手段进行协调。按照这种观点，理性就等同于效率。就西蒙所谓的"行政人"而言，最合理的行为是推动一个组织有效实现其目标的行为。"行政人承认组织目标是其决策的价值前提，他特别关注自己对该组织中其他成员的影响，他对自己的角色形成了稳定的预期……而且他对于该组织的目标具有高昂的士气"（Simon，Smithburg，and Thompson 1950，82）。于是，通过所谓的诱因—贡献模型，即通过对提供给该组织成员的诱因进行控制，该组织的领导者就可以利用这种对组织的合理设计来促使组织成员做出贡献和服从的行为，其结果就是建立一个更富有效率并且更具有生产率的组织。

公共选择

10　　　　在西蒙取得其研究成果几年后，关于行政行为又出现了一种有趣的解释，这种解释与传统的"经济人"主张在性质上具有更为密切的联系。这种被称为"公共选择理论"的新方法实际上在老公共行政与新公共管理之间提供了一个有趣的桥梁，因为，尽管我们一般都把公共选择理论产生的时间与老公共行政联系在一起，但是，正如我们在后面将会看到的那样，公共选择后来作为新公共管理之关键性理论基础的重要性要大得多。正因为如此，我们在此将只是简要地概述一下公共选择理论，不过我们在随后的整个论述中还会不时谈及这种理论。

公共选择理论是建立在几个关键性假定基础之上的。首先，也是最重要的一点，公共选择理论关注的焦点是个体，它假定个体决策者像传统的"经济人"那样是理性的、自私自利的，并且试图使自己的"效用"最大化。按照这种观点，个体在任何决策情境中都试图（以最少的成本）追求最大的收益，其行为就"总是在决策中追求尽可能大的收益和最少的成本。人们从根本上都是自私自利的，关心自己的，并且其行为具有工具性"（Dunleavy 1991，3）。即便人们实际上并不是那样，经济学家和公共选择理论家也认为，如果我们**假定**他们就是那样的话，我们就能够更好地解释人的行为。其次，公共选择理论关注的焦点是作为公共机构产出的"公共物品"概念。这些物品可以与私人物品区别开，因为像国防这样的公共物品在被提供给某一个人时也就会被提供给所有的人。

与公共选择有关的第三个观念是，不同种类的决策规则或决策情境将会导致做出选择的不同方法。正因为如此，建构影响人类选择并进而影响人类行为的决策规则不仅是公共机构运转的关键，而且在更为普遍的意义上也是治理系统运转的关键。按照这种观点，"公共机构被看作是为了提供公共物品和公共服务以适应不同社会环境下个体的偏好而对决策能力进行分配的一种手段"（Ostrom and Ostrom 1971，207）。换言之，公共选择方法意味着将经济模型和经济方法应用于非市场环境，特别是将经济模型和经济方法应用于政府与政治科学，以便为指导人类的行为提供结构和激励。

关于公共选择理论，人们已经提出了许多问题。第一个也是最明显的问题是经验性的问题。个体为了使自己的效用最大化是否就真的始终如一地以一种自私自利的方式行事呢？显然，人们在许多情况下是这样的，但是他们在许多情况下也并非如此。这就意味着，公共选择模型为了提出一个其理论化的剩余部分所依据的关键结构而必须牺牲行为的准确性。结果是一套根据一些假定而提出的逻辑命题，而这些假定可能只是间接地很少符合实际的人类行为。在比西蒙的"行政人"模型更大的程度上，公共选择模型的更为纯粹的"经济人"所依据的是一个完全理性的假定。有人可能会问："为什么不把关注的焦点集中在人类行为的其他方面，例如感觉或直觉上呢？"对于公共选择理论家来说，答案在于，为了对人类行为提供更好的解释，我们应该集中关注个体和团体试图使自己的利益最大化的方式以及市场机制对个体选择的影响和回应方式。

正如耶鲁大学的政治学家罗伯特·达尔（Robert Dahl）（1947）在对西蒙观点的一篇评论性文章中所指出的那样，说一个行动是理性的并不等于说它符合道德目的或者符合在政治上负责的目的，而只是说，这个行动可以更有效率地将该组织推向前进。达尔的评论也可以适用于时间更近的公共选择模型。达尔指出，相比之下，效率本身就是一种价值观并且应该与诸如个人责任或民主道德等其他的价值观相竞争。达尔认为，在许多情况下，效率都不会成为人们选择的首要价值观。例如，我们会怎样评价第二次世界大战时的德军战俘营呢？据说，那些战俘营的管理效率相当高。或者说得更流行一点儿，在对一个公共机构行政效率的关注与该机构对公民参与其决策过程的需要之间如何才能保持平衡？我们认为这是一个很重要的问题。但是，达尔的观点像沃尔多提出的论点一样，在围绕着公共组织的结构和行为而正在进行的对话中都被降到了主流之外的地位。

核心观念

显然，许多其他的学者和实际工作者都对公共行政领域的早期发展做出了贡献。而且，正如我们已经看到的那样，没有哪一套观念是为几十年来老公共行政领域的所有贡献者都赞同的。然而，我们认为，公平地说，下列要素普遍地代表了老公共行政的主流观点：

- 政府工作的中心在于通过现存的政府机构或新授权的政府机构直接提供

服务。

12
- 公共政策和公共行政所参与的是设计和执行政策，这些政策集中于一个政治上规定的单一目标。
- 公共行政官员在政策制定和治理中扮演着一种有限的角色；更确切地说，他们负责执行公共政策。
- 提供服务的工作应该由对民选官员负责的行政官员来承担并且应该在他们的工作中赋予有限的裁量权。
- 行政官员要对民主选举产生的政治领导人负责。
- 公共项目得以最佳实施的途径是通过等级制组织，其中管理人员主要是从该组织的顶部施加控制的。
- 公共组织的首要价值观是效率和理性。
- 公共组织作为一个封闭的系统运转的效率最高，因此，公民的参与是有限的。
- 公共行政官员的角色主要被界定为计划、组织、用人、指挥、协调、报告和预算。

毫无疑问，老公共行政理应受到许多赞誉。大多数行政官员在这种观点范围内工作，他们在从国防、社会保障到交通运输、公共卫生以及环境保护等许多领域，过去曾经（并且将继续）为社会做出显著的重要贡献。老公共行政使我们能够有效地对付极其复杂的难题并且使我们能够在政治问题和行政问题之间保持一种平衡。假使在其所处的时代环境中，老公共行政的服务状况即便是不完美，但还是不错的。它将继续发挥作用。多数政府机构仍然遵循的是这种基本的组织和管理模型——或者说，至少这种模型对于各级政府机构来说似乎还是"欠缺的"。但是这个老的模型已经遭到了越来越多的攻击，尤其遭到了新公共管理支持者的攻击。

1.2　新公共管理

这里的新公共管理是指一系列当代的思想和实践活动，其核心内容是力图将私营部门和工商企业管理的方法用于公共部门。正如我们已经看到的那样，尽管"像工商企业那样管理政府"的要求由来已久，但是这场争论的当代版本却不仅仅只是意味着要采用工商企业的管理方法。更确切地说，新公共管理已经成为一个规范的模型，它标志着我们思考方式的深刻转变：我们怎样思考公共行政官员的角色和公共行政这个职业的本质，我们如何做我们所做的事情以及为什么做我们所做的事情。

13
20年来，新公共管理已经风靡全美乃至全世界。其结果是，公共部门已经实施了许多很积极的变革（Barzelay 2001；Kettl 2005；Kettl and Milward 1996；Lynn 1996；Lynn 2006；Osborne and Gaebler 1992；Osborne and Plastrik 1997；Pollitt and Bouckaert 2000；Shamsul 2007）。在新公共管理思想的大量应用中，有

一个共同的主题一直都是对市场机制和市场术语的运用，照此，公共机构与其顾客之间的关系被理解为包含着与市场上发生的事情相类似的交易行为。"从最广泛的意义上来看，这些改革试图用以市场为基础、由竞争驱动的策略来取代传统上以规则为基础、由权威驱动的过程"（Kettl 2000a，3）。

按照新公共管理的观点，公共管理者被要求去寻找新的创新途径来取得成果或者将先前由政府履行的职能民营化。他们被要求去"掌舵，而不是划桨"，也就意味着，他们不应该亲自去承担提供服务的责任，而应该尽可能地通过承包或其他类似的安排来确定由别人去具体实施的项目。关键在于，新公共管理大量地依靠市场机制去引导公共项目。哈佛大学的琳达·卡布利安（Linda Kaboolian）解释说，这些安排可能会包括"政府组成单位内部的竞争和跨越政府边界的非营利部门与营利部门之间的竞争，额外津贴和惩罚"（Kaboolian 1998，190）。在新公共管理的支持者看来，这样做的目的在于放松公共机构和公共雇员无效率的垄断特权。在对这一点进行阐述时，伦敦经济学院的克里斯托弗·胡德（Christopher Hood）写道，新公共管理离开了使公共官僚机构具有合法性的传统模式，如在程序上对行政裁量权的保护措施，转而去赞同和支持"相信市场和私营企业的管理方法……用经济理性主义的语言表达的种种理念"（1995，94）。

按照这些理念，许多公共管理者便开始尝试根据经济学的假设和观点来努力地提高生产率并且找到了一些可供选择的服务供给机制。他们已经将关注的焦点集中在对顾客的责任和高绩效上，进而对官僚机构进行改组，重新规定组织使命，精简机构程序，以及分散决策权。在许多情况下，政府和政府机构都已经成功地将先前的供给职能民营化，使高层行政官员对可测量的绩效目标负责，建立测量生产率和效益的新程序，并且重新设计部门体系以强化责任意识（Barzelay 2001；Boston et al. 1996；Pollitt and Bouckaert 2000）。

布鲁金斯学会的唐纳德·凯特尔（Donald Kettl）认为，他所谓的"全球公共管理改革"主要集中在以下六个核心问题上：

（1）政府怎样才能找到从同样的或更小的税基中挤出经费提供更多服务的途径？

（2）政府怎样才能利用市场型的激励措施铲除官僚制机构的弊病？怎样才能用会改变项目管理者行为的市场策略来取代传统官僚体制的指挥—控制机制？

（3）政府怎样才能利用市场机制为公民（现在常常被称为"顾客"）提供更多的服务选择——或者至少鼓励人们更加关注为顾客更好地服务？

（4）政府怎样才能使得项目更具有回应性？政府怎样才能下放职权以便为一线的管理人员提供更强的服务诱因？

（5）政府怎样才能改进其设计和追踪政策的能力？政府怎样才能将其作为服务购买者的角色（承包方）与其在实际提供服务中的角色分离开？

（6）政府怎样才能将其关注的焦点放在产出和结果上，而不是放在过程或结构上？政府怎样才能用自下而上的结果驱动型系统来取代自上而下的规则驱动型系统？（摘自 Kettl 2000a，1—2）

与此相类似，新西兰的乔纳森·波士顿（Jonathon Boston）更早地将新公共管理学说的主要特征描述如下：

> 强调的是管理而不是政策；从利用投入控制转向依靠可量化的产出测量和绩效目标；伴随着新的报告机制、监控机制和责任机制的发展而下放管理控制权；将庞大的官僚机构分解为准自治机构，特别是把商业功能与非商业功能分离开……优先选择私人所有、对外承包以及公共服务供给的可竞争性；仿效某些私营部门的管理方法，例如……开发公司计划（和）绩效协议，采用与绩效相联系的薪酬制度……以及更加关注机构形象；一般都偏爱的是货币刺激而不是诸如伦理、精神和地位等非货币刺激；以及强调的是削减成本、效率和削减（cutback）管理。（Boston 1991，9—10）

世界各地

这项实际的改革议程在像新西兰、澳大利亚、英国（大不列颠）以及后来的美国这样一些国家中的有效性警告世界各国政府，人们正在寻求新的标准并且正在确立新的角色。不过，这并不意味着这些国家在寻求公共部门的管理改革时都严格遵循的是同一种模式。正如欧洲公共管理学界的领军人物克里斯托弗·波利特（Christopher Pollitt）和吉尔特·鲍查尔特（Geert Bouckaert）所细心指出的那样，改革的种种努力受制于某一特定国家内的治理哲学和治理文化，受制于该国政府的性质和结构，以及运气和巧合。然而，"某些政权看起来似乎要比其他国家更易于接受新公共管理的'绩效驱动'、市场偏好的理念，诸如澳大利亚、加拿大、新西兰、大不列颠联合王国以及美国这样一些盎格鲁-撒克逊国家尤其如此"（2000，60—61）。

新西兰的改革努力很值得注意，它是随着工党在野九年之后的重新上台执政，而于20世纪80年代中期开始的。那时，新西兰的国民经济已经处于萧条停滞状态，而且该国发现自己很难继续支撑得起其传统上很慷慨的社会发展项目和经济支持。"新西兰的改革始于一种自上而下的方法，这种方法试图尽可能地对各种项目进行民营化，试图以市场激励来取代指挥—控制的官僚体制，而且它试图专心致志地关注的焦点是产出和结果而不是投入"（Kettl 2000a，8）。构成该模型思想基础的关键性原则似乎是，政府所涉及的事务只应该是在别的地方不能更为有效处理的事务，而且政府应该尽可能地按照私营企业的方式进行组织。此外，还要强有力地依靠激励系统并且要利用部长（大臣）与管理者之间或买方（代理方）与供方（承包方）之间明确的契约（Boston et al.，1996，4—6）。从管理体系方面来说，新西兰基本上废除了它的公务员系统，它允许管理人员与雇员就他们自己的合同进行协商并且采用一些更加注重绩效和结果的预算制度。其结果是新西兰公共管理的一场大规模改革。

20世纪80年代以及更远时间在澳大利亚公共行政和公共管理领域发生的类似变革尽管也是由于困难时期的经济状况引起的，但是这些变革绝不仅仅是使得政府能够大幅度地削减社会项目。早在1983年，在罗伯特·霍克（Robert Hawke）首相领导下的政府就很赞同"为结果而管理"的看法并且还为实现这个目标而启动了一系列财政管理方面和其他方面的改革。而且，在民营化、政府改组以及根据具体的预期结果进行项目评估等方面进行了各种努力。政府鼓励管理人员利用企业方式的规划过程来识别优先考虑的项目和目标，来重新设置财政管理程序以便根据预期结果而更好地追踪支出情况，以及强调效率、生产率和对结果负责。

英国的改革主要是因玛格丽特·撒切尔（Margaret Thatcher）缩减政府规模的新保守主义行动而引起的。早期的一个关键性举动是减少成本和丢开那些可以由私营部门更好地完成的活动，与此同时尽可能地使剩下的那些活动接受市场竞争的考验。此外，财政管理创新（financial management initiative）的重心在于识别具体的责任中心，把成本与结果联系起来，以及让管理人员根据合同来取得这些结果。后来的一个"公民宪章"运动则试图使一些机构负责以达到一些具体的服务标准。"新公共管理（英国版本）源于一个基本的经济学论点，即政府具有垄断性、高昂的交易成本以及信息不对称等缺陷，而这些缺陷在很大程度上导致了政府的无效率。通过市场竞争和类似市场的刺激，这些改革者们认为他们能够缩小政府的规模，能够削减政府的成本并且能够改进政府的绩效"（Kettl 2000a，14）。（关于新公共管理在其他国家的新近评论，可参见下列文献：Dent，Chandler，and Barry 2004；Lagreld and Christensen 2007；Levy 2010；Lynn 2006；Pollitt，Van Thiel，and Homberg 2007；Ramesh，Araral，and Wu 2010。）

美国的经验

这些理念通过戴维·奥斯本和特德·盖布勒的畅销书《重塑政府》首先在美国得到了具体体现和普及（David Osborne and Ted Gaebler 1992，也可参见 Barzelay 2001；Osborne and Plastrik 1997）。作为记者和以前的市政经理，奥斯本和盖布勒不仅利用美国州级政府和地方政府的经验，而且也引用其他国家特别是新西兰的经验提供了许多现在熟悉的"原则"和仍然作为新公共管理核心的理念，通过这些原则，"公共企业家"可能会导致大规模的政府改革，这些原则如下：

（1）**催化的政府，"掌舵"而不是"划桨"**：公共企业家要超越现存的政策选择，而要在其社区内部充当催化剂，以便产生候补的行动步骤。他们选择"掌舵"，而不是"划桨"、集中关注某一个单一的目标，而应是承认广泛的可能性并且对资源和需要进行调整。"掌舵"的人要规定未来，而不仅仅是依靠传统的假定（Osborne and Gaebler 1992，35）。

（2）**社区所有的政府，授权而不是服务**：公共企业家已经得知过去为当事人服务的种种努力所产生的不是经济和社会的独立，而是依赖。这些企业家不应再维持这种方法，而应该将公共创新的所有权转给社区。他们应该使公民、邻里群体以及社区组织能够自己得出解决问题的方案（Osborne and Gaebler 1992，52）。

（3）**竞争性的政府，将竞争机制引入服务的供给之中**：公共企业家已经认识到，试图提供每一项服务的做法不仅会消耗公共资源，而且会导致公共组织能力的过分扩张，进而会降低服务的质量和有效性。这些公共企业家通过鼓励和促进公共的服务供应者、私人的服务供应者和非政府的服务供应者之间开展竞争来抵消这种趋向。其结果就是效率的提高、回应性的增强和创造了一种以创新作为报偿的环境（Osborne and Gaebler 1992，80-83）。

（4）**使命驱动的政府，转变规则驱动的组织**：公共企业家已经看到官僚组织中过度地制定规则是怎样抑制创新和限制政府绩效的。僵硬的预算和人力资源系统为这样的规则制定提供了进一步的支持。相比之下，公共企业家首先关注的焦点是该团体的使命——该组织在内部和外部努力追求的东西。于是，预算系统、人力资源系统和其他系统都旨在反映总的使命（Osborne and Gaebler 1992，110）。

（5）**结果导向的政府，关注的是结果，而不是投入**：公共企业家认为，政府应该致力于实现实质性的公共目标或结果，而不应该致力于严格地控制完成该项工作所花费的公共资源。现行的评估和报酬体制主要集中关注的是财政效率和控制，它们很少过问从每一项创新中获得了什么效果。公共企业家要把这些体制转变成为更具有结果导向性——基于政府绩效的责任（Osborne and Gaebler 1992，140-141）。

（6）**顾客驱动的政府，满足顾客的需要，而不是满足官僚机构的需要**：公共企业家已经从私营部门的企业家那里了解到，如果我们不把关注的焦点放在顾客身上，那么公民就绝不会幸福快乐。鉴于政府的机构的大部分公共资源都是由立法机关提供的，所以这些政府机构的工作就会完全无视其顾客基础。它们的工作是按照它们自己的优先顺序进行的，而且这些优先顺序符合的是资助来源的要求，而不是其顾客的真正需要。公共企业家应该将这个体制颠倒过来，进而首先为顾客服务（Osborne and Gaebler 1992，166-167）。

（7）**有事业心的政府，有收益而不是开支**：尽管公共企业家面临的财政约束与其传统的财政约束相同，但是他们的回应方式存在差异。公共企业家不是提高赋税或者大幅度地削减公共项目，而是找到一些用较少的成本办更多事情的创新方法。通过将利润动机的理念引入公共领域——例如，依靠公共服务的收费和资助未来创新的投入——公共企业家能够增值并保证结果，就连银根紧缩时期，他们也能够这样做（Osborne and Gaebler 1992，203-206）。

（8）**有预见力的政府，预防而不是治疗**：公共企业家已经越来越厌倦将资源汇集到一些解决公共问题的项目上。相反，他们倒是认为应该关注的首要问题是预防，防患于未然。过去的政府曾有过提供服务的荣耀——它们能够提出一些旨在治疗公共疾病的创新举措。然而，随着后工业社会中的问题变得越来越复杂，政府失去了其回应的能力。通过回到预防措施上来，公共组织在将来会更有效率和效能（Osborne and Gaebler 1992，219-221）。

（9）**分权化的政府，从层级节制的等级制到参与和协同**：公共企业家懂得工业化时代集权化组织所充当的角色。这些机构代表的是公共行政领域迈向职业化的第一步。然而，等级制组织的时代已经过去。信息技术的发展、传播体系的改进以及劳动力质量的提高已经产生了一个由更加灵活并且更具有团队基础的组织构成的时代。决策权已经被延展至该组织的各个方面——被置于那些能够创新和决定高绩效方针的人们手中（Osborne and Gaebler 1992，250−252）。

（10）**市场导向的政府，通过市场的杠杆作用来调控变化**：公共企业家很不愿意运用传统的方法来改变环境，例如试图控制整个局面，而是愿意运用旨在塑造允许市场力量发挥作用的环境的创新性战略。每一种管辖范围——无论是一个国家、一个州还是一个地方社区——都代表着一个市场，一个由人、利益集团和社会经济力量构成的集合体。公共企业家认识到，这些市场是任何一个单一政治机构都无法控制的。所以，他们的战略中心就在于塑造环境以便市场能够最有效地发挥作用，进而保证生活的质量和经济发展的机会（Osborne and Gaebler 1992，280−282）。

奥斯本和盖布勒想用这十条原则来充当公共行政新的概念框架——成为改造政府行为的一个分析清单。"我们所描述的只是美国使用的基本治理模式的一种转向。尽管这种转向在我们周围都在发生，但是由于我们并不是在寻找它——因为我们假定所有的政府都必须具有大规模、必须集权化并且具有官僚体制——所以我们很少看到这种转向。我们看不见这些新的现实，因为它们与我们所预想的情况不相符"（Osborne and Gaebler 1992，321）。

美国"重塑政府"的改革工作要晚于其他盎格鲁-撒克逊国家，美国"重塑政府"的改革工作具有更强的政治性，而且，在某种程度上正因为如此，其"重塑政府"的改革对其总体治理结构的影响较小，而对其管理实践的影响则较大。有两项改革措施很重要，其一是国家绩效评审报告（NPR），其二是《政府绩效与结果法令》。国家绩效评审报告是比尔·克林顿（Bill Clinton）总统的一项改革措施，它由艾尔·戈尔（Al Gore）副总统牵头负责，其目的是要创建一个"花钱少、效率高"的政府。为此，许多政府雇员被派到政府的各个机构中去寻找能够使工作得以合理地改进并且降低成本的途径。具体的改革建议有很多，其中包括政府采购改革、人事政策的变革，以及信息技术的开发等。此外，它还十分强调要为政府的"顾客"服务。不过，国家绩效评审报告是在一种必须要大幅裁减联邦雇员的政治背景下进行的，因为这是要实现迅速节约所唯一能够做的事情。与此同时，由国会推动的《政府绩效与结果法令》也要求管理人员确立具体的行为标准并且要"为结果而管理"。在对国家绩效评审报告前五年的实施情况进行总结时，凯特尔写道，尽管国家绩效评审报告尚有一些缺陷，但是它"却节约了大量的资金，带来了许多管理改革（特别是在顾客服务和采购过程方面带来许多管理改革），并且就政府的功能问题而引发了一场更基于绩效的讨论"（Kettl 2000a，29）。

智力支持

至此，我们已经根据世界各国为了改革政府工作而进行的实际努力讨论了新公共管理。但是，我们还应该注意为新公共管理进行的各种聪明的辩护。正如林恩（Lynn 1996）所提到的那样，这些辩护主要来自 20 世纪 70 年代发展起来的"公共政策学派"和世界各国兴起的"管理主义"运动（Pollitt 1993）。

与公共行政领域中的那些更具有政治学取向的观点相反，于 20 多年前在公共事务学派特别是在公共政策学派中出现的政策观点更为明显的是根植于经济学。尽管肯定并非所有的政策分析人员和那些从事政策评估的人员都具有经济学的专业背景，但是他们中的许多人则无疑受过经济学专业的训练，或者至少熟悉经济学，而且，他们都很精通诸如"市场经济""成本和收益""理性选择模型"这样的术语。转过来，这些学派便开始将注意力转向政策执行，他们将政策执行称为"公共管理"以使其区别于以前的"公共行政"，尽管公共管理和公共行政二者都关注通过各种政府机构的行为和工作来执行公共政策。（虽然这两个术语可以在相通的意义上使用并且常常都是如此，但是，如果说它们有区别的话，那么这种区别就是，关于公共管理的讨论趋于表明一种对管理行为的经济学解释的偏好，而关于公共行政的讨论则更有可能以政治学、社会学或组织分析为基础。）

作为经济学观点的基本延展，新公共管理明显地与理性主义观点相联系，并且如同我们在前面所提到的那样，它尤其与公共选择理论有联系。公共选择理论有一种重要的变异形式也对新公共管理的发展产生了影响，它就是所谓的"代理理论"或"委托—代理理论"。简单地说，委托—代理理论所关注的是委托人与代理人之间的关系。"委托"指的是一种其中一个个体（代理人）代表另一个个体（委托人）行动的情境。例如，如果我雇用一个律师，我就是委托人，而这名律师则是我的代理人，但是，这名律师却受到多重激励——打赢这场官司（我的目标）以及最大限度地延长可付费的时间（他的目标）。由于我们的目标并不一致，所以就会出现各种各样的问题。按照新公共管理的观点，代理理论要么可以用来分析在某一特定的官僚机构内部产生的问题（例如，向委托人提供什么激励才可能会使得代理人产生服从行为），要么则可以用来评价不同制度结构的作用（例如，影响警官行为的多种利益怎样才可能会影响对一支警力进行民营化的决策）。

公共选择（及其孪生物——代理理论）不仅提供了一个很好的政府模型，对某些人而言，甚至可以说提供了一个使人非相信不可的政府模型，而且它们还充当了一种可以在实践上指导缩小政府规模和降低政府成本的智力路线图。例如，博斯顿与其同事就认为，"新西兰新公共管理改革最显著的特征之一就是它们根据公共选择理论和组织经济学，特别是代理理论进行塑造的方式"（1996，16）。正如我们已经看到的那样，从公共选择最简单的形式来看，公共选择是从市场和顾客的观点来看待政府的。进而，公共选择理论对理性选择的信奉就意味着一种对价值观的选择，通常包含着一种对效率和生产率的承诺。于是，正如胡德所指出的那样，新公共管理很自然就明显地将强调的重心放在了诸如效率、消除浪费或者使资源与明确的目标相称这样的价值（即所谓的"σ值"）上。不过，他还指出，那些价值的实现可能会以牺牲诚实和公平的交易、偏好的避免或对责任的追求（"θ值"）为代价或者可能会以牺牲安全保障、心情愉快和适应能力（"λ值"）为代价（Hood 1991；也可参见 Hood and Jackson 1991，14）。

第二个智力辩护表明，新公共管理深深地根植于"管理主义"或"新管理主义"。按照管理主义的观点，企业和公共部门的成功都取决于管理人员的质量与职业化特性。克里斯托弗·波利特曾将"管理主义"描绘成一种信念，这种信念认为，通向社会进步的道路是提高生产率，增进这种生产率的途径是管理人员接受的旨在提高效率和生产率的训练，而且，要扮演好这种重要的（乃至启示性的）角色，管理人员就必须被赋予各种"管理的自由"甚或"管理的权力"（Pollitt 1993，1-3；也可参见 Lynn 2006）。

此外，有人认为，新公共管理兴起的原因不仅在于管理主义，还在于"管理主义者"影响的增强。有趣的是，无论是在新西兰还是在澳大利亚，所发生的转变有一部分很明显地与一个管理者阶层的出现有联系，这个管理者阶层是受经济学家和那些受到经济学训练的人们支配的。例如，澳大利亚学者安娜·耶特曼（Anna Yeatman）认为，当许多受过大学教育的候选人因其高度信奉一种理性化和任务取向的公共行政概念而受雇担任高级职位时，澳大利亚的公共服务便转向了管理主义（Yeatman 1987）。新南威尔士的迈克尔·普西（Michael Pusey）就支持这种观点，他认为，在澳大利亚的中央机关，来自经济学界或者与企业有关的诸行业的工作人员——一个被他称为"经济理性主义者"的群体能够赢得一线的官僚的支持，他们尤其是能够运用收回资源的威胁来吸引一线的官僚相信这种理性主义的观点（Pusey 1991）。

我们已经看到，新公共管理如同它前面的老公共行政一样，不只是涉及一些新管理**方法**的实施，而是含有一套新的**价值观**，在此它所包含的是一套主要取自市场经济和企业管理的价值观。如前所述，在公共行政领域中长期有一种传统理念支持"政府应该像企业那样管理"。这种建议大体上已经意味着政府机构应该采用在私营部门已经证明有效的那些管理方法，其范围涉及从"科学管理"到"全面质量管理"。新公共管理将这种理念向前推进了一步，它认为，政府不仅应该采用企业管理的**方法**，而且还应该采纳某些企业**价值观**。今天，新公共管理已经被描绘成为公共行政和公共管理的一个规范的模式。

1.3　加入这场争论

当然，新公共管理并非没有遭到批评。许多学者和实际工作者都对新公共管理的含义以及该模式所主张的公共管理者角色表示担忧。例如，在《公共行政评论》最近就领导、民主和公共管理问题开设的专题论坛中，许多作者都颇有见地考察了新公共管理带来的机遇和挑战。那些在专题论坛和其他地方对新公共管理发起挑战的人们就以下诸方面提出了问题：新公共管理运动的内在矛盾（Fox 1996），新公共管理所倡导的价值观（Box, Marshall, Reed, and Reed 2001；deLeon and Denhardt 2000；Frederickson 1996；Schachter 1997），强调市场模式所倡导的分权与公共部门对协调的需要之间的紧张关系（Bumgarner and Newswander 2009；Dent, Chandler, and Barry 2004；Levy 2010；Meier and O'Toole 2009；Peters and Savoie 1996），以及行政部门和立法部门的潜在角色和关系（Carroll and Lynn 1996；Lynn 2006）。还有人对民营化运动之于民主价值观和公共利益的意义（McCabe and Vinzant 1999）以及企业家精神和特里（Terry）（1993，1998）所谓的

23　　"新管理主义"会怎样逐渐腐蚀和破坏诸如公平、正义、代表制和参与这种民主和宪政价值观提出了质疑。

　　奥斯本和盖布勒（1992）告诫我们应该为这艘船掌舵而不是划桨。我们的问题是这样的：当公共行政领域逐渐放弃了"划桨"的理念并且接受了"掌舵"的责任时，那仅仅是用一个"行政中心论"观点替代另一个"行政中心论"观点吗？换言之，我们是否用一个公共管理人员试图通过控制其机构与当事人来提高效率和生产率的模式替代了另一个其内容完全相同的模式呢？奥斯本和盖布勒写道："掌舵者远远要比划桨者更有能力把握船的航向"（1992，32）。如果情况果真如此的话，那么从划桨向掌舵的转变就可能不仅会让行政官员掌控船只——选择船只的目标和方向并且绘制实现目标的线路图，而且还会赋予行政官员更多的权力去掌控船只。

　　当我们急于掌舵时，也许我们正在淡忘谁拥有这条船。金和斯蒂弗斯在其新著《政府属于我们》（King and Stivers 1998）一书中提醒我们不要忘记政府是属于它的公民的（也可参见 Box 1998；Box, Marshall, Reed, and Reed 2001；Cooper 1991；King and Zanetti 2005；King, Feltey, and O'Neill 1998；Stivers 1994a，1994b；Thomas 1995）。因此，公共行政官员在其管理公共组织和执行政策时应该着重强调他们**服务于公民和授权于公民**的职责。换言之，将公民置于首位（鉴于公民处在最前线，所以），强调的重点不应该放在为政府这艘航船掌舵或是划桨上，而应该放在建立明显具有完整性和回应性的公共机构上。

　　重要的是，新公共管理的支持者在阐明自己的理由时经常用老公共行政作为陪衬物，与老公共行政相比，企业家精神的各项原则显然会被视为具有优势。请注意，例如，奥斯本和盖布勒是如何将他们的原则比作僵化官僚制机构的一种替代方案的。在他们看来，僵化的官僚体制总是为过多的规则所困扰，它们不仅受严格的预算和人事制度的约束，而且还专注于控制。这些传统的官僚机构被描绘成为忽视公民、逃避创新并且只服务于它们自己的利益需求。在奥斯本和盖布勒看来，"这种在工业时代发展起来的政府机构，具有迟缓、集权的官僚体制，专注于各种规章制度，并且具有层级节制的指挥链，因而它们已经不能再有效地运转了"（1992，11-12）。实际上，当这些官僚机构仍旧服务于其先前的目标时，它们"却越来越令我们失望"（15）。

　　如果新公共管理的原则与老公共行政进行比较的话，那么新公共管理显然看起来是一个更为可取的备选方案。但是，粗略地考察一下近期的公共行政文献，我们
24 就可以清楚地发现，这两种研究方法并未充分包含当代的政府理论或政府实践（Adams and Balfour 2009；Agranoff 2007；Bevir 2009；Box 1998，2008；Bozeman 2007；Bryson and Crosby 1992；Carnavale 1995；Catlaw 2007；Cook 1996；Cooper 1991；deLeon 1997；Denhardt 1993，2008；Farmer 1995，2005；Fox and Miller 1995；Frederickson 1997；Gawthrop 1998；Goodsell 1994；Harmon 1995，2006；Hummel 1994；Ingraham et al. 1994；Ingraham and Lynn 2004；Jun 2006；Kettl 2009；Lee 2005；Light 1997，2008；Luke 1998；McSwite 1997；Meier and

O'Toole 2006；Miller and Fox 1997；Moynihan 2008；O'Leary 2006；Perry 1996；Rabin，Hildreth，and Miller 1998；Rohr 1998；Sorensen and Torfing 2008；Stivers 1993；Svara 2007；Terry 1995，1998；Thomas 1995；Van Wart 2005；Vinzant and Crothers 1998；Wamsley et al. 1990；Wamsley and Wolf 1996）。当然，过去的 100 年来，公共行政领域并没有停留在进行改革的说辞上。相反，其思想和实践都经历了一个丰富而曲折的理论演进和实践发展的过程，而其中的许多重要的实质性发展并不能归入"新公共管理"的标题之下。因此，我们的选择就不止两种。

我们无法接受"重塑的、市场取向的新公共管理只应当与老公共行政相比较"的观念，因为，尽管老公共行政有许多重要的贡献，但是它已经越来越多地被人们视为官僚制、等级制和控制的同义语。如前所述，如果这样比较的话，那么新公共管理便总会取胜。相比之下，我们认为，这场争论中所缺少的是可以作为新公共管理之更新近替代物的一套有组织的原则。我们想要建议，新公共管理应该与我们所说的新公共服务进行比较，新公共服务是关于公共行政在将公共服务、民主治理和公民参与置于中心地位的治理系统中所扮演角色的一系列思想和理论。

第 2 章

新公共服务的来源

25   在第 1 章中，我们追溯了老公共行政和新公共管理的历史发展情况。在我们继续向前探讨之前，回顾那种分析中出现的一些主题将会是有益的。首先，至少在 20 世纪的前六七十年里，公共行政的主流模式是由诸如伍德罗·威尔逊、弗雷德里克·泰勒、卢瑟·古利克以及赫伯特·西蒙这样的作者所明确表达和确立的。即使这种主流公共行政模式的倡导者中有许多人把正统的公共行政描述为价值中立的，但是它事实上并非如此。它是公共机构行为的一个规范模式。在建构这个模式时所要做出的价值选择包括对公共行政官员角色，特别是与政治（政策）过程有关的公共行政官员角色进行的一种独特的描述，包括选择效率（而不是选择回应性等）作为评价行政机构工作绩效的首要标准，以及包括强调把公共机构主要设计成为封闭的系统，这种封闭的系统以一个具有实质性权威的单一"控制型"行政长官为特征并且以一种自上而下的方式运作。这个模式最显著的特征就是利用"理性选择"作为公共行政的首要理论基础，这一特征在早期的公共行政中也是明显的，而且后来它尤为明确。

      其次，尽管这个模式占有主导地位，但是老公共行政主流表现形式的流行假定却经常遭到了一系列学者和实际工作者颇有说服力的反对，这些学者和实际工作者赞成在行政过程中增加裁量权、提高回应性和加大开放程度。这些观点——我们常常会把它们与马歇尔·迪莫克、罗伯特·达尔，尤其是德怀特·沃尔多这

26 样一些人物联系起来——为那个全面的模式提供了一个参照物，

尽管这个参照物很值得牢记并且在一些特定的情境中常常被人们所接受，但是它却很少占据主导地位。其实，恰当的说法可能是，这些理念被"嵌入"在那个流行的模式内部，相对于那个流行的模式而言，这些理念主要处于从属地位。

再次，新公共管理最近作为处理公共"事务"的传统"官僚"方式的一种替代方案出现了。新公共管理坚持认为，政府应该只从事那些不能民营化或者不能对外承包的活动，而且，从更加普遍的意义上来说，市场机制应该尽可能地被利用，以便公民可以在服务供给方面获得更多的选择。此外，新公共管理认为，管理人员，尤其是具有企业家精神的管理人员应该扮演一种特殊的角色，他们在提高效率和生产率方面具有更大的自由度，他们主要是通过"为结果而管理"来扮演这种特殊的角色的。最后，新公共管理认为，公共管理者"应该掌舵，而不应该划桨"，也就是说，他们应该发展成为政策执行的监控者或服务的购买者，而不应该成为服务供给活动本身的直接提供者。在这些建议的基础上，存在着对诸如公共选择理论、代理理论以及普遍利用经济模型设计和执行公共政策这样一些思想观念的理论认可。

有趣的是，尽管新公共管理已经被奉为老公共行政的替代模式，但是它实际上与公共行政的主流模式具有许多共同的东西，具体来说，二者都依靠和信奉理性选择的模式。例如，正如我们在前面所讨论的那样，委托—代理理论可以用于解释公共行政长官与向他们负责报告的下属之间的关系。当这样使用时，一个中心的问题就会是：什么样的激励结构适宜于保证下属雇员的合作或者服从？这样一种方法与半个世纪以前赫伯特·西蒙提出的诱因—贡献模式具有显著的相似性。按照那种观点，该组织的"控制群体"所面临的一个主要问题是如何提供充足并且适当的诱因以至于下级参与者将愿意为该组织的工作做出贡献。无论在上述的哪一种情况下，使得该模式发挥作用的因素都是对理性选择的一种认同。所以，尽管老公共行政与新公共管理明显地存在着差异，但是公共行政和公共政策的这两个"主流"表现形式在基本理论和基础事实上非常相像。

与这些根植于理性选择思想的主流公共行政或公共管理模型相对照，我们提出一种可供选择的替代模式，即新公共服务（见表 2—1）。像新公共管理和老公共行政一样，新公共服务也是由许多不同的要素构成的，而且许多学者和实际工作者都为此做出了贡献，尽管他们彼此之间常常存在着分歧。然而，还是有某些普遍的思想似乎可以将这种方法描绘成为一种规范的模式并且可以将其与别的方法区别开。尽管新公共服务无论是在理论上还是在许多模范公共管理者的实践创新中均已出现，但是我们将要考察的是新公共服务的概念基础。当然，新公共服务可能会主张一种令人难忘的理论传统，其中包括我们在前面提到过的那些对主流模式的理性主义传统提出了建设性异议的人们（例如，马歇尔·迪莫克、罗伯特·达尔和德怀特·沃尔多）的工作。不过，在此，我们将着重考察新公共服务的那些更具有当代性的理论先驱，其中包括：（1）民主公民权理论；（2）社区与公民社会理论；（3）组织人本主义和新公共行政；（4）后现代公共行政。我们然后再略述我们所认为的新公共服务的主要原则。

27

表 2—1　　　　　　观点之比较：老公共行政、新公共管理与新公共服务

	老公共行政	新公共管理	新公共服务
主要理论基础和认识论基础	政治理论，早期社会科学提出的社会和政治评论	经济理论，基于实证社会科学的更精致的对话	民主理论，包括实证方法、解释方法和批判方法在内的各种认识方法
普遍理性与相关的人类行为模式	概要理性，"行政人"	技术和经济理性，"经济人"或自利的决策者	战略理性或形式理性，对（政治、经济和组织）的多重检验
公共利益的概念	公共利益是从政治上加以界定并且由法律来表述的	公共利益代表着个人利益的聚合	公共利益是就共同价值观进行对话的结果
公务员的回应对象	当事人和选民	顾客	公民
政府的角色	划桨（设计和执行政策，这些政策集中关注的是一个在政治上加以界定的单一目标）	掌舵（充当释放市场力量的催化剂）	服务（对公民和社区团体之间的利益进行协商和协调，进而创建共同的价值观）
实现政策目标的机制	通过现存的政府机构来实施项目	创建一些机制和激励结构进而通过私人机构和非营利机构来实现政策目标	建立公共机构、非营利机构和私人机构的联盟，以满足彼此都认同的需要
负责任的方法	等级制——行政官员对民主选举产生的政治领导者负责	市场驱动——自身利益的积聚将会导致广大公民团体所希望的后果	多方面的——公务员必须关注法律、社区价值观、政治规范以及公民利益
行政裁量权	允许行政官员拥有有限的裁量权	有广泛的自由去满足具有企业家精神的目标	具有所需的裁量权，但是裁量权应受限制并且要负责任
采取的组织结构	官僚组织，其特征是机构内部自上而下的权威以及对当事人进行控制或管制	分权的公共组织，其机构内部仍然保持对当事人基本的控制	合作性结构，它们在内部和外部都共同享有领导权
行政官员和公务员的假定动机基础	薪金和收益，文官制度保护	企业家精神，缩小政府规模的理念愿望	公共服务，为社会做贡献的愿望

2.1　民主公民权

　　对民主和公民权的关注在近来的政治理论和社会理论中尤为重要和明显，这两种理论都提倡再度复兴的、更为积极的和更多参与的公民权（Barber 1984，1998；

Dagger 1997；Gutman and Thompson 2004；Krause 2008；Mansbridge 1990，1994；Pateman 1970；Sandel 1996；Weale 2007）。但是，公民权却可以从不同方面加以考察。第一种明显的定义关注的焦点在于由法律体系规定的公民的权利和义务；也就是说，公民权被视为一种合法身份。另一种更加宽泛的观点认为，公民权涉及的是一些与一个人在某一政治共同体中成员资格的特性有关的更加一般的问题，其中包括诸如公民的权利和责任，而不管他们的合法身份怎样（Tuener 1993，3）。按照这种观点，公民权涉及的则是个人影响该政治系统的能力；它意味着对政治生活的积极参与。我们在此和全书中将要着重考察的就是后一种观点。

除了这些定义的考虑之外，对民主公民权所包含内容也有不同的理解。例如，有人可能会认为，政府存在的首要目的就是要增进社区以及社区内部个人的经济利益。在这种观念下，国家以及公民与国家的关系应该只是建立在自利观念的基础上。在桑德尔（Sandel）（1996）看来，国家与公民之间关系的主导模式实际上建立在这样一种思想观念基础之上，即政府存在的目的就是要通过确保一定的程序（例如，投票）和个人权利来保证公民能够做出符合其自身利益的选择。政府的作用就是确保个人的自身利益能够自由、公正地相互影响。显然，这种观点与公共选择经济学和新公共管理是一致的（参见 Kamensky 1996），而且公共选择理论家们主要赞同的就是这种观点。例如，公共选择理论的领军人物詹姆斯·布坎南（James Buchanan）就认为，尽管利他主义常常进入公共审议过程之中，但是政治机构的设计目的是要最大限度地降低机构依赖利他行为的程度（引自 Mansbridge 1994，153）。*30*

还有一些人认为，政治利他主义或曰曼斯布里奇（Mansbridge）所谓的"公共精神"在民主治理的过程中扮演着一种重要的乃至必要的角色。例如，桑德尔便就民主公民权提出了一种不同的观点，按照这种观点，个人会更为积极地参与治理。公民看起来会超越自身利益去关注更大的公共利益，进而会采用一种更加广阔且更具长期性的视野，这种视野要求公民了解公共事务、有归属感、关心整体并且与命运危若累卵的社区达成一种道德契约（Sandel 1996，5-6）。曼斯布里奇认为，这种关于公民权的观点提供了某种可以使该政治体系团结一致的"黏合剂"。在她看来，公共精神（或曰政治利他主义）既包含着爱也包含着责任，二者都发挥着重要的作用：

> 如果我通过移情（爱）使你的利益也成为我自己的利益，那么我就更不可能会以危害你的方式行为。如果我使集体的利益也成为我自己的利益（爱国家），那么我就会为了那种利益而打造我的个人利益。如果我信奉一条因某种原因而规定合作的原则，那么我就会为了责任而打造自身的利益。（Mansbridge 1994，147）

然而，曼斯布里奇很快就敏锐地指出，过度的利他主义未必就是好事。因为政治精英为了阻止对其权力的挑战而可能会通过灌输或用领袖人物感人的超凡魅力来限制公共精神的表达方式，或者通过组织公开辩论来控制公共精神。

公共精神需要培育和维护，而对于正义原则、公共参与和公共审议的不断关注则能够有助于公共精神的培育和维护。**正义**感可以唤起感到受虐待者或被利用者内心的强烈情感，而且他们的反抗常常会很有力。同时，一个似乎要致力于促进正义的政治体系则很可能会引起慈爱和参与。参与是激起公共精神的另一种手段。参与决策的人们对那些决策有更好的了解并且更有可能有助于决策的执行；但是，由于参与可能会被组织得给人们造成一种错误的参与感，所以参与必须与公开审议和公开对话的条件保持平衡。**审议**能够澄清并且有时还能够改善已经觉察到的分歧，它能够为了使人们至少"在同一页上"开始而提供一个共同的信息基础，它还能够培育起一种团结的意识和对一些可能会被提出的解决方案的承诺。"而且良好的审议常常会以种种表明下一步要采取什么措施的方式使几乎是最有相反思想的人们至少会改变他们的某些偏好，有时会产生一致的意见，有时则会澄清一些冲突"（Mansbridge 1994，156）。

> 在对加利福尼亚州萨克拉门托、俄勒冈州尤金和科罗拉多州柯林斯堡的四个大规模审议式公民参与实践案例进行评估时，威克斯（Weeks）利用"复活研究方法"发现，"可以召集一种能够使得地方政府就紧迫的社区问题采取有效行动的大规模公开审议过程"（2000，371）。在每一个案例中，社区都运用了一种具有广泛包容性的重述过程，"就政策问题的本质为公民提供了广泛的信息，使公民参与到与民选官员相同的问题解决情境之中，并且使用包括多重数据源、多重测量手段和多重数据收集方法在内的精确方法"（663）。

请注意，这种关于公民权的观点并不表明要把自身利益作为一种个人动机或社会动机消除掉，或者是天真地用公共精神的概念来取代自身利益的概念。这样做常常会忽视一些重要的事情，以及在美国和其他地方长期存在的一些争论。但是，这种观点却真的表明了这些"动机"要保持平衡并且最终要承认公民美德和公共利益的头等重要性，比如说，我们在一个民主的社会中就可能会期待着会这样。例如，尽管评议的理念表明了因自利而产生的理念之间的一种初步交换，但是它还表明了这样的交换可以使人们敞开心扉接受新思想乃至接受新实践，其中包括一些尽管可能会在狭隘的自利背景下发挥作用但最终仍然可能会被人们所追求的新思想和新实践。

总之，最近已经有越来越多的人要求恢复一种基于公民利益而非自身利益的公民权。按照这种观点，公民会关注广泛的公共利益，他们会积极地参与，并且会为别人而承担责任。正如埃文斯（Evans）和博伊特（Boyte）对此所正确解释的那样，一个复兴的公民权概念常常会包括：

> 关心共同利益，社区整体的福利，一个人所拥有的尊重他人权利的意愿，对不同宗教信仰、政治信仰和社会信仰的容忍，承认社区的决策重于一个人的私人偏好，以及承认一个人有责任保护公众和为公众服务。（Evans and Boyte 1986，5）

换言之，公民会去做一个民主政体中公民应该做的事情——**他们会去管理政府**。当他们这样做的时候，他们不仅会促进社会的进步，而且还会促进他们自己作为积极负责的人健康成长。

尽管我们将会在后面（实际上是在全书中）阐明这一点，但是这些关于一种更为积极且重要公民权的训诫已经很明显地进入公共行政的文献和实践中。早期在《公共行政评论》发表的一个关于"公民权与公共行政"的专题论坛就考察了各种把正在出现的公民权和公民权理念与公共行政这个职业联系起来的理论问题和实践问题（Frederickson and Chandler 1984）。《政府属于我们》（King and Stivers 1998）、《公民治理》（Box 1998）和《变革型公共服务》（King and Zanetti 2005）这三本重要书集中探讨了公共行政官员怎样才可能会促进创立一种更加以公民为中心的政府。与这种观点相一致，金和斯蒂弗斯（1998）断言，行政官员应该把公民视为公民（而不是把公民仅仅视为投票人、当事人或"顾客"），应该分享权威和减少控制，并且应该相信合作的功效。此外，与管理主义者对更高效率的要求相对照，金和斯蒂弗斯认为公共管理者应该追求回应性的提高和公民信任度的相应增强。博克斯（Box）将这种论点具体推进到地方政府的层面，他提出了地方政府为了允许公民积极参与治理过程而可以对其自身进行调整的种种方式。金和赞恩蒂（King and Zanetti）探讨了一些模范公共服务的案例。正如我们将要看到的那样，对民主理论近期成果的这些改变或者其他的改变，特别是公民权理论和公民参与理论，已经对我们所说的新公共服务提供了理论支持。

2.2　社区与公民社会的模型

我们也可以把最近关于社区和公民社会的讨论视为新公共服务的重要来源。目前，人们对社区的广泛兴趣就是一个很有趣的现象，这种兴趣的产生在许多不同的活动场所都有所表现（Bellah et al. 1985，1991；Etzioni 1988，1995；Gardner 1991；Selznick 1992；Wolfe 1989），而且左翼和右翼的评论家都明确地表达了这种兴趣。一方面，倾向于左翼的人们把社区视为作为现代社会特征的过度贪婪和自利的一剂解毒药，视为治疗个人主义蔓延的一服良药。与此同时，那些倾向于右翼的人们则把社区视为对一些基本的美国价值观进行恢复的一条途径，尽管这些基本的美国价值观曾经被人们所持有，但是它们现在正遭到一些我们所无法控制的势力的挑战。

为什么会有这么多人对社区感兴趣呢？这是一个很有趣的问题。有些人认为，美国人已经被技术社会的强大力量所异化了，已经成为生产线或计算机的缩影，因此他们试图向更具"人性的"社区回归。另一些人则谴责与越南战争和民权运动相联系的社会混乱和政治无序，而且他们期待着更加文雅并且更富有同情心的时代和环境的到来。还有一些人认为，资本主义的过度行为和那些从事可疑市场实践与"内部股票交易"阴谋的人们的道德丧失也要求一种社会责任感的复兴。另外也有一些人小心翼翼地预期全球经济未必受美国支配而且他们期待着经济的确定性。最后，有人还提到了大规模杀伤性武器的存在所蕴含的环境退化和人类生活可能会发生的结局；他们希望保持生态平衡和有安全保障。所有的人似乎都以某种方式承认生活已经"失控"而且需要一种挽回生活的途径。

总之，社区已经成为美国人生活中的一个主题。尽管不同的作者将关注的焦点放在了社区的不同方面，但是约翰·加德纳（John Gardner）的著作在明晰性和说服力方面堪称典范。加德纳（1991）主张，由于社区意识可能衍生于从邻里街区到工作团体等许多不同层次的人类群体，所以它可以在个人与社会之间提供一种有益的中介结构。加德纳写道："在我们的体系中，所谓'共同利益'，首先就是要保护这样一个系统，在这个系统中，各种人——在法律许可的范围内——都能够有自己对这种共同利益的视野，**而且**他们同时还能够实现种种使一个社会系统既有价值又具有可操作性的彼此适应。冲突的利益在一个具有共同目标的框架中的作用就是一个自由社会的剧本"（1991，15）。尽管一个社区的共同价值观在加德纳看来很重要，但是他极力主张我们还要认识到整体性必须体现多样性。加德纳写道：

> 要防止整体性掩盖多样性，就必须有一种多元论的哲学，有一种容许异议的开放氛围并且有一种允许子社区在更大的团体目标背景下保持其地位和份额的机会。要防止多样性破坏整体性，就必须有一些减少两极分化、教育各种团体相互了解、建立联盟、消除争端、协商和调解的制度安排。当然，一个健康社区的存在本身就是消除冲突的一种工具。（Gardner 1991，16）

在加德纳和其他人看来，除了这些特征之外，社区建立的基础是关怀、信任和协作，它是通过一个强有力的有效沟通和冲突解决系统结合在一起的。社区的互动本性在个人与集体之间起着调节作用并且使得个人与集体保持一致。著名的管理理论家罗莎贝思·莫斯·坎特（Rosabeth Moss Kantor）在其早期关于社区的某些著作中讨论了这种思想。她写道："对社区的寻求也就是对个人生活之集体定位方向和目标的追求。将自我投入一个社区之中、认同一个社区的权威，以及愿意支持该社区的生活，所有这一切都能够提供身份、个人意志以及按照该成员感到表达了他自己内在特质的标准和指导原则的成长机会"（Kantor 1972，73）。

在某种程度上，这种努力依赖于建立一套积极的"调解机构"，这套调解机构既可以关注公民的愿望和利益，又会提供一些将会使那些公民更好地为在更大政治体系中行动做好准备的经验。正如罗伯特·普特南（Robert Putnam 2000）所论证的那样，美国的民主传统依赖于存在着民主参与的公民，这些民主参与的公民在各种群体、社团和政府单位中都很活跃。家庭、工作小组、教会、公民社团、街区群体、志愿性组织俱乐部以及社会团体乃至运动队，都有助于建立个人与更大社会之间的联系。从集体意义上说，这些小团体构成了一种人们需要在社区关怀的环境中实现其个人利益的"公民社会"。公民社会是公民能够相互进行一种个人对话和评价的地方，这种个人对话和评价不仅是社区建设的本质而且也是民主的本质（参见Walzer 1995）。

最近有许多关于公民权和公民社会概念的评论都着重探讨了美国公民明显越来

越少参与政治和政府活动的原因。人民对政府的幻想似乎破灭了，他们正在从政治过程中撤出，而且在自己的私人空间中正在变得越来越孤立。例如，民意测验已经表明，人民对政府的信任度明显地有所下降，对联邦政府的信任度尤其如此。几十年来，密歇根大学的调查研究中心一直都在收集美国人对下列问题的回答："你相信华盛顿政府有多少时间在做正确的事情？"45 年前，有 3/4 以上的美国人说他们"几乎总是"或者"在大部分时间"都信任政府。而今天，做出这种回答的美国人还不到 1/4。对政府的信任度似乎空前的低。

> 在洛杉矶，市政官员和邻里委员会开发并签署了一些根据"学习与设计论坛"模型勾画出"更具合作性服务供给的过程和准则"的协议。这个过程有三个阶段："（1）预评估与计划；（2）实施学习与设计论坛；以及（3）协议协调。"（Kathi and Cooper 2005，564）

然而，有人提出了一种更为均衡的观点。例如，凯特林基金会（Kettering Foundation）的戴维·马休斯（David Mathews）就认为，尽管公民对政治过程的兴趣最近几年可能有所减弱，但是这种兴趣实际上并没有消失。马休斯引证了一个由凯特林基金会资助的研究项目，该研究项目不仅在公民中间发现了强烈的无能为力和排斥的感觉，而且也发现了深切的关怀和未发掘的公民责任意识。公民具有一种强烈的挫折感和愤怒感，因为他们认为"自己已经被一个由强势说客、政治家、竞选管理者以及媒体精英组成的职业政治阶层挤出了政治系统。他们认为，在这个政治系统中，选票不再有任何意义，因为金钱居于支配地位。他们认为，这个系统的大门对普通公民是关闭的"（Mathews 1994，12-15）。结果，公民产生了被疏远和被孤立的感觉。

另一方面，公民仍然想要发挥作用。他们以自己的社区和国家为荣，而且他们想要有助于造成积极的变化。实际上，许多公民都不是在把自己的时间花在选举或政党政治上，而是在参与一种新型的政治活动，尽管他们认为政治系统是封闭的并且难以进入，但是他们却在街坊邻里、工作团体和社团内从事一些以公民为基础的"草根"（grass-roots）活动。这些活动构成了公民权的试验场，在这里，人们正在力图建立彼此之间的新关系和更大范围的政治秩序，通过这些关系，人们不仅可以认识到现代世界对参与政治所施加的种种困境，而且还可以了解由现代环境所提供的新的活动和参与的可能性（Boyte 2005；Boyte and Kari 1996；Fishkin and Laslett 2003；Gutman and Thompson 2004；Jacobs，Cook，and Carpini 2009；Lappé and DuBois 1994）。

政府对于促进社区建设和公民社会似乎也有重要的作用。有趣的是，许多进步的和有远见的公民政治领袖逐渐认识到了这种活动的重要性和可行性，而且他们自己也在参与这种活动。政治领袖们正在以多种方式接触公民，他们不仅利用常规的手段而且也利用现代信息技术。与此相类似，公共管理者也正在就公民对政府过程的参与而重新界定自己的角色（Creighton 2005；Thomas 1995）。而且，政府在建立、促进和支持公民与其社区之间的关系过程中能够发挥一种关键性作用。

公共行政官员是如何受社区和公民社会的影响的？他们又是怎样影响社区和公

民社会的？虽然我们在本书剩余的部分中将会讨论这个问题，但是我们在开始的时候可以做几点一般性的评论。首先，在存在着强大的公民互动网络和公民之间存在着高度社会信任与内聚力的地方，政府可以依靠现存的社会资本建立更为强大的网络，开辟新的对话和讨论渠道，并进一步就民主治理问题进行公民教育（Woolum 2000）。其次，公共行政官员能够为社区和社会资本的建设做出贡献。目前，有些人认为，公共行政官员的首要角色就是要建设社区（Nalbandian 1999）。另一些人则必定会认为，公共行政官员能够通过鼓励公民参与公共决策而对增进社会资本发挥积极的作用。约瑟夫·格雷（Joseph Gray）和琳达·蔡平（Linda Chapin）根据其对公民参与进行广泛研究的经验评论说："尽管公民并非总是能够获得他们所想要的东西，但是使他们参与其中则可以具体体现我们所做的工作——把公共行政与公众联系起来。而且，这种联系无论是对于公民还是对于行政官员都会达成理解"（1998，192）。这样一种理解既丰富了政府，又丰富了社区。

2.3 组织人本主义与新公共行政

新公共服务的第三个重要理论来源是组织人本主义。在过去的 30 年中，公共行政理论家们与其他学科的同事们都认为，对社会组织的传统层级制研究方法限制了他们对人类行为的认识视野，而且他们都批评官僚制并且都在为管理和组织的研究寻求可替代的备选方法。从集体意义上来看，这些方法都试图把公共组织改变成为更少地受权威和控制的支配并且更加关注内部选民和外部选民的需要与他们所关心的问题。

正如像马歇尔·迪莫克、罗伯特·达尔和德怀特·沃尔多这样一些学者对公共行政理论的这种流行观点所提出的对比一样，诸如克里斯·阿吉利斯（Chris Argyris）和罗伯特·戈伦比威斯基（Robert Golembiewski）这样一些学者也对 20 世纪后期流行的组织管理观点提出了对比。阿吉利斯在其早期的《个性与组织》一书中就探讨了传统的管理方法对复杂组织内部个体心理发展的影响。阿吉利斯特别提到，关于人类个性的研究表明，从幼年期成长到成年期的人们都要经历从被动到主动、从依赖到独立、从有限范围的行为到更大范围的行为、从表层的兴趣到更深层的兴趣、从较短期的眼光到更长远的眼光、从从属的地位到平等的或优越的地位以及从缺乏了解到更多的认识这样的一种发展过程（1957，50）。相比之下，那时阿吉利斯眼中的标准管理方法（而且有人可能会认为那些标准的管理方法即便是在今天也都没有发生太多的变化）似乎不是促进了雇员的发展而是抑制了雇员的发展。例如，在多数组织中，人们对自己的工作很少有控制权，在许多情况下，就其所能够做的事情而言，他们被要求服从、依附并且自主性很有限。阿吉利斯认为，这样一种安排最终产生了适得其反的结果，因为它限制了雇员能够为组织所做的贡献。为了在改进组织的绩效同时促进个人的发展，阿吉利斯找到了一种"管理者在有效诊断、帮助个人成长和培养创造力（以及）对付具有依赖取向的……雇员时将会开发和运用自我意识技巧的管理方法"（Argyris 1962，213）。随着阿吉利斯研究工作的进展，他越来越集中关注组织通过被称之为"组织发展"的计划变革项目以便能够朝着这个方向发展的途径。

我们应该注意，阿吉利斯的思想与流行的理性行政模式直接形成了对比，正如我们所看到的那样，流行的理性行政模式是由赫伯特·西蒙明确表达的。实际上，阿吉利斯在 1973 年就在《公共行政评论》上利用相当大的篇幅探讨了这种理性模式的一些局限性（Argyris 1973）。阿吉利斯一开始就指出，西蒙的理性模型与传统的行政理论很相似，传统的行政理论认为，管理部门不仅要对雇员进行培训和奖惩，而且还要规定组织的目标和需要完成的工作任务——而所有这一切都是在一种权威是自上而下流动的正式金字塔形结构框架中进行的。西蒙对这个模式所做的补充就是集中强调了理性行为，也就是说，他集中强调了能够根据手段和目的来规定的行为。（而且，按照这种观点，"理性的"就不是涉及诸如自由或正义这样的广义哲学概念，而是涉及人们怎样才能有效地完成组织的工作。）有了这种强调，理性模式就把关注的焦点集中在"人的一致的、可程序化的、有组织的思维活动上"，这个模式"首先关注的是与目标有关的行为"，并且"不问来龙去脉地设定了目标"（Argyris 1973，261）。 *38*

这样一种观点不承认广泛的人类经验，不承认人们有本能行为的事实，不承认人们在其生活中会经历混乱和不可预见性，并且不承认人们会按照远非理性的感情和情绪行事。此外，由于人的成长并不是一个充分理性的过程，所以建立在这种模式基础之上的组织就不会支持个人的成长、发展和"自我实现"。相反，这种理性模式倒是会十分偏爱那些将会改进组织理性（效率）的变化。那些变化很可能会十分保守，进而它们会因其"对事实的关注胜过对可能性的关注"而强化现状（Argyris 1973，261）。与这种观点相比较，阿吉利斯极力主张更加关注"个人的品行、真实性，以及人的自我实现"，更加关注与"企业的人性方面"有关的品质（253）。

在公共行政领域，罗伯特·戈伦比威斯基对组织发展观（OD）进行了十分透彻的分析。在其早期的著作《人、管理与品行》（1967）中，罗伯特·戈伦比威斯基对传统的组织理论进行了批判，他着重批判了传统组织理论所主张的自上而下的权威、层级控制以及标准的工作程序，他认为，这样的管理方法反映了对个人的道德状况的不敏感，具体来说，反映了对个人自由问题的不敏感。相比之下，罗伯特·戈伦比威斯基找到了一种"扩大我们在组织过程中愿意接受的裁量权领域和增加个人自由"的途径（1967，305）。遵循一种组织发展观，罗伯特·戈伦比威斯基更极力主张管理者要通过组织创造一种解决问题的开放氛围，以便组织成员能够正视问题，而不是围绕着问题进行争论或者逃避问题。他鼓励组织成员要在整个组织中的个人和群体之间建立信任，用知识和能力的权威来弥补甚至取代角色或者地位的权威。他建议决策和解决问题的职责应该定位于尽可能接近信息源的地方并且应该尽可能地使竞争有助于满足工作目标而不是使其成为非赢即输的竞争。他说，这种思想就是要最大限度地增进个人与其工作相互依赖的单位之间的合作以及建立一些既承认组织目标的实现又承认组织成员的成长和发展的薪酬体制。他说，管理者应该努力地为组织内部的人们增加自我控制和自我管理的空间，努力地创造冲突得以积极、恰当地浮现和解决的条件，以及努力地增强对团体过程及其绩效的认识（Denhardt 1999，405）。

39　　　有趣的是，像阿吉利斯一样，罗伯特·戈伦比威斯基也将自己更具有人本主义意味的组织观与理性组织模式进行了对比，在这种情况下，他是通过对公共选择模式的批判来进行比较的。罗伯特·戈伦比威斯基首先指出，传统理性的假定是一个并没有完全反映现实的方法论构件（就连公共选择理论家们也承认这一点）。人们并非总是理性地行事或者接近理性地行事。把一种选择的理论建立在他们所做的假定上，这就意味着，一个人被局限于一些关于人们在真正理性地行事的情况下会怎样行为的逻辑命题。他认为，这样一种观点忽视了一些重要的政治考虑或情感考虑，而这些政治考虑或情感考虑在建立人类行为的任何综合理论时都应该受到重视。否则，有人就可能会断定，公共选择理论家"是在用精致完美的逻辑讨论身体似马的独角兽"（引自 Golembiewski 1977，1492），诺顿·朗（Norton Long）就是这样断定的。

还有一些学者也对公共部门中更具人本主义意味的组织的建构做出了重要的贡献，从集体意义上来看，这些学者被称为新公共行政学派，新公共行政学派在本质上是伴随着 20 世纪 60 年代末 70 年代初主要在社会中同时在社会科学学科中兴起的一些激进运动而产生的公共行政学派。尽管新公共行政因其贡献者彼此间常常有很大的不同而从未成为一个很连贯的运动，但是与新公共行政相关的有些思想还是很值得回忆的。当然，就组织人本主义而言，那个时期的有些学者很强调需要探索一些新的模式来替代传统的、自上而下的层级制官僚组织模式。由于这些学者反对这种旧模式使组织成员客观化和非人格化并且要求新模式应围绕着开放性、信任与真诚的沟通来建构，所以他们讨论了一些具有诸如"辩论的组织"和"联合的组织"这种名称的备选模式。登哈特（Denhardt）在其《在组织的附近》一书中对此这样解释道："要创造下面这样的背景就要从个人的行动开始：其中，能够出现创造性和对话；感情的共鸣和尊重不仅使团体和组织能够更加有效、负责地应对环境的复杂性，而且有助于个人的成长和发展"（1981，xii）。

我们应该注意，新公共行政还促成了另外一些对公共行政主流观点的讨论。具体来说，之所以有一个论点赞成让行政官员在开发公共政策过程中扮演一种较之以前更为积极的角色，其部分原因在于当代问题的复杂性需要受过专业训练的行政官
40　员及其有关的专业人员具有专长，而另一部分原因仅仅在于"有人不得不接受这些挑战"。有人甚至还更加明确地承认和讨论了价值观在公共行政中的作用。例如，乔治·弗雷德里克森（George Frederickson）在其《新公共行政》一书中就为了把社会公平作为行政决策和政治决策的指导观念而进行了论证，"公务员义不容辞的责任就是要能够建立和保护公平的标准与测量以及认识公共服务对公民的尊严和福利的影响"（1980，46）。从本质上来说，为公共问题提供公平的解决方案，这不只是意味着要为所有的人提供同样的服务，而是意味着要为那些更需要服务的人们提供更高层次的服务。弗雷德里克森认为，公共行政不是中立的，它当然不应该仅根据效

率标准来评价。相反，诸如平等、公平和回应性这样的概念也应该开始发挥作用。

缅因州波特兰的有效的艺术项目使公务员和社区艺术家探讨包容与差异的问题，并且为思考社区问题提供了一种新方法。当移民与难民署的工作人员和公共服务署的雇员在运用打印术探讨社区问题的时候，警官与社区作家则合作创作了一种"警察诗歌历书"来处理警察/社区关系和低落的士气。

2.4 后现代公共行政

新公共服务的第四个重要理论来源是后现代主义。在 20 世纪 60 年代末 70 年代初，一些公共行政学者开始更具批判性地探讨构成主流理性行政模式之基础的知识获得方法。这种探讨根据的是这样一种观念，即主流公共行政像其他社会科学一样也依赖于一种特殊的知识获得方法——实证主义——而且这种方法明显地限制了该领域可能的思想范围。简单地说，实证主义方法认为，社会科学能够利用自然科学领域所运用的相同方法来加以认识。按照这种观点，社会生活或组织生活的事实就能够与价值观分离开；科学的作用就在于把焦点集中于事实而不是价值。事实能够被观察和测量，这就犹如物质的物理或化学反应能够被测量一样。概念和理论又转过来可以根据这些对"明显反应"的观察来建立。实证主义方法被公认为是西蒙理性行政模式的基础并且明显地支配着公共行政学研究的其他方面，尤其是支配着政策科学。

这种观点的批评者们指出，我们从"外部"观察人类行为所得到的东西远远要少于我们对人类行为意义的认识。例如，尽管你可能会看到一个人正在跑步穿过树林，但是你如果知道他是一个正在逃离司法人员追捕的罪犯，那么你就会对正在发生情况了解得更多。与此相类似，在社会生活中，事实与价值非常难以分离开，其实，在许多情况下，价值对于认识人类行为要比事实更为重要。总之，由于人的行为在不同时间和不同的文化背景中有所不同，所以我们不可能用公式表示和自然科学所追求的相同的、持久的、定律似的陈述。此外，根据"客观的"观察和"定律似的关系"来描述人的行为也识别不出人类行为的非理性成分——直觉、情绪和感觉。最后，有些学者指出，社会科学并不是中立的（正如它所声称的那样）；人类行为的测量能够对行为本身产生影响，例如，在霍桑（Hawthorne）实验中，工人们对他们正在被观察这个事实的反应程度就要比他们对研究人员对自己工作环境改变的反应程度强烈。

一方面，批评者们指出，对实证主义模式的依赖强化了对已经成为主流公共行政模式组成部分的客观化和非人格化的倾向。另一方面，他们还认为，仅仅依靠实证主义则根本不允许人们对作为人类生活重要组成部分的意义和价值观有最充分与最完备的认识。在寻求备选方案的时候，学者们求助于知识获得的**解释**方法，这些解释方法着重关注对人们赋予其经验的意义的认识，尤其注重认识他们对那些与他人共享的经验所赋予的意义（Harmon 1981）。还有一些学者则转向对支撑人类经验的力量，特别是那些歪曲了人们之间沟通的权力和支配力量进行**价值批判**和审查（Denhardt 1981）。通过这样一些方法，学者们希望为公共行政的研究和实践建立一些可替代的方法，这些方法更加关注价值（而不只是关注事实），更加关注主观的人类意义（而不只是关注客观的行为），并且更加关注现实人们之间的关系所蕴含的各种情感（White 2002）。

这些思想在最近人们运用后现代思想的观点，尤其是对话理论的观点认识公共组织的种种努力中得到了更进一步的发展。尽管在各种后现代理论家之间尚存在着一些重大的差异，但是他们似乎都得出了一个相同的结论——因为我们在后现代世界中相互依赖，所以治理必定会越来越以相关各方，包括公民与行政官员之间开诚布公的对话为基础。而且，尽管后现代公共行政理论家怀疑公共参与的传统方法，但是似乎有许多人一致认为，为了使公共官僚机构恢复生气并且使公共行政领域恢复一种合法性的意识，就需要增进公共对话。

尽管后现代主义极为复杂和多样，但是多数后现代主义者都认为，我们今天所面临的一个问题就是我们已经没有能力辨别什么是**真实的**。不仅一些过去看起来似乎有效的"科学解释"而且以前被人们所持有的所有"世界观"都已经表明具有致命的缺陷，这些缺陷多数都与下面这个事实有关，即这些解释是特定地点和特定时间的产物，它们只能够从那种基本上是独有的立场来看待世界。如果我们通过我们的语言和互动来创造世界，那么我们所能够宣称"真实的"东西就必然会有局限性。

由于一个巨大的并且令人迷惑不清的符号主义世界已经逐渐支配了我们的思想和感觉，所以情况更为复杂。例如，在电视广告节目中，性被用来出售轿车，而蛙被用来出售啤酒。沟通都是单向的。作为被动的观众，我们没有机会回话。最终，这些符号会逐渐取代它们源自的"现实"并且构成我们所共享的唯一文化，而且别人在艺术领域、音乐领域、建筑领域以及政治领域（仅列举几个领域）还很喜欢这些符号。在文化层面上，我们只要根据一些没有"现实"的抽象观念就能够彼此进行沟通。我们越来越不得不承认，我们所能够充分参与的唯一可靠的沟通就是以我们承认别人是一个我们所共有的自我为依据进行面对面的互动。

运用后现代主义观点的公共行政理论家们尤其对该领域明显地专注于理性主义（特别是基于市场的理性选择理论）和技术统治的专长提出了批评（Farmer 1995，2005；Fox 2002；Fox and Miller 1997；Harmon 2006；Jun 2006；McSwite 1997）。"在官僚机构中，鲁莽社会行动的领域要被合理组织的行动领域所取代。对层级指挥程序的服从取代了与他人的移情关系……在独白式的沟通中，没有任何互动，没有任何机会从言语上努力界定问题并且决定应该就此问题采取什么措施"（Fox and Miller 1997，70–71）。相比之下，后现代公共行政理论家主要信奉"对话"的理念，信奉公共问题通过对话要比通过"客观"测量或理性分析更有可能解决的观念（McSwite 1997，377）。可靠对话的理想把行政官员和公民视为彼此是充分参与的，他们不仅仅被视为召集到一起谈话的自利的理性个体，而且被视为在一种其中他们作为人而相互接洽的关系中的参与者。这种进行协商和达成共识的最终过程也就是个体随着自己的参与而彼此相互接洽的过程，在这个过程中，他们充分包含了人类个性的所有方面，他们不仅有理性，而且还有经验、直觉和情感。但是，这种变化很难，它需要我们逐渐认识：（1）怎样才能在不依赖理性的条件下行动；（2）如何与不同的事物达成妥协。麦克斯威特（O. C. McSwite）提出了一个实用的基本步骤——我们彼此敞开心扉、开诚布公。"这种备选方案倾听别人的心声，把自己的心里话都说出来，以及把别人当作自己加以接受。这……与其说是理性的结果倒不如说是理性的转化……通过使人们及其生活成为理性所期待的目标，理性就把我们彼此区分开，这时人类状况的现实是：我就是你"（1997，276-277）。

2.5　新公共服务

公民权理论家、社区与公民社会理论家、组织人本主义与新公共行政理论家以及后现代主义理论家已经帮助创造了一种对于今天谈论新公共服务很有意义的氛围。尽管我们承认这些观点之间尚存在着差异，甚至存在着很大的差异，但是我们认为它们还是有一些可以将我们所说的新公共服务理念与新公共管理和老公共行政理念区别开的相同点。这些经验并不是相互排斥的，相反，它们可以相互强化。我们在此将概略地叙述这些理念，然后再在后面接着的七章中更为详细地讨论每一种理念。在这些理念中，我们发现下列的这几种理念最引人注目：

（1）**服务于公民，而不是服务于顾客。**公共利益是就共同利益进行对话的结果，而不是个人自身利益的聚集。因此，公务员不是要仅仅关注"顾客"的需求，而是要着重关注于公民并且在公民之间建立信任和合作关系（第3章）。

（2）**追求公共利益。**公共行政官员必须促进建立一种集体的、共同的公共利益观念。这个目标不是要找到由个人选择驱动的快速解决问题的方案。更确切地说，它是要创立共同的利益和共同的责任（第4章）。

（3）**重视公民权胜过重视企业家精神。**致力于为社会做出有益贡献的公务员和 公民要比具有企业家精神的管理者能够更好地促进公共利益，因为后一种管理者的行为似乎表明公共资金就是他们自己的财产（第5章）。

（4）**思考要具有战略性，行动要具有民主性。**满足公共需要的政策和项目可以通过集体努力和合作过程得到最有效并且最负责的实施（第6章）。

（5）**承认责任并不简单。**公务员应该关注的不仅仅是市场，他们还应该关注法令和宪法、社区价值观、政治规范、职业标准以及公民利益（第7章）。

（6）**服务，而不是掌舵。**对于公务员来说，越来越重要的是要利用基于价值的共同领导来帮助公民明确表达和满足他们的共同利益需求，而不是试图控制或掌控社会新的发展方向（第8章）。

（7）**重视人，而不只是重视生产率。**如果公共组织及其所参与其中的网络基于对所有人的尊重而通过合作和共同领导来运作的话，那么，从长远来看，它们就更有可能取得成功（第9章）。

第 3 章

服务于公民，而不是
服务于顾客

45　　　　　**服务于公民，而不是服务于顾客。**公共利益是就共同利益进行对话的结果，而不是个人自身利益的聚集。因此，公务员不是仅仅关注"顾客"的需求，而是着重关注于公民并且在公民之间建立信任和合作关系。

　　当然，新公共服务始于公共服务的概念。而公共服务的概念又是与民主公民权的责任互相盘绕的。用本杰明·巴伯（Benjamin Barber）的话来说就是："为国家服务是……其自由完全依赖于政治责任的假定并且只有通过政治责任的假定才能够幸存下来的自由男人和自由女人的义务。按照这种传统，服务就是我们在公民社区中应该做的事情或者说是我们自己嵌入公民社区中的那一部分"（Barber 1998，195）。因此，公共服务来源于责任和义务这些公民美德。

　　对公共服务理念的重视随着时间的推移变化。在某些时期，公民对公共服务的承诺就要比其在其他时期多得多。与此相类似，公务员与公民之间关系的描绘方式随着时间的推移也有所不同。在本章中，我们将首先考察民主公民权的几个重要方面，然后我们再考察与公民权有关的那些不同的公共服务观点。接着，我们将考察在老公共行政、新公共管理以及新公共服务中对公共服务的特定解释。

3.1　公民美德与民主公民权

46　　　　我们在前面曾提到公民权的法律定义与我们可以称为公民权

的道德定义之间的区别——按照这种对公民权的道德定义，公民权涉及的是一个人在某一政治体系中成员资格的本性，其中包括诸如公民的权利和义务这样的问题。我们在此着重探讨的是对公民权的道德解释，不过，即便是在此也有一些涉及下列诸方面的问题：（1）一种公民权理论如何才可能得以系统地阐释；（2）现代社会怎样塑造并且——我们常常会说——限制了公民的角色；（3）在治理过程中建立更为积极的公民参与是否有理论基础和实现的希望。在本节中，我们将简要地考察这里的每一个论题。

公民权理论

　　对公民之适当角色和责任的认识可以追溯到古希腊哲学。实际上，政治理论家 J. G. A. 波科克（J. G. A. Pocock）就认为，西方政治思想中公民权概念的历史可以被视为理想与现实、人与物之间的一种"未完成的对话"（Pocock 1995，42）。在波科克看来，关于公民权的经典描述是亚里士多德的《政治学》首先提出的，这种描述最好地表达了"理想"。按照这种观点，公民之所以参与城邦的工作，其原因在于正是在这种工作中个人可以获得他或她（对于亚里士多德来说，仅仅是"他"）的最完备的人性。由于人具有主动性、社会性和道德性，他们关心生活的目的，所以他们试图达到更高的目的并且为此而必须进行自决。"因此，公民既处于支配地位又受人支配；当每一个决定者都尊重别人的权威时，公民就彼此一起参与决策，并且他们都共同服从……他们所做出的……那些决策"（Pocock 1995，31）。公民在社会生活中更加关注有待达到的"目的"；他们更少地关注工作或生产的"手段"。公民权不被视为一种工具性活动（一种达到目的的手段）。做一个积极主动的公民，这本身就是一种目的。这一点因为那种通过参与政治组织的工作所获得的自由而受到重视。

　　在一个由人、行动和事物构成的世界里存在有一种可供选择的替代性观点，这种观点认为，波科克可以上溯到罗马法理学家盖尤斯（Gaius），盖尤斯从一个作为政治人的公民概念进到作为法律人的公民概念。"事物"这个概念就是一个特别有意义的概念。当然，亚里士多德的公民概念涉及的是事物（例如土地或贸易），但是他们并不是通过事物的媒介来发挥作用的。相反，"亚里士多德的公民是相互作用的人，因此他们积极主动的生活就是一种直接具有崇高道德的生活"（Pocock 1995，34）。

　　对于盖尤斯来说，人们主要是作用于事物，而且实际上人们的多数行动都集中在占有事物或保持对事物的占有。关于事物的最终争论就是：是什么因素最直接地导致了对规则的需要？个人作为一个公民首先关注的是占有事物，其次关注的是就事物而采取的合法行动——授权、转让、诉讼等。按照这种观点，事物的世界变成了现实，变成了作为人类生活手段的媒介，而且这种事物的世界实际上规定了人类的生活。公民权于是就变成了一种合法身份，尽管这种合法身份也许与某些"权利"，尤其是产权有关，但是它却不是一个道德身份或政治身份。"希腊的公民从一个物的世界步出并且进入一个纯粹由个人的互动构成的世界之中，进入一个由行动和语词、言语与战争构成的世界之中。罗马的公民既受法律支配又受君主管辖，他们经常被盖尤斯的准则提醒他们不仅生活在由人和行动构成的世界中而且也生活在由事物构成的世界中"（Pocock 1995，40）。

后来，让-雅克·卢梭（Jean-Jacques Rousseau）遵循亚里士多德的传统，从根本上把公民界定为把社区的利益放在心上行动的人。公民权是一种生活方式，这种生活方式包含着一种对社区及其成员的承诺，包含着对公共事务的一种重要参与水平，并且包含着一种将个人自己的利益置于更广泛的社会利益之下的临时意愿，这种意愿后来被亚历克斯·德·托克维尔（Alexis de Tocqueville）称为"被恰当理解的自利"（Tocqueville 1969，526－527）。诸如约翰·斯图亚特·密尔（John Stuart Mill）这样的另一些人也把公民参与视为民主政府的一种至关重要且必不可少的因素。正如密尔所言："良好的政府……依赖于……社会人的品质，正是这些人组成了政府被施加于其上的社会"（Mill 1862，Ⅱ，2）。

美国宪法的文件中保持了这种法律传统，这种法律传统常常对公共参与表示怀疑。与这种文牍主义和法理学传统相一致，那些开国元勋们创立了一个认真关注平衡的政府，或者有人可能会说，这个政府非常关注权力的稀释，以便公众免遭政府的专制和暴政。不过，同时，这些创立政府的人们非常怀疑大众统治。正因为如此，参政权受到了严重的限制。"公民"这个概念只与白人男性地主有关，因为他们被认为有足够的利害关系而且可能有足够的知识去通过投票和公共服务而进行参与。

詹姆斯·麦迪逊（James Madison）特别关注公民行动这个概念。他认为，新共和政体"最严重的不幸"就是"不规则和非正义的行为，因为，伴随着不规则和非正义的行为，一种宗派精神已经腐蚀了我们的公共行政"（Madison 1787/1987，♯10，1）。在麦迪逊看来，宗派就是"若干公民，无论他们相当于整体中的多数派还是相当于整体中的少数派，他们都是由某种共同的感情冲动或某种有损于其他公民的权利或有损于社区永久的共同利益的利益冲动所联合和驱使的"（♯10，1）。另一方面，托马斯·杰斐逊（Thomas Jefferson）对公民参与政府的行为进行了有力的辩护，他在《独立宣言》中写道："政府是在人民中间创立的，它们的合法权力源于被统治者的同意"（Declaration of Independence 1776/1970）。所以，这场争论还在继续。

尽管美国的宪政体制并不充分支持这种民主理想，因为它有一个部分地旨在保护政府免遭公民过度打扰的更加墨守成规的中心，但是已经有一种对这种理想强烈的非正式承诺。作为一种抽象的价值观，公民参与这个概念毫无疑问被公认为是一件十足的好事。亚伯拉罕·林肯（Abraham Lincoln）在葛底斯堡（Gettysburg）演讲中用"民有的政府、民治的政府、民享的政府"这句著名的话产生了情感共鸣。因此，在美国的民主思想中，人们往往都非常明确地珍视公民的角色。

此外，美国人具有一种以符合民主公民权理想的方式行为的强大传统。在总结美国公民参与的历史时，特里·库珀（Terry Cooper）写道："从早期清教徒共有自我治理参与性的习俗传统——新英格兰的市民会议、引起托克维尔关注的建立志愿性社团的经验、反联邦主义思想以及在贫民区建立的福利性工作社团——来看，已经出现了一套为道德公民权规定要义的价值观、惯例、信念、原则和理论"（1991，10）。这种关于道德公民权的强大传统与那种更加正式的法律方法形成了对比，并且为美国的一种积极参与的公民权提供了基础。

　　我们在前面曾提到在治理的观点与政府管理的观点之间存在的一种差异，治理的观点认为，公民应该把眼光从其自身的利益扩展到更大的公共利益上，而政府管理的观点则认为，政府存在的目的就是要通过保证某些程序和个人权利来确保公民能够做出符合其自身利益的选择。现在已经很清楚的是，关于公民权的理论以一种明显类似的方式存在分歧。积极参与社区工作或国家工作的人们的民主理想随着他们通过参与政治体系而变得更加完满，进而既有利于社会，又有利于他们自己，这些人的民主理想与法律制度和合法权利的领域形成了对照，因为无论是法律制度还是合法权利，二者形成的目的都在于保护我们对事物的兴趣、保护我们的财产。在本章中，我们认为，尽管在政治和行政方面的流行观点都与自利有关，但是民主精神的复兴对于社会及其成员可能带来更大的利益。

公民的角色

　　令人遗憾的是，在最近一个时期，公民权的理想已经主要被业已增加的权力、职业化和复杂性所湮没了。例如，罗伯特·普兰杰（Robert Pranger）认为，当今被称为"政治"的东西有许多实际上都是权力政治，它们主要涉及的是领袖、官员以及社会中其他权力持有者的活动。普兰杰把这种取向与一种可供选择的观点——公民权的政治或"参与的政治"进行对比。在参与的政治中，普通公民就社会的方向进行对话并且按照诸如那些与"公民美德"这个词有关的一些道德原则行事。有人已经对高度的公民权和低度的公民权进行了区分。高度的公民权定义与亚里士多德、卢梭和密尔这样一些作者有关，它假定了权力和权威的广泛分配并且把公民视为平等地共同行使权威。低度的公民权与诸如托马斯·霍布斯（Thomas Hobbes）这样的名字或者更为当代的民主精英统治论者有关，它假定了权力的等级分配，最大的权力是由"处于最高职位"的人行使，而且很少有什么权力由其他的人行使（Cooper 1991，5）。无论发生哪一种情况，在现代美国社会中，似乎"权力的政治"或低度的公民权已经最终占据了支配地位——尽管它也许并不排斥"参与的政治"或"高度的公民权"，但是它必定要排斥其不利条件。

　　卡罗尔·佩特曼（Carole Pateman）认为，这些"低度的"公民权理论已经变成自我实现的。她不明白为什么许多当代的理论没有"把重心放在'公民'的参与上，或者说……没有把重心放在开发普通个体身上所必需的具有政治相关性的品质上"。此外，她说："在当代民主理论中，至关重要的正是少数精英的参与，而且正是那种缺乏政治功效感的冷漠普通人的不参与被当作防御不稳定性的主要堡垒"（Pateman 1970，104）。她认为，目前的制度背景对公民参与有敌意并且常常造成冷漠感和低度的政治功效。因此，对公民"民主品质"的开发在现行的制度中常常受到阻挠，而她认为这种对公民民主品质的开发对于参与者是必不可少的。

　　相类似的是，英尼斯和布赫（Innes and Booher）也强调指出，公民团体通常是"由精英组成的"，而并非真正"代表了广泛的利益和声音"。例如，出席公开听证会的通常要么是政策创新的强烈支持者，要么是政策创新的强烈反对者。由于这些参与者对某一特定议题充满激情，所以他们"承担不起礼貌语言，因为这很可能会遭到曲解"（Innes and Booher 2004，423，424）。结果，公开听证会往往意味着愤怒的单向传播，因为在这种情况下，公民们常常会利用战争和战斗的隐喻来表达自己的意见。显然，这不是一种促进合作的氛围，也不是高水平公民素质和公民参与的发展。

50

除了参与的质量和文明性问题外，正如我们在前面所提到的那样，当今的政治参与普遍处于低落的状态，至少当我们根据诸如投票选举或出席会议这样的正式参与进行测量时，情况是这样。同时，对政府的信任度已经急剧下降，而且人们对于政治家的手段和动机似乎极其冷嘲热讽。领导者与公民之间的隔阂似乎比以前要大得多。实际上，巴伯指出了这种冷嘲热讽，即在民主既需要强有力的领导又需要强有力的公民权的同时，这种被加强的领导事实上可能会逐渐损害一种更为积极的参与性公民权，当这种被加强的领导与权力的明显行使有关时，情况尤其如此（1998）。

积极的公民权还可能会因政府的职业化及其对"专家"的日益依赖而受到阻碍。费希尔（Fisher）认为，专家不是被视为在提供"中立的"专长和信息，而是被当作"社会的受托人"；专业与其说是社会平等和人类进步的力量，倒不如说是特别服务的自私专利品（2009，21）。由于专家的意见日益被奉为解决现代政府所面临问题的必要手段，所以普通公民的意见便大大地贬值。在这种情况下，官员和行政人员便可能会倾向于漠视被他们认为缺乏明晰性和精致性而不予考虑的意见。其实，不得不听取这样的意见就成为一件对专家学会解决的那些专门问题有妨碍作用的"烦心事儿"。此外，普通公民本身也可能会被问题的错综复杂难倒并且可能会感到自己没有什么贡献可做——即使他们的"常识"可能会极有价值。

最后，当今社会的极端复杂性使公民参与很难进行。谋生、生儿育女以及满足现代生活所有其他需要的压力意味着，许多人简直感到自己对政治没有足够的能量。公共领域的参与需要时间，而且许多人都简直没有感到自己能够用专门的时间来使民主发挥作用。

培育公民参与

由于显而易见的原因，我们在一个民主社会中可能会对高水平的公共参与抱有希望。所有这些原因都是基于这样一种观念，即认为民主包含着公民以一种符合根本民主价值观的方式来实施统治。第一个原因是，我们认为我们只有通过积极的参与才能够最有可能达到最佳的政治结果，这些最佳的政治结果不仅反映了公民作为

51

一个整体的广泛判断或特定群体经过深思熟虑的判断，而且也符合民主的规范。第二，通过参与，我们可以实现汤普森（Thompson）所谓的民主目标，即"获得满足最大多数公民利益需求的规则和决策"（Thompson 1970，184）。通过对公民事务的广泛参与，公民们能够帮助确保个人利益与集体利益不断地得到政府官员的倾听和关注。此外，他们还能够防止统治者侵犯公民的利益。第三，民主参与可以增强政府的合法性。参与决策的人们更有可能支持那些制定与执行那些决策的机构。

　　这些思想聚集在一起被埃米特·S·雷德福（Emmett S. Redford）（1969）称为"民主道德"，这个短语表达的民主理想依据三个前提。第一，民主道德假定个人是人类价值的基本衡量标准。我们的社会制度和政治制度只有在促进了个人潜能的最充分实现的时候才能算成功。第二，民主道德意味着所有的人都强烈要求受到这种社会政治制度的关注。例如，尽管有些人可能要比其他人拥有更多的财富，但是那也不应该在政治事务中给予他们不恰当的利益优势。第三，民主道德假定，个人的要求可以通过所有人对决策过程的参与来得到最好的促进，并且参与不仅仅是一种工具价值，而且参与对于民主公民权的发展也是必要的。普遍参与的理想可能有各种表现形式；然而，雷德福指出了一些基本的表现形式，"其中包括（1）根据教育、开放的政府、自由沟通以及公开的讨论而获取信息的机会；（2）直接或间接进入决策系统的机会；（3）可以使任何问题都能够付诸公众讨论的能力；（4）在不畏惧强制性报复的情况下坚持自己要求的能力；（5）对所坚持的要求的尊重"（1969，8）。

　　通过这样的过程，民主的支持者相信最佳的政府将会得以实现和维护。但是，这个等式的另一面会怎样呢？从公民的立场来看，有什么东西需要通过对国家生活的进一步参与来获得？一般来说，政治理论家们提出了三个问题：合乎道德的问题、整合的问题和公民教育问题。我们已经探讨了合乎道德的观点——对政治生活的积极参与是一个人的潜能得以最充分实现的一个组成部分。例如，对巴伯来说，参与的目的在于创立由一些积极有趣的公民组成的社区，这些公民"联合起来的原因更少的是同类的兴趣，而更多的则是公民教育，他们由于其公民态度和参与性制度而被塑造得能够具有共同的目标并且相互作用"（1984，117）。他把公民视为从只具有私人的自我利益变成重视公共利益。与此相类似，普兰杰写道："公民在权力文化中的行为基本上是不道德的，因为它与公民作为一个根据独立的观点对共同参与负责的行为主体的主要责任没有什么关系，公民的这种主要责任最终会增进那种相互的责任，而只有那种相互的责任可以丰富国家的生活"（1968，53）。

52

　　地方政府在处理最近的财政危机时已经采用了一种公民参与的方法。例如，在佛罗里达州的德尔利海滨就组织了一些小组。参与者们都被提醒大家每个人都有平等的发言权，并且鼓励大家不仅要听而且要说，大家要共享感受，即便他们的意见不受欢迎，大家也要诚实，大家要相互提问，彼此间不准提出劝告。这几个小组讨论三个问题——你为什么喜欢住在德尔利海滨？德尔利海滨现在的作为未来能否具有可持续性？你对预算变化最担心什么？——而且他们要向整个小组报告所讨论问题的要点。

　　一个民主政体常常包含的积极参与和个人利益的偶尔牺牲可以塑造"性格"。通过训练和自我牺牲，公民可以变成有道德的个体。参与政治组织的工作可以培养责任感和耐心。尽管积极的公民权不可能产生惊人的功绩，但是，按照托克维尔的观点，"它每天都在促成一些小的功绩；尽管它单独并不能使一个人成为有道德的，但是它的训练却可以塑造出许多守纪律的、有节制的、细心的并且能够自控的公民。如果它不能直接使美德成为目的的话，那么它便会使一些无意识地使其转向那个方向的习惯被永久地接受"（1969，526-527）。简单地说，一直都积极参与公民生活的人将会成为一个更好的人。

支持更积极公民权的整合观点表明，尽管人们在社会中扮演着许多角色——雇主、雇员、老师、学生、父母、消费者、工会代表、教徒等，但是公民角色是将我们生活中的这些不同角色集合在一起的很少的集中角色之一（宗教可能是另一种）。政治理论家谢尔登·沃林（Sheldon Wolin）写道："公民权提供了其他角色所不能提供的东西，即一种将同代人的多重角色活动集合在一起的整合经验，而且这种整合经验要求各种角色应该从一种更加普遍的观点加以审视"（1960，434）。我作为一个父亲的角色有时可能会与我作为一个雇员的角色相冲突。只要有这种情况存在，我就需要一种更加广泛的角色以一种概括的形式将这各种角色整合在一起。公民角色就能够提供这样的整合。

当我们考察公民社会的问题时，这个论点特别有趣，因为正是那些比较小的群体、社团，以及日常的互动模式提供了把社会合成一体的"社会黏合剂"。迈克尔·沃尔泽（Michael Walzer）指出，尽管公民是社会成员所扮演的许多角色中的一种，但是国家本身与所有其他的社团都不同。"它不仅塑造了公民社会而且还在公民社会中占有一席之地。它可以确定（包括政治活动在内的）所有社团活动的边界和基本规则。它使社团成员不得不考虑共同利益，超越他们自己的良好生活概念"（1995，169）。通过公民角色，我们可以对我们在缺少综合性的其他领域所具有的利益和经验进行整合。此外，扮演公民角色、培养公民美德可以把我们带入一种与他人更为密切的关系之中。它可以增强人们对社区的归属感。所以，"公民的活动就在两个方面发挥着整合的作用，第一，它使个人能够对自己所扮演的各种角色进行整合；第二，它可以把个人整合进社区"（Dagger 1997，101）。

在卡罗尔·佩特曼对卢梭就这个问题的观点进行的经典讨论中，支持热心公益的积极参与的那种有教育意义的观点得到了特别好的发展。按照卢梭的观点，随着个人对政治过程的参与，他或她认识到为了赢得别人的合作而注意别人观点的重要性。"作为参与决策的结果，个人学会了区别自己的冲动和愿望，他不仅学会了做一个个体公民，而且也学会了做一个公共公民"（Pateman 1970，25）。随着个人的参与，他们开始学会并且开发那些适合于参与过程的方法，因此，这个过程就变成了自给自足的。这就是说，个人参与得越多，他或她就能够参与得越好。于是，经典的或理想的民主公民权理论就具有一个有抱负的议程——"把全体人民教育到使其智力能力、情感能力和道德能力在一个名副其实的社区中自由且积极地得以充分发挥并且结合在一起的程度"（Davis，引自 Pateman 1970，21）。

当然，这个有教育意义的论点所依据的是一种对普通公民"可改进性"的观念。如果公民参与有问题，如果他们的参与既没有增强合法性又没有造成政治改进，那么所产生的反应就不应是终止参与，而应是进一步对公民进行教育。托马斯·杰斐逊在这一点上就很清楚："我从来都不知道除了人民本身之外社会的最终权力还有什么安全的受托人，如果我们认为他们所受的启蒙尚不足以使其用一种有益的裁量权实施控制的话，那么纠正的办法不是剥夺他们的裁量权，而是使他们充分地了解自己的裁量权"（Jefferson 1903，278）。如果在一个参与性社会中遇到了问题，那么其答案不是限制参与（麦迪逊式的方法），而是进一步地教育和告知。

> 许多地方政府都请学术机构帮助提供关于政府的信息并且帮助培养领导技能。俄亥俄州的蒙哥马利就十分强调在该市蒙哥马利公民学习研究院（MCLA）的亲自实践学习，这可以使参与者了解熟悉市政官员进行的各种决策。通过模拟，居民可以了解税收增额资金筹措所蕴含的过程和权衡，可以参与台面街道除雪和公园改善项目优先安排的实践活动，并且可以考察经济发展与历史保护之间的潜在冲突。

3.2　作为公民权扩大部分的公共服务

　　显然，公民美德的理念体现了为公众服务的观念，至少在民主理想中是这样。正因为如此，关注民主理论的讨论就必须注意公民（权）的角色、责任或职责和义务。同我们在此的观点具有特殊相关性的讨论部分地与为社区或国家服务的理念有关。尽管有道德的公民明显地就是一个参与社区工作的公民，但是有道德的公民还有责任或义务为他人服务。民主公民权的理想自早期就已经意味着公民为了促进社区的改善而应该承担的某种责任或义务。许多人都会认得来自古希腊的雅典誓言：

> 　　我们决不会因为任何欺骗行为或胆怯行为而给我们的这个城邦带来耻辱。
> 　　我们将会为了这个城邦的理想和神圣事业而不仅单独地而且同许多人一道战斗。
> 　　我们将会崇敬和遵守这个城邦的法律，而且我们将尽最大的努力在我们之上的那些倾向于废除或蔑视这些法律的人们中促成一种相同的尊敬。
> 　　我们日益努力地增强公众的公民责任意识。
> 　　因此，在所有这些方面，我们都将不仅仅是更多地传袭这个城邦，而是要使我们将传袭的这个城邦比其传袭给我们的时候更加伟大并且更加美丽。（引自 Bennett 1993，217）

与此相类似，托马斯·杰斐逊曾经给一个朋友写信谴责他在国家事务中不太积极，他说："每一个人都应该为自己的国家服务，这样才能与大自然和运气给他带来的恩赐相称"（Jefferson，引自 Staats 1988，605）。这种民主理想显然假定了一种积极参与的公民，这种公民至少在某种程度上受一种承诺的推动去为别人服务并且为社区服务。正如一位当代政治理论家对此所解释的那样，"公民美德，即适合公民资格的文化倾向是双重的，首先，它是一种乐于向前并且承担公共职责的意愿；其次，它是一种使私人利益服从公共管理要求的意愿。亚里士多德所谓一个公民的'正确倾向'，就是一种把公共利益置于私人利益之前的倾向"（Ignatieff 1995，56）。

对于某些人来说，参与公共过程的冲动不仅仅限于投票选举、参加社区会议或公共听证会、写信或发电子邮件、参与一些焦点团体和有远见的项目。这种冲动可以导致对我们通常所谓的"公共服务"的一种全身心的投入。尽管许多人经历的公共服务要求都依据的是所有公民都具有的服务责任，但是这种要求却远远超出了这种责任，它变成了一种专职的工作乃至成为一种使人全神贯注的事情。尽管公务员可能是某个竞选和担任选任性公职的人，他或她也许是短期地这样做，也许是一生都这样做，但是他或她还可能是某个在某一政府机构——社会服务机构、公共卫生机构、环境保护机构、执法机构、或无数公共机构或政府机构中的任何一个机构——中工作的人。当今的公务员甚至可能是某个在政府之外工作的人，他或她也许是在一个非营利组织中工作或者是在扮演着一种公共辩护人的角色。公务员无论在哪里，他们都可能会有希望发挥作用、希望改进他人的生活、希望做某种对自己的生活有意义的事情、希望做某种"重要"事情的动机。

　　因此，我们眼中的公共服务就是民主政体中所有公民所期待的美德的一个扩大部分，特里·库珀在其《公共行政的公民道德》（1991）一书中很有说服力地对这一点进行了详尽的探讨。库珀认为，公民角色是认识公务员角色的基础，更明确地说，公民角色是认识公共行政官员角色的基础。他一开始就提到，从历史上来看，公民权与行政的关系极为密切。例如，两个最老的公共行政学院——锡拉丘兹大学和南加利福尼亚大学就是从公民学院开始的。尽管公共行政领域在这个方面已经漂离了它的源头，但是库珀认为公务员和公共行政官员的地位与合法性仍然根源于其作为职业公民的角色。按照这种观点，公共行政官员就不仅仅只是技术专家、解决问题的人或政府的雇员。更准确地说，公务员或行政官员最好被理解为某种将公民的责任延伸到其一生工作之中的人。用迈克尔·沃尔泽的话来说就是，公共行政官员是"代替我们其余人员的公民；可以这么说，共同的利益就是他们的特质"（引自 Cooper 1991，139）。

　　如果行政官员能够从一个民主公民权的基础上获得其道德身份，那么他们就可以承担起一些特殊的角色和职责，其中包括对诸如回应性和责任这种问题的具体认识，而像回应性和责任这样的问题则是民主道德理念所固有的。库珀写道：

> 　　公共行政官员的道德身份于是就应该是被雇用来作为我们中的一员为我们工作的公民；他们是一种职业公民，他们所委以从事的工作是我们在一个复杂的大型政治共同体中所不能亲自干的工作。行政官员应该是那些"特别负责任的"公民，他们是公民这个整体的受托人。（1991，139）

　　照此，行政官员自然会坚持一套适合于处理公共事务的道德准则。其实，已经产生了大量关于公共服务伦理的文献。尽管我们不去深入地研究那些资料的细节，但是我们还是应该提及在公共服务方面伦理考虑的几点重要内容。几年前，保罗·阿普尔比就极力主张，行政官员应该获得一种"对公共责任的特殊态度"，而且，他们除了应该学会管理方法之外，还要富于"民主精神"（1945，4）。

　　根据斯蒂芬·K·贝利（Stephen K. Bailey）的解释，阿普尔比的话意味着行政官员需要认识公共政策的道德歧义性，需要承认公共服务的道德优先权和道德悖论，并且需要由博爱锻造一些道德品质："（1）乐观主义；（2）勇气；（3）公正"
（1966，24）。许多时间更近的著作在详细说明行政官员的民主责任感时都遵循了这
种传统。例如，帕特里克·多贝尔（Patrick Dobel）（1990）就认为，行政官员的
整合包含着对行使裁量权的几种不同的辩护。政体责任，个人的责任以及审慎，这
些辩护在实践中必须加以平衡和整合：

> 第一，要诚实地对相关的权威和公众负责。第二，要致力于政体的公共利
> 益。第三，要尊重和建立实现目标的机构与程序。第四，要确保相关利害关系
> 人公平和适当的参与。第五，在政策和项目的实施中要追求良好的绩效。第
> 六，要为政府运行的效率尽力。政体的合法性就是这样建立起来的，公共资金
> 的基本目标和系统也是如此，而且，这样做也可以增强人们对凭良心做事和能
> 力的关注。第七，要通过基本目标不遭破坏而把政策和项目同公众和参与者的
> 自身利益联系起来。（Dobel 1990，363）

正如库珀所论证的那样，如果行政角色源于公民的角色，那么行政官员的责任
就肯定有一部分在于帮助公民实现他们自己充分参与政体工作的公民责任。尽管倾
向于效率和生产率的行政官员可能会发现公民参与很难应对并且很费时间，但是鼓
励公民参与却是公务员角色的一个必不可少的要素。汤普森指出，要求公民在政治
过程中承担一种重要的角色就意味着领导者——在此我们认为包括所有公务员，例
如公共行政官员——应该"不仅要分享普通公民的价值观和信念，不仅要始终关注
普通公民的需要，而且还要努力地使不活跃的公民活跃起来"（1970，26）。

我们在此认为，公务员，尤其包括公共行政官员，在道德上有责任要尽可能地
扩大对政治过程的公共参与边界。这种努力常常会令行政官员不快。在许多情况
下，可能会产生"擅自的"拖延和混乱。通常，尽管让公民参与所需要的时间会使
行政官员感到恼火，但是，只有当行政官员把自己的角色视为一种主要是关注有效
解决问题的技术专家时才会出现这种情况。如果他们认为自己的职责就是要使公民
参与从事民主政体的工作，那么这样的努力就根本不会产生混乱。尽管这种努力可
能会有困难，但是它们会成为人们振奋和快乐的来源。

作为帮助雇员在社区提供服务的一种援助途径，普拉诺（Plano）的城市
倡导招聘服务雇员（CARES）现场项目开始于 1998 年。这个项目具有外部和
内部的双重收益：就其外部收益而言，志愿者有助于丰富社区的生活；而对于
其内部收益来说，工作人员体验了更高的士气、培养了领导技能并且增进了市
政部门之间合作。

3.3　老公共行政与当事人服务

传统的公共行政或曰老公共行政主要关注的要么是服务的直接供给，要么是对

57

58

个人行为或社团行为的规制。那些处在"接受"端的人们一般都被称为"当事人"（client）。当然，"当事人"这个词的意思是指"被提供职业服务的一方"（*American Heritage Dictionary* 2000）。有趣的是，"当事人"这个词是由拉丁语 cliens 派生而来的，在拉丁语中，cliens 这个词的意思是指"侍从"或"追随者"。在许多情况下，在老公共行政之下运作的公共机构正是以这样一种方式来对待它们的当事人的。当事人被认为迫切需要帮助并且政府中的那些人通过公共项目的实施来努力提供他们所需要的帮助。这些机构中的人们最终就不可避免地被视为在"控制着"依赖这些机构的人们。对于许多当事人来说，这些机构的观点看起来似乎很傲慢甚至很草率。那些粗心大意的官僚肯定会对陈规老套使用过度，不过这种陈规老套或许也包含一点儿真理的成分。

3.4　新公共管理与顾客满意

新公共管理对政府与公民之间关系的处理不只是把它当作一个实际的问题考虑，而是出于一种独特的理论观点。我们在本章的前面详细考察了把公民权视为具有积极参与和公共精神的理想观念。我们还指出了公民权的法律定义——我们发现这种观点不仅依据的是文牍主义而且还依据自身利益。这个理论观点十分明显地构成了新公共管理对政府工作人员与接受政府服务者或接受政府规制者之间关系的认识方式的理论基础，新公共管理认为，我们值得花些时间来对作为**顾客**的公民这个理论概念进行详细的阐述。这种观点主要源于所谓民主的经济理论，这种理论是按照经济竞争来解释政治行为的。例如，就像公司被认为竞争利润一样，政党也被认为竞争选票。转过来，公民便被视为政党竞争其选票的顾客。这些公民/顾客的决策所依据的是他们使自己效用最大化的努力，他们投票支持一个政党或别的政党，或者干脆避开政治，通过把自己的时间和精力花在别的地方而寻求最大的效用（Dagger 1997，105）。

这种把公民视为顾客的观点肯定符合我们在前面考察的那种对政治生活的自利解释：该观点认为，政府最终反映了主要是分离的并且效用最大化的个人自身利益的聚合。这种解释也符合公民权的法律定义，因为公民/顾客肯定享有受国家法律制度保护的某些权利和自由。最后，这种观点还符合对政治生活的经济学解释。这种观点的支持者"是从经济学意义上来看待公民权的，因此，公民就被转变成为自主的顾客，他们可以寻找最有可能强化他们市场地位的一方或立场。尽管他们需要国家，但是他们与国家没有任何道德关系，而且他们仅像顾客控制商品的生产者那样通过购买或不购买它们的产品来控制其（国家的）官员"（Walzer 1995，160）。

新公共管理通过把政府服务的接受者（这种服务或者是由承包机构提供的）视为消费者或"顾客"，而把这种顾客至上论的理念带进了这场关于公共行政官员与公民之间适当关系的讨论之中。像新公共管理的其他要素一样，顾客服务取向明显地与来自企业的经验有关，这种情况下就明显地与 25 年前的顾客服务运动有关。

在诸如《追求卓越》（Peters and Waterman 1981）和《服务美国》（Albretch and Zemke 1985）这样的一些著作中，一些管理咨询顾问认为，如果企业充分关注顾客，那么包括利润在内的一切其他的事情都好办。顾客被视为在不断地计算满意效用："我们可以把顾客看作在自己的脑中带着一种'成绩报告单'四处走的人，这种'成绩报告单'就是促使顾客决定是再一次接受这种服务还是去其他地方的根据"（32）。这里的顾客明显是一种源于经典"经济人"模型的概念。

奥斯本和盖布勒认为，顾客驱动的政府优越于官僚制政府，因为前者具有更负责任、更多创新、有可能产生更多服务选择以及更少浪费的优点（1992，180-185）。与此相类似，巴泽莱（Barzelay）主张，根据顾客服务来思考有助于公共管理者明确地表达他们对绩效的关注并且对所出现的问题提出一些创新性的解决方案（Barzelay 1992，6-7）。对于那些与公众直接互动的机构来说，服务的接受者就是顾客。而对于某些办事（例如预算或采购）机构来说，倒是还有一种内部的顾客，即工作上它们支持的机构。 *60*

顾客服务的语言对于新公共管理已经变得极为重要。例如，国家绩效评审报告就具有这样一个目标："为顾客提供**与企业的最佳服务相同的**服务"（Gore 1993，44）。由于注意到政府的顾客常常面临的是很长的等待、繁忙的信号器、不充足的信息，以及一般的雇员，所以这个报告力劝具有企业家精神的联邦政府评估顾客的需求，制定服务供给的标准并且采取满足那些标准所必需的手段。随着政府及其机构试图按照顾客驱动的运作方式对它们自己"进行重塑"，州政府和地方政府也都采用了类似的语言和方法。还有一些其他国家实际上在美国进行这种改革之前就在许多情况下进行了一些类似的努力。英国的"公民宪章"运动就制定了最低的服务标准，这些服务标准不仅得到了行政当局的支持，而且，在某些情况下，当这些服务标准达不到时，行政当局甚至会提供补偿。采取类似改革措施的还有一些别的国家，其中包括澳大利亚、新西兰、法国和比利时。

尽管改进政府的服务质量是一个无人会质疑的理念，但是利用"顾客服务"的言词和方法既具有实际困难也具有理论困难。首先，选择的概念对于顾客这个经济学概念来说是必不可少的。一般来说，在政府中，即使说存在可供选择的备选方案的话，那也是很少见的。例如，只有一个消防部门（而且这个消防部门不能选择去从事其他的工作）。此外，由政府提供的许多服务都是具体的接受者可能不希望得到的服务——收到一份有关超速行驶的传票、被拘禁等。就连对政府顾客的识别也很成问题。谁是一个地方卫生部门的顾客？是去诊所看病的人，还是可能会担心某一种健康危险的公民？是医生和护士，还是地方的医院？是普通公众，还是上述的所有这些人和机构？就连列举所有潜在的顾客也会表明另一种困境：政府的所有顾客似乎都具有不同的利益需求。例如，在政府服务的直接接受者与那些必须支付金钱的纳税人之间常常存在着利益冲突。当然，有些政府服务——例如，对外政策或环境保护——与个体顾客没有联系；一旦提供了这些服务，那么它们就是为所有的人提供的，无论你想要还是不想要。

也许，对顾客取向提出的最重要的异议与责任有关。在政府中，公民不只是顾

61　客；他们是"所有者或主人"（Schachter 1997）。正如乔治·弗雷德里克森对此所解释的那样："顾客是在市场上在所提供的产品之间进行选择的；而公民决定的事情太重要了以至于政府会向公众收费来做这种事情"（1992，13）。而且，顾客的利益与主人的利益并不总是一致的——无论在企业中还是在政府中，情况都是如此。尽管企业可以通过使顾客满意而长期获益，但是政府却可能做不到。一个国家的公共交通部门可以通过一些重要的努力来提高顾客的满意度——为他们的候车区提供照明设备，缩短候车的时间，甚至改善那些场所的环境。但是，一个全国性的委员会则质疑这些变化是否会以牺牲公路上的安全为代价。与此相类似，汤姆·彼得斯（Tom Peters）按照推测讲述了一个获得建筑许可证的故事。"我不希望市政府的某个官僚给我留下一段难熬的时间。我希望此事能够像在企业那样得到恰当、迅速的处理。但是，如果我的邻居想要一个扩大其住房的许可证，情况又会怎么样呢？那么，谁是市政府的顾客呢？"（引自 Mintzberg 1996，77）政府必须对更大的公共利益负责——而不仅仅是对个别消费者或顾客的利益负责。无论如何，责任的问题都是至关重要的。"民主政府的底线就是责任——而不是利润或公民满意——而且顾客服务并没有为责任提供一个良好的代表性测量标准"（Kettl 2000a，43）。

3.5　新公共服务与对公民的优质服务

　　新公共服务承认与政府互动的并不简单地是顾客，而是公民。加拿大管理理论家亨利·明兹伯格（Henry Minzberg）就指出，我们与政府实际上具有几种不同类型的关系。"我并不仅仅只是政府的顾客，谢谢。我所期待的不只是伸手可及的交易，而且我也不指望鼓励人们去消费"（1996，77）。与政府进行直接交易——例如，购买一张彩票——的人的确可以被视为**顾客**。然而，从政府那里接受一种职业服务——例如，教育——的人则可以更恰当地被称为**当事人**。当然，我们也是政府的**臣民**——我们要纳税，要遵守规则，并且要遵守法律。最为重要的是，我们是**公民**，而且政府提供的大部分服务似乎都属于这一范畴："社会基础设施（例如博物馆），有形的服务（例如道路和港口），经济的服务（例如金融政策），调解性的服务（例如民事法庭），国外的服务（例如大使馆），以及政府自己的支持性基础设施（例如选举机构）"（77）。

　　毫无疑问，政府机构应该在法律和责任的约束范围内努力地提供尽可能高质量
62　的服务——而且，实际上许多机构都是在这样做。改进服务质量的努力之一是从承认顾客与公民之间的差异开始的（Schmidt with Strickland 1998）。公民被描述为在一个更广大社区环境中权利的享有者和责任的承担者。顾客则不同，因为顾客并没有共同的目的，相反，他们试图使其自己的个人利益尽可能地充分实现。于是，我们就可以对公民和当事人进行区分，当事人要么是内部的，要么是外部的："下面这个例子可以用来说明这些定义。一个公民也许不会领取就业保险却仍然对这种制度发挥作用的方式感兴趣；而就业保险费的实际接受者往往就是一个外部的当事

人。一个依靠某一中央机构为其分配就业保险资金的地区就业保险处往往就是一个内部的当事人"(3)。重要的是要认识到公务员很少与某一单个当事人或公民打交道。尽管工作在一线的雇员可能会帮助坐在桌子对面的某个人，但是他或她同时又在通过确保这个过程符合法律规定来为公民服务。政府与公民和当事人互动的复杂性明确地表明要全力改进政府的服务质量。尽管存在着这种复杂性，但是人们还是为规定公共部门的服务质量付出了种种努力。为地方政府开出的一个特别全面的清单包括以下几个方面的内容：

（1）**便利**（convenience）测量的是公民容易接近和获得政府服务的程度。

（2）**保障**（security）测量的是以一种使公民在接受服务时感到安全和有信心的方式提供服务的程度。

（3）**可靠性**（reliability）评价的是政府服务的正确性和按时提供的程度。

（4）**个人关注**（personal attention）测量的是雇员为公民提供信息并且利用这些信息来帮助满足他们需要的程度。

（5）**解决问题的途径**（problem-solving approach）测量的是雇员为公民提供信息并且利用这些信息来帮助满足他们需要的程度。

（6）**公正**（fairness）测量的是公民相信政府服务是以一种对大家都公平的方式提供的程度。

（7）**财政责任**（fiscal responsibility）测量的是公民相信地方政府正在以一种负责的方式使用资金提供服务的程度。

（8）**公民影响**（citizen influence）测量的是公民认为他们能够影响他们从地方政府那里得到的服务的质量的程度（Carlson and Schwarz 1995，29）。

> 在佛罗里达州的棕榈湾，该市开发了一个新的项目来改进公众与地方政府的联系。棕榈湾志愿者服务队（PBVSC）项目通过协调努力使得志愿者可以参与到该市各部门的日常工作之中（palmbayflorida. org/hr/job/volunteer. html）。在新西兰的惠灵顿，民主服务部提供了"拥有你的发言权"——这是一个由市政府为了就特定问题征求意见而组建的在线论坛。尽管居民们并没有看到其意见被接受的评论，但是该市却为这个咨询过程的结果准备了一个总结报告。该市还在线提供电子申请和阅读调查。

63

关于这个清单，特别有趣的不仅是公民期望公共服务应该满足诸如及时和可靠性这样的标准，而且他们还应该并且实际上也是期望服务的供给不仅要公平而且也要关注财政责任；公民期望有机会既影响他们所得到的服务又影响这些服务的质量。

这个相同的论点可以在理论上得到更好的证明。按照珍妮·波特（Jenny Potter 1988）的观点，用户至上主义的理论表明，在提供服务的人们与接受服务的人们之间存在着权力的不平衡。接受服务的人们仅仅是因为他们积累的选择才受到重视。为了把更大的权力转向顾客，一些理论家识别了五个关键性的因素：接近的机会、选择、信息、补偿和代表。尽管这些因素的最初产生与市场上的私人物品和服务有关，但是它们却能够适用于公共部门，进而可以为如何才能既在个人意义上又在集体意义上增进公民的利益这个问题提供指导。**接近**的机会——决定谁将会拥有什么——并不是一个严格意义上的个人权利问题；更确切地说，它是一个政治责任的问题。然而，公民应该要求参与这种决策。尽管**选择**也不是一个权利的问题，但是公民应该要求参与做出并且扩大一些他们所能够得到的选择。他们还应该要求就目标和目的、服务的标准、他们对于服务的权利、所讨论的备选方案、做出决策的原因以及那些决策的内容获得充分的**信息**。公民还应该要求享有某种表达其不满和抱怨的途径，并且应该要求在适当的条件下得到**补偿**。**代表**可以展开更加广泛的决策咨询和公民参与决策的问题。

64　　　波特断定，用户至上主义的理论肯定能够就改进服务质量的问题把公民指向正确的方向；不过，最终，作为一个经济学概念，用户至上主义的理论并不能处理"权力怎样才能更加广泛地在统治者和被统治者、行政官员与被管理者之中分享这个政治问题"（1998，156）。如前所述，用户至上主义的理论是从权力的不平衡开始的。对于政府来说，关键的问题在于政府愿意在多大程度上补偿供应者与用户或公民之间的权力不平衡。与仅仅专注于许多公共机构在其努力改进顾客服务时所采用的"魅力训练和更佳墙纸"（Pollitt 1988，125）方法相比较，那些随着新公共服务的发展而必须处理的现实问题将会是涉及信息和权力的问题。顾客取向把信息的供给当作提供更好的路标和时间表。信息供给的一个更为完备的方法可能会包括让一些机构公布绩效数据资料以便公民能够就他们所能够获得的选择做出有情报根据的决策。这个方法还意味着要就服务的标准和该机构成功地达到了那些标准的情况提供详细的信息。最后，政府机构在这些工作中应该进行咨询并且让他们的用户参与其中，它们还应该在出错的情况下提供有效的补救办法。从根本上来看，政府工作人员必须认识到公共服务不是一个经济思维的产物，而是一个政治思维的产物。那意味着改进服务的问题需要关注的不仅仅是"顾客"的需要，而且还要关注权力在社会中的分配情况。从根本上说，在新公共服务中，提供服务是拓宽公共参与和扩大民主公民权的第一步。

3.6　结论

　　　尽管不断地改进公共部门服务供给的质量明显具有重要性，但是新公共服务认为，政府不应该首先或者只是关注"顾客"自私的短期利益。而且，新公共服务认为，扮演着公民角色的人民必须关注更大的社区，必须致力于一些超出短期利益之外的问题，并且必须愿意为他们的邻里和社区所发生的事情承担个人的责任。毕竟，这些都属于有效且负责的公民权的规定要素。反过来，政府也必须关注公民的需要和利益。总之，新公共服务试图鼓励越来越多的人去履行他们作为公民的责任，进而特别关注他们的声音。

第 4 章

追求公共利益

追求公共利益。公共行政官员必须促进建立一种集体 65
的、共同的公共利益观念。这个目标不是要找到由个人选择
驱动的快速解决问题的方案。更确切地说，它是要创立共同
的利益和共同的责任。

新公共服务的核心原则之一就是重新肯定公共利益在政府服
务中的中心地位。新公共服务要求为社会确定一种"愿景"的过
程并不仅仅是民选政治领袖或公共行政任命官员的事情。更确切
地说，在确定一种愿景或方向——规定共同价值观的活动中，广
泛的公共对话和评议极为重要（Bryson and Crosby 1992；Luke
1998；Stone 1988）。更为重要的是，公共利益不是某种只是因为
公民个人的选择、组织程序和选举政治之间的相互作用而"发
生"的事情。更确切地说，明确地表达和实现公共利益是政府存
在的主要理由之一。

新公共服务认为，政府在把人民集合在允许他们就社会应该
的朝向而无拘无束真诚对话的背景下这一过程中扮演着一种至关
重要的角色。根据这些评议，人们可以为社区、国家或民族确立
一种基础广泛的愿景，而且这种愿景能够为未来提供一套指导思
想（或理想）。与这种愿景使行政官员、政治家以及公民参与对
其社区和国家的理想未来进行思考的过程相比，这种过程所产生
的单独一套目标就不太重要了。

66　　斯坦福大学审议民主研究中心的詹姆斯·菲什金（James Fishkin）开发了审议投票（程序）方法（The Deliberative Polling），这种投票方法利用一种多阶段的过程使得公民既通过调查又通过便利的审议参与其中。第一步是在公民代表小组中间进行一种基线投票。然后再要求一组参与者出席会议讨论该问题并且给他们分发均衡的简报材料进行评论（公众也可以获得这些材料）。在会议期间，一些小组要提出问题，接着要参加与专家和政治领导人的对话，这些对话有部分要进行电视转播。然后，这种调查要运用同最初问题相同的问题重新进行。"如果人民有机会更多地了解和介入这些问题，那么意见的最终变化则象征着公众将会达成的结论。"（http://cdd.stanford.edu/polls/docs/summary/）

　　除了政府的促进作用之外，政府在道德上还有责任确保任何通过这种过程产生的解决方案都完全符合正义和公平的标准，并且要确保得出这些解决方案的过程完全符合民主政体的规则和道德。尽管政府行动的目的将会促进公共问题的解决，但是政府也要负责确保那些解决方案——在实质上和在程序上都——符合公共利益（Ingraham and Ban 1988；Ingraham and Rosenbloom 1989）。换言之，政府的角色将定位于确保公共利益居于支配地位，即确保这些解决方案本身以及公共问题解决方案的产生过程都符合民主规范和正义、公正与公平的价值观。

　　按照新公共服务的观点，政府对于创立公民能够通过明确表达共同价值观并产生一种关于公共利益的集体意识的舞台具有重要的积极作用。公共行政官员不仅会通过达成一种妥协来回应完全不同的声音，他们还会使公民相互接触以便他们可以逐渐认识到彼此的利益并且从根本上形成更加长远而且更加广泛的社区意识和社会利益意识。此外，这样做对于在治理过程中实现民主价值观也至关重要。这个问题很复杂，它不仅涉及公民信任和政府回应性的本质，而且还涉及政府本身的目的和责任。最为关键的是公民是否相信政府会为了公共利益而采取行动这个问题。正如

67　肯尼思·拉斯乔（Kenneth Ruscio）所言："建立信任的规定——以及实际上我们对信任的必要性之原因的认识——需要明确地标出关于人类本性的种种观点、公共利益的意义以及参与政治生活的理由"（1996，471）。

　　本章将探讨公共利益这个概念。我们首先将考察公共利益已有的各种界定方法，同时我们将特别注意关于这个概念在治理中服务于什么目的的一些争论中的思想。接着，我们将考察当公共行政领域在美国创立时人们是怎样理解公共利益这个概念的，并且将追溯它作为公共行政理论与实践的一个重要概念为什么走下坡路的某些理由。接下来，我们将探讨公共利益的概念是如何随着时间的推移而发生变化的以及关于其存在和意义的争论的问题是什么。我们还将从行政的视角探讨公共利益的重要性。我们然后将会讨论老公共行政和新公共管理是如何看待公共利益的，最后将就对公共利益的追求怎样塑造新公共服务这个问题提出一些思考。

4.1　什么是公共利益？

在最近的 100 年里，公共利益这个概念曾受到过各种各样的嘲弄、称赞、拒斥和复兴——在它意指什么或者它是否是一个有用的概念这一点上，人们几乎没有留下什么共识。沃尔特·利普曼（Walter Lippman）将公共利益界定为"人们在清楚地看到、理性地思考并且公平无私地行动的情况下将会选择的东西"（1955，42）。但是格伦顿·舒伯特（Glendon Schubert）则认为，公共利益这个概念"没有任何操作意义……政治学家可能会更好地把自己的时间用于培育一些更有可能在对政治责任的科学研究中成为有用工具的概念"（1962，176）。同样，弗兰克·索劳夫（Frank Sorauf）说这个术语"背负了多重具有宝贵用途的意义"（1957，624）。另一方面，霍华德·史密斯（Howard Smith）则认为，尽管公共利益是一个神话，但它却是一个有用的神话（1960）。还有一些人指出，尽管这个词有歧义性，但是"从未有哪一个社会不以某种方式并且在某种程度上受这个理想的引导"（Bell and Kristol 1965，5）。尽管存在着多种不一致，但是公共利益这个概念在公共对话和学术文献中一直都很重要。

在某种意义上，试图界定"公共利益"有点儿类似于试图界定"爱"。显然，爱在不同的情况下对于不同的人意味着不同的东西。它无论是在实质上还是形式上 *68* 都会随着时间的推移而发生变化。它也可以改变我们——可以改变我们的思维方式和行为方式。尽管我们常常可以看到它的影响，但是它却很难被直接地观察。它可以同时既被视为一种存在状态又被视为一种正在进行的过程。它的质量和重要性既与追求它的过程有密切的关系，又与它必须永远被追求这种认识有密切的关系。结果，对它既不能进行量化，也不能进行有意义的测量，并且它因此而难以在某些分析中被运用。有人根据这种复杂性、意义的易变性以及测量的困难而断定，爱不是一个很有用的概念。另一些人可能会怀疑爱是否真的存在。还有一些人尽管可能会乐意承认爱的存在，但是他们却认为，爱不能并且不应该成为经验研究和社会科学研究的对象，因为它不能被适当地操作化。然而，我们多数人都会同意，对人类经验的任何解释——无论它是个人的解释，社会科学的解释还是哲学的解释——都绝对少不了对爱这个概念的使用。

像爱一样，公共利益对于不同的人也意味着不同的东西，它也会随着时间的推移而发生变化，也会激发行为，塑造我们的思想，不能进行测量，并且既涉及实质又包含着过程。正如对人类经验的认识实际上需要承认爱的作用一样，倘若不承认公共利益的作用，那么，认识公共服务的深度和广度即便不是不可能的，也是很难的。因此，公共利益为我们认识公民权、治理以及公共服务带来的丰富性在价值上大大超过了在试图围绕着公共利益确定概念边界时所遇到的困难和歧义性。我们在赞成公共利益对于民主治理具有极端重要性的同时也承认公共利益具有歧义性和易变性。

　　需要指出，探讨公共利益的观念并不只是一种有趣的学术追求。我们对治理和公共利益的思考方式规定了我们的行为方式。我们的行动将会走向哪种方向取决于我们采取的是哪一种公共利益观。在此，我们将通过考察对公共利益观念的四种探讨模式来界定公共利益这个概念。尽管这些范畴并非完全相互排斥，但是它们却为我们的讨论提供了一个合理的出发点。由于我们在某种程度上使用了克拉克·科克伦（Clarke Cochran）（1974）为有关公共利益的不同思想流派提供的那个图式，所以我们将把公共利益的模式归类为：（1）要么主要是规范的；（2）要么主要是废除论的；（3）要么主要是政治过程取向的；（4）要么主要是基于共同价值观的。

规范模式

　　规范模式不是被社会科学家用来描述事实是什么，而是用来描述应该是什么。

69　　在公共利益的规范模式中，"公共利益成为评估具体公共政策的一个道德标准和政治秩序应该追求的一个目标"（Cochran 1974，330）。按照这个观点，**公共利益**就是一个决策的道德和伦理标准。例如，卡西尼利（C. W. Cassinelli）（1962）就写道，公共利益是可以据以评价政治行为的一个品行标准。换言之，为了公共利益所能够采取的行动值得赞同，因为它们符合这个品行标准。由于卡西尼利将公共利益界定为一个道德标准，所以他将那种认为公共利益作为一种"分析的工具"或"科学研究的助手"是没有价值的主张当作不相关的东西而不予考虑。他反而认为，公共利益作为一个道德概念所具有的功能不同于分析模式的功能。"社会科学家不能忽视最终的政治利益这个根本问题：这是从对公共利益概念的考察中获得的主要教训"（1962，47）。

　　对于卡西尼利和规范模式的其他支持者来说，公共利益就是"可以应用于政治事务的最高道德标准"（1962，46）。按照这个观点，当某事对公众有益的时候，那就是高于某事只是有益于部分公众时的一个利益标准。因此，政治体系应该追求的是利益在一个社区中间的公平分配。虽然这并不意味着所有的人都有权享有相同的或同样的利益，但是，这却表明，总的说来，每一个人都应该受到公平的对待。

　　例如，一位早期的公共行政学家 E. 彭德尔顿·赫林（E. Pendleton Herring）就在其作品中从一种规范的视角探讨了公共利益。他在其 1936 年出版的《公共行政与公共利益》一书中就认为，法律必定是至少有点儿含糊，而且官僚的工作就是对一些竞争性的群体压力进行调和以便对法律做出合乎道德的解释。他说，按照这种公共利益的理想，行政官员为了解决这些冲突可以最好地履行他们的道德义务和法律责任。他写道："在民主制度下，公共利益所基于的不是一个阶级的福利而是许多团体利益的妥协。我们假定能够实现不同社会力量和不同经济力量的平衡"（1936，vii）。他更为简明地说："公共利益就是指导行政官员执法的标准"（23）。

　　与此相类似，雷德福也是以一种规范的方式来界定公共利益的："公共利益可以根据所有的利益和我们社会所公认的价值概念被界定为对某一情境的最佳回应"（1954，1108）。同样，菲利普·莫尼彭尼（Philip Monypenny）的公共行政伦理准则也包括一个叫作"公共利益"的部分，它规定，行政官员"应该按照自己所认识的那样去追求公共利益，而不应该去追求他个人的便利或任何私人的目的或目标"（1953，441）。这种将公共利益视为一种规范性道德标准的观点至今在公共行政领域仍然很重要。实际上，美国公共行政学会在为其会员制定的伦理准则中就把"为增进公共利益而行使裁量权"（2001）规定为首要原则。

公共利益的废止论观点

与以上讨论的规范理论家相比较，那些赞成公共利益的废止论观点的人们则认为，公共利益这个概念既没有意义，也不重要。这些学者倾向于采用的是下列两种推论方法中的一种：（1）由于公共利益不能加以测量或者直接观察，所以它是没有用的；（2）公共利益或集体意志的概念并非必不可少，因为个人选择是认识政策过程和制定政策的最佳途径。例如，尽管格伦顿·舒伯特承认人们常常谈论公共利益，进而使公共利益成为政治行为研究的一个组成部分，但是公共利益仍然是一个难以界定并且在科学意义上缺乏相关性的观念。尽管人们已经付出了很大的努力，但他宣称：

> 政治学领域的美国作者既没有创立一种统一的理论，也没有发展出一种一致的学说来描述公共利益在政府决策中是如何被界定的；他们没有按照必要的精确程度和专一性程度来建构一些理论模式以便这样的模式可以用来描述现实人的实际行为或者作为现实人实际行为的指南。（Schubert 1960，220）

舒伯特写道，为了有用，一个公共利益理论就必须以一种能够在经验上证实的方法来描述公共利益与行为之间的关系。他断定，由于公共利益的理论做不到这样，所以"我们很难理解为什么要教授政治学专业的学生从属于公共利益是官员责任的一个恰当准则"（1960，220）。

政治过程理论

科克伦把政治过程理论家描述为"根据政策制定的政治过程来界定这个概念的"那些人（1974，331）。按照这个观点，公共利益就是通过一种允许利益得以集聚、平衡或调解的特定过程来实现的。例如，霍华德·史密斯就明确地指出："与公共利益结合得最恰当的不是具体的政治，而是用来决定应该怎么办的一种特殊过程"（1960，159）。换言之，这种观点的支持者认为，公共利益的内容并没有我们实现公共利益的方式重要。因为过程理论家主要关注的是过程，所以许多人可能会被认为是把公共利益当作政治学家之间就认识政治过程本身的最佳途径而长期进行的一场辩论的逻辑延伸部分来进行分析。这场辩论的一个关键争论焦点在于，在一个民主政体中被视为利益代表之优先机制的是政党还是利益集团。

正如詹姆斯·麦迪逊在《联邦党人文集》（第 10 期）中的一些早期参考文献所证明的那样，对于美国政府来说，存在派别长期以来一直都被视为是很自然的事情（Hamilton，Madison，and Jay 1787/1987）。尽管麦迪逊和另一些人曾根据利益集团的活动讨论了政治的"不幸"和损失，但是那些观点更近地被反映在罗伯特·达尔的《民主理论的前言》（1956）和《谁是统治者?》（1961）这两本书中。多元论的民主观所依据的是这样一种理念：在政策过程中代表和保护公民利益的最佳媒介不是个别的公民或者作为一个整体的人民，而是利益集团。多元论者认为，直接的参与既不现实，也不可行，而且，通过组成团体，一些具有相同想法的个体在政策制定中所能够具有的声音要大于他们作为个体在政策制定中所能够具有的声音。达尔指出，利益集团多元论不仅像它过去通常被使用的那样是描述美国政治的最佳途径，而且也是使民主原则最大化的最佳途径。

多元论作为美国民主政体之模式的优势对那些从过程的观点来界定公共利益的人们产生了强烈的影响。多元论者当然也并非没有受到批评，不过，多元论的批评者们宣称，民主政体和公共利益可以通过其他过程得到更好的服务。例如，沙特施奈德（E. E. Schattschneider）就畅言无忌地主张多党政治是服务于公共利益的最佳途径。他认为，尽管私人利益、特殊利益和地方或局部利益是共同利益的天敌，但是政党却能够对一些特殊的利益进行综合和超越。由于他不承认那些特殊利益的汇集会等于公共利益，所以他说："公共利益不仅不是特殊利益的加总，而且它肯定也不是有组织的特殊利益的加总"（1952，23）。

无论是提倡利益集团还是提倡政党，这些学者主要都忽视了公民的作用。其假定是，公民将会或者是被利益集团正确地代表或者是被政党正确地代表，而且，如果我们让这其中的一种中介组织在政策过程中成为人民的主要声音，那将会接近公共利益。

共同价值

科克伦把基于共同价值的公共利益模式称为"共识论"的模式。共识论者把公共利益视为一个含糊而有价值的语词，这个语词涉及的是为了达成一种公共利益共识而进行的政策争论。我们已经将这个范畴拓宽至包括基于共同价值的公共利益概念，这些公共利益概念既可以引导表达这些利益的过程，又可以引导公共利益本身的实质。这种共同价值模式在保罗·阿普尔比的早期作品中得到了证明，保罗·阿普尔比说：

> 公共利益绝不仅仅是所有私人利益的加总，也不是消去私人利益的各种加号和减号之后剩下的和。尽管公共利益并没有与私人利益完全分离，而且它源于具有许多私人利益的公民，但它是从私人利益内部和私人利益之间产生并且离开和超越了私人利益的某种有特色的东西，它可以使人类所能够实现的某些最高抱负和最深切的信仰成为政府工作的焦点。（Appleby 1950，34-35）

这种认为公共利益涉及社会更加广泛的共同利益的观念与德博拉·斯通（Deborah Stone 1988）对她所谓"城邦"或政治共同体中的公共利益的界定方式是一致的。斯通眼中的公共利益所根据的是对集体价值观的积极且有意识的追求。她在某种程度上是通过与（上述关于废止论观点的那一小节中所描述的）市场模式或个人利益积聚的模式相比较来界定城邦的。她说，这个市场观点所依据的是这样一种理念，即公共政策或公共利益是所有的个体追求其自身利益的最后结果。因此，在市场模式中的公共利益就是个人选择的副产品。

另一方面，在城邦或集体模式中，为了集体的利益而建立一个社会是目的，而不是副产品。斯通指出：

> 公共政策所涉及的是试图将某物**当作共同体**来获得的共同体。即使一个共同体内部在其目标应该是什么以及其成员是谁这些方面几乎总是存在着冲突，即使每一个公共的目标最终也必须通过个人的行为来达到，公共政策所涉及的也是试图将某物当作共同体来获得的共同体。与市场模式不同，一个关于城邦的模式必须既要假定集体意志又要假定集体行动，而市场模式则是从个人开始的，并且它只是假定个人所持有的目标、偏好和意图。（Stone 1997，18，黑体系本书作者所加。）

> 加利福尼亚州的文图拉面临着处理无家可归者扎营住宿在干燥河床上的问题。该市宣布，倘若缺乏一种取得共识的方法，它将会开始实施一条法令禁止未经批准的扎营住宿。一个由居民和无家可归者组成的特别工作组建议为无家可归者提供一个可以合法使用的宿营地。河流避难所宿营地就得到了市政府的支持。

由于她不是从人们只是自私自利的这个市场假定开始的，所以她认为诸如共享、关怀和维系关系这样的价值至少可以像竞争、分离和自身利益的促进一样强有力地促进行为。尽管历史、忠诚和领导是城邦中的重要因素，但是市场并没有为我们提供任何谈论这种影响的途径。此外，在市场模式中，"公用地"问题被视为例外。"公用地"问题是指自身利益与公共利益发生冲突的情形。人们经常使用的是关于一个可以被所有牧牛主使用的牧场的例子。自身利益规定了每一个人都将会试图通过把尽可能多的牧牛保留在这个牧场上来使得自己的个人收益最大化。但是，由于共享这块公用土地的每一个人都做出的是同样的决策，所以这块公用地就被耗空并且对任何人都没有价值了。因此，这些牧牛主通过追求他们的个人利益而丧失了他们的共同利益。

如上所述，公用地问题被视为市场上出现的一个异常事件。另一方面，在城邦中，公用地问题则被视为很平常的事情。它们不仅经常出现，而且最重要的政策问题就是公用地问题。在城邦中，人们假定政策很少会只影响一两个人。于是，政治对话的目的就是要鼓励人们去明确地表达共同利益并且首先关注政策选择的更加广泛的结果。要以影响、合作以及那些随着时间的推移而把人们紧密团结在一起的联系为基础来鼓励人们这样做。

此外，在城邦中对公共利益的追求也正在进行之中。俗话说得好，过程比目的更重要。在市场模式中满足经济需要的方法"解决"不了城邦中的问题。"好像我们能够订购正义，好像一旦交付订货就完事儿了，但是事实并非如此"（Stone 1997，34）。而且，对于什么是公共利益，人们也从未完全达成共识。相反，对其意义的寻求倒是公共生活存在的理由，这就犹如基于自利的选择是市场的基石一样。正如斯通对此所解释的那样："公共利益这个概念对于城邦就像自利对于市场一样。它们二者都是我们为了解释和预测人们的行为而无须知道其具体内容的抽象词语。我们只是假定人们的行为，似乎他们正在努力实现公共利益或使他们的自身利益最大化"（1997，21）。

在城邦中，主要的目标就是要培育共同的价值观和一种关于公共利益的集体意识。斯通认为，公共利益可以被理解为"具有公共精神的公民"所渴望的那些东西，例如良好的学校和清洁的空气，即使这样会妨碍公民焚烧垃圾的权利或者增加税收，我们也可以这样理解公共利益。公共利益还可以被表达为那些"已达成共识的目标"和/或"对于一个作为共同体的社区有益的事情"，例如，维持秩序、维护管理过程，以及防御外人。人们对于公共利益从来都没有完全达成共识。事实上，斯通说："让它成为一个空盒子，但是，不必介意；在城邦中，人们会花费大量的精力来努力地填充那个盒子"（1997，21）。

因此，基于共同价值观的公共利益表明了一个不仅包含特殊利益团体的相互作用而且还包括共同的民主和宪政价值的过程。更为重要的是，公共利益理论家们认为，人们不仅能够超越自身利益，而且政府也应该努力地培育和开发人们的这种能力。在某种程度上，这种能力依赖于信任。公民的信任和信心是建立在政府正在为响应公共利益和社区的共同价值观而行动的信念之上的。信任和为了公共利益而行动，这两者是相互强化的——当政府为了公共利益而行动时，公民的信任度也会随之增强。反之，当公民的信任度增强的时候，公民也可以体验到他们认识共同利益和根据共同利益行事的能力在增强。假定有这种思想上的演化，那么，与老公共行政、新公共管理以及新公共服务有关的将是什么样的公共利益观和什么样的公务员角色假定呢？根据前面的讨论，我们应该很清楚，关于公共利益的观念和观点并不是以一种整齐划一的线性方式阐明的。不过，我们可以区别某些与老公共行政、新公共管理以及新公共服务有关的主题。

4.2　老公共行政与公共利益

在老公共行政中，公共服务被认为是一种价值中立的技术过程，而且行政官员的权威就是专长的权威。正如舒伯特对此所解释的那样："公共利益是在决策过程理性化中被发现的，因此它会自动地导致公意的贯彻执行。人的裁量权因其被限定为不得超出决策情景而被降低到了最低限度或者被消除；责任便在于自主的行为"（1957，347）。这种观点与那种对中立和效率的强调密切相连，我们在前面已经看到，那种对中立和效率的强调与进步改革运动和科学管理运动有关。在某种意义上，老公共行政没有一个关于保护公共利益的行政责任的理论。公共利益要取决于选举产生的官员。不过，在老公共行政中，无疑，公务员服务于公众利益的最佳途径就是着重关注中立、效率以及政治与行政的严格分离。因此，行政活动和行政裁量权就从属于层级控制、立法以及特殊利益集团之间的相互作用。

当像威尔逊和古德诺（Frank Goodnow）这样一些学者在 19 世纪末 20 世纪初最早试图界定公共行政的领域时，尽管公共利益是一个重要的概念，但是它却被视为只是属于政治的领地。威尔逊写道："政策在公共利益方面决不会有任何官僚作用的污点。它不会是出自常任文官的创造，而是直接并且必然要对公共舆论负责的政治家的杰作"（引自 Shafritz and Hyde 1997，22）。同样，古德诺把政治界定为"国家意志的表达"，而行政则扮演着一种执行国家意志的从属角色（引自 Shafritz and Hyde 1997，28）。

直到 20 世纪 30 年代中期，与公共利益有关系的公共行政角色都仍然是一种被动的角色，这种观点在彭德尔顿·赫林的著作中得到了明确的表达。在罗斯福新政时代，赫林发现行政官员常常不得不对含糊的立法进行解释和界定。他写道："调解团体差异并且使那些通过立法程序而达成的经济妥协和社会妥协有效可行的担子基本上都落在了官僚的肩上"（1936，7）。赫林并不排斥中立的专长这个概念，他只是认为处理特殊利益集团的要求需要一定水准的裁量权。就这种裁量权的行使而言，赫林认为"公共利益就是指导行政官员执法的标准"（23）。而且，假定我们可以在特殊利益团体的这种相互作用中找到公共利益，因此，按照这个模式，行政官员可以促进"一些团体利益的调和"，进而可以把公共利益用来作为"旨在引入统一性、秩序和客观性的一种言语符号"（23）。尽管赫林强调要对公共利益负责，但是他的模式同时也假定任何直接的公民参与都是不必要的。

此外，行政官员的角色明显的是一种被动的角色。例如，赫林说："我们假定，*76*在民主政体中，政府的任务就是调节冲突的经济势力和社会势力。公共利益是被认为可以决定政府使其力量倾向一边或另一边之程度的标准。如果在竞争者之间没有这种评判标准的话，天平就会完全倒向最强大的一方"（1936，23）。实际上，赫林是把公共行政官员描述成为当利益集团之间的冲突导致一种不明确的后果或者好像排除了某些重要利益集团时的最后手段——"控制器"。

另一些人也为行政官员提出了一种很谦恭的角色，即一种在这个过程中从属于其他参与者的角色。从这个观点来看，尽管公共行政官员代表着那些未被充分代表的人或无组织者的声音，但是在多数情况下那种声音都从属于利益集团或者统治集团和政治过程。例如，莫尼彭尼就用以下这段话劝告行政官员应该怎样为公共利益服务：

> 公务员对公共利益的决断主要是根据其等级结构中政务官上司的行动，其政务官上司的行动是通过常规渠道、立法以及适当情况下的法庭决策来实现

的。然而，还会有一些行使裁量权的领域，而且在使用这些裁量权时，公务员会接触一个很小的直接受某一拟采取行动影响的人员团体。公务员必须承认他们的讲话权利和接受咨询的权利，必须重视他们所描述的后果。但是他必须记住还有一些未参与组织的和未被直接代表的人，而且，就他所能够发现的结果而言，他还必须在考虑这种自由裁量的行动时成为他们的代表。（Monypenny 1953，441）

总之，在老公共行政中，公共利益是由民选的政策制定者来界定的。人们假定行政官员能够以尽可能最有效率、最科学、最具有政治中立性的方式执法以便最好地为公共利益服务。尽管行政官员在执行立法政策中解决特殊利益团体之间的冲突时需要注意公共利益，但是这种观念认为他们的裁量权应该受到限制。公共行政官员在调解特殊利益团体时常常会扮演着一种主要是消极的角色，而且仅当有必要允许采取行政行为的时候，他们才会扮演这种角色。

4.3　新公共管理与公共利益

伴随着 20 世纪 80 年代和 90 年代新公共管理的兴起，基于共同价值观的公共利益理想便失去了流行性。正如我们在前面所提到的那样，新公共管理所依据的理念是：政府应该创造像市场那样的选择舞台，在这个舞台上，个人作为顾客能够根据他们的自身利益做出选择。按照这种顾客的角色，个人不需要关心其顾客同伴的利益。当我们开始把公民当作类似于顾客来考虑并且把政府当作类似于市场来考虑的时候，谈论公共利益和按照公共利益行事的需要基本上就没有了。

按照这种方式，关于公共利益的行政责任问题在新公共管理中就基本上变得不相干了。例如，公共选择理论家们就常常会否认作为一个概念或理想的公共利益有意义，而且他们甚至还会怀疑公共利益是否真的存在。他们的论据是，在一个类似市场的场所中的个人选择优于基于共同价值观的集体选择。由于他们依靠的是市场隐喻，并且他们假定自身利益是决策的首要的和最恰当的基础，所以共同的公共利益就变得既不相关又难以界定。他们的这种公共利益观常常会很明显地被界定为废止论（abolitionist）的观点。

正如斯通（1997）所解释的那样，当社会被视为一个市场的时候，那就假定个人对于商品、服务和政策具有相对固定的、独立的偏好（9）。"市场模式因而就没有为我们提供任何谈论人们如何就公共利益的愿景或社区的本质而奋争的途径……这些正是构成政策选择基础的真正重要的政治问题"（10）。人民被视为是他们自己的利益的最佳裁判。公共利益如果说真的存在的话，那么它也只是在（作为顾客的）公民在一个类似于市场的场所做出个人选择时的副产品。

最近，一种共同的公共利益观已经因新公共管理的兴起而基本上被夺去了光彩。按照特鲁迪·米勒（Trudi Miller 1989）的观点，对公共利益概念的否定伴随着对市场选择模式和多元论政治模式的依赖对民主治理和公共行政领域具有深远的破坏作用。实际上，她认为，就公务员遵循这种多元论的政治观而言，他们实际上对于破坏和腐蚀自由的民主政体起到了促进作用。在一个自由的民主政体中，政府机构关注的是"大众共同的公共利益观"（同时尊重政府力所不及的自由权）并且努力地"阻拦一些狭隘的小集团因为一些不为公共利益所容许的理由而对公众强行征税的行为"（511）。她指出，自由的民主政体所依据的是一个包含了互惠主义、美德和民粹主义的价值体系。因此，民主政体的功能之一就是纠正资本主义的市场缺陷。

米勒然后论证说，多元论政治模式的优势支配地位因其使"共同的公共利益观变得没有意义和不重要而'颠覆了'自由的民主政体，并且它否定了构成民主政体之基础的价值观"（1989，511）。按照多元论的观点，民主政体关注特殊利益团体的相互作用，但是它却不关注或不承认共同的公共利益观。换言之，她说，在多元论模式中的政府"并不关注公民集体认为他们所需要的东西"（515）。相反，它代表的是特殊利益团体获胜联盟的意志。

米勒告诫说，就公务员遵循一个有限的政治观念和社会科学观念而言，他们事实上对于基于一种共同公共利益观的民主政体的崩溃具有促进作用。她说，之所以这样，原因只是在于，我们的思维方式和分析方法否认这种公共利益观的可能性。当我们假定只要关注特殊利益团体的要求就够了，当我们不是试图找到共同的价值观而是为一些狭隘利益团体的获胜联盟而行动时，当我们只是依靠定量分析方法来确定"正确的"行动步骤时，我们的行为就强化了这样一种观念：共同的公共偏好要么就不存在，要么就是不相干的。

4.4　新公共服务与公共利益

相比之下，新公共服务拒斥在老公共行政和新公共管理中含有的公共利益观。新公共服务的一个规定特征正是对这些观点的拒斥。我们认为，公务员对于帮助公民明确地表达公共利益具有一种极为重要的作用，反过来，共同的价值和集体的公民利益也应该指导公共行政官员的决策和行为。这并不是说，政治过程的结果就是错了，或者说，公共行政官员应该用他们不同意的政策来取代他们自己的判断。相反，公务员必须努力保证公民在治理的每一个阶段——而不仅仅是在选举政治中——获得发言权。公务员具有一种独一无二的接触公民和为公共对话创建平台的重要职责。

有趣的是，在公共行政领域的一些早期声音中，只要我们瞥上一眼，就可以发现这种观点。尽管这些思想很快就被利益团体多元论者的观点夺去了光彩，但有趣的是，我们注意到早期有些人曾提及基于共同价值观和人们长期共同利益的公共利益。例如，尽管保罗·阿普尔比后来最终把公共利益视为特殊利益团体的相互作用，但是在 1950 年他却说行政官员的职责就是要"聚焦于——解决和整合——这些人们普遍感到的需要；为政府旨在满足这些需要的回应提供具体的形式；预见和

78

79

关注一些不容易被普通公民看得见的因素；为了把政府的回应设计得便于至少可以确保多数人的共识或者同意而做出这样的努力"（155）。在此，他似乎承认不仅需要考虑特殊利益团体，而且还需要考虑一些有关公共利益和达成共识所需要的更加广泛的问题。

同样，埃米特·雷德福在 1954 年就写道，行政决策所根据的是"共同的利益和共同的理念"，为了"寻求共同的持久利益而行动的行政官员是公共利益的一种必要保证"（1107）。虽然他强调行政官员要关注未被充分代表的人，但是他也谈到了未来共同利益的重要性："真正的危险是没有组织的弱者的利益、普通百姓的共同利益以及人们未来的利益在政府委员会中没有恰当的分量"（1109）。

尽管这些早期的声音要求行政官员关注公共利益，但是对这种观点的批评却很明显并且基本上都很成功。例如，舒伯特就没有把公共利益视为行政决策的一种指导力量，他嘲笑"仁慈的官僚是民主国家的卫道士"（1957，349）。他甚至怀疑嘲笑这种观点的前提的恰当性和合理性，他怀疑，"如果官僚……听从……道德家提出的'要聪明！要贤明！要善良！'的规劝，那么公共利益是否会得以实现"（354）。

新公共服务认为这些批评过分简单化并且放错了位置。行政官员在判断什么应该被视为有道德的事物时完全无须接受要聪明或贤明和扮演卫道士角色的劝告。相反，新公共服务倡导行政官员在促进公民界定公共利益和按照公共利益行事时应该扮演一种积极主动的角色。新公共服务还否认公共利益能够被理解为个人自我利益的聚合。在新公共服务中，其目标是要超越自身利益进而发现共同利益——公共利益并且按照共同利益——公共利益行事。

这个观点也影响到我们如何看待对政府的信任。例如，拉斯乔就认为，就政府而言，"信任度下降的原因在于人们越来越认识到经过选举产生的官员、行政官员以及公民都试图使他们的自我利益最大化"（1996，464）。他进而强调说："真正的信任依赖于一种不容易被理性选择理论家所接纳的假定，即个人能够以其私人利益之外的某种根据来行动"（464）。这意味着信任不是依赖于自我利益。相反，它依据的是规范和价值，而且这还假定了行为能够受到共同的公共利益的影响。换言之，如果人民相信自利公民的需求能够推动政府的行为，那么信任度就会下降。公民对政府的信任和信心是建立在这种认识基础之上的，即政府政策关注的焦点是公共利益。由格拉泽、帕克和佩顿（Glaser，Parker and Payton 2001）以及格拉泽、登哈特和汉密尔顿（Glaser，Denhardt and Hamilton 2002）最近完成的一项研究就支持这个论点；当政府机构明显地将其努力的重心放在增进社区的福利上的时候，似乎认为它们就可能弥合公民与政府之间的隔阂。

新公共服务认为，政府应该鼓励公民关注更大的社区，鼓励公民致力于超越短期利益的事情并且愿意为自己邻里和社区中所发生的事情承担个人的责任。按照这个观点，正如本书第 2 章所表明的那样，公民所采纳的是一种更加广泛并且更为长远的观点，这种观点既基于他们对公共事务的认识，又基于一种归属感、一种对整体的关心以及一种与社区建立的道德契约（Sandel 1996）。

这并不是说，决定什么样的政府行动将会最好地服务于公共利益就是一个简单或者易懂的命题。正如爱德华·威克斯所指出的那样："对一个重大问题的任何解决方案都可能会使该社区的一部分人不高兴"（2000，362）。追求公共利益并不意味着政府的决策者将会以某种方式制定出所有公民都会同意的政策。更确切地说，公共利益最好被视为社区对话和参与的一个过程。这个过程既可以使人们了解政策制定的情况，又可以培育公民意识。"由于参与要求我们与别人互动——从事民主对话，所以它可以拓宽我们的视野并且帮助我们不仅仅只是看到我们自己狭隘的利益"（deLeon and Denhardt 2000，94）。或者正如贝里、波特尼和汤姆森对此所解释的那样："参与社区生活的人们都十分欣赏他们社区的财富"（Berry，Portney and Thomson 1993，239）。在一个民主政体中，位于公民权核心的正是这种超越狭隘利益并且认识到共同的社区利益和财富的能力。政府对于促进这种过程并且将这种对话提高到着重关注长期的社区利益能够起到十分重要的作用。正如威克斯（2000）所发现的那样，尽管这样的过程可能不会很快或者很容易，但是它们却能够成为进行公民对话和创造公共行动意志的有力工具。我们似乎正在目睹人们又重新将公共利益和共同价值观强调为公共行政领域的基础。事实上，有一些当代的公共行政学者已经把公共利益这个概念用来作为解释民主政体中公共行政角色并使之合法化的一种手段。例如，约翰·罗尔（John Rohr）（1986）就断言，公共行政的宪政合法性依赖于一种强调要为公共利益而坚持宪政价值观的训令。查尔斯·古德塞尔（Charles Goodsell）以一种类似的口气说："公共官僚机构是……公共利益在美国人生活中的主要制度化身和支持者"（1994，107）。 *81*

> 　　我们可以用一些第一人称的故事来戏剧化地表现问题并且可以用这些第一人称的故事来使社区参与其中。例如，俄勒冈波特兰的旅居剧场就根据与老师、家长、学生和学校官员的访谈创作了《目睹我们的学校》。最终的表演展示了中学、剧场和社区中心的状况。表演之后，观众应邀参加关于公共教育之未来的讨论。

与此相类似，加里·万姆斯利（Gary Wamsley）与其合作者们（1990）将官僚制重新解释为"公共行政"，他们认为，公共行政与其说是一种有组织的形式，倒不如说它是政府的一种机构。照此，行政就应该在很大程度上被界定为为了公共利益的能力。按照这种观点，公共行政官员的角色涉及的就是回应性和责任（1990，314）。万姆斯利与其合作者认为，把公务员刻画成为追求地位和权力的角色既不正确也有害处。相反，我们应该肯定的是一种以致力于改进社会问题和公民生活质量为基础的更加"超常的"角色。公民应该在公共行政和美国政治对话的转变中扮演一种关键性的角色。"行政官员必须努力扩大公民直接参与治理的机会，以便公民培养那种作为对良好行政信条的信任之最终基础的有用智慧"（315）。

这个理念并不等于说公共行政官员可以用公共利益的优良愿景来取代例如立法部门或司法部门的意志而变成民主政体的卫道士。对于公务员来说，表明他们似乎对公共利益的看法好像以某种方式优越于公民、民选官员、利益团体以及政党的观点和价值的行为即使说不是完全不道德的，至少也是不民主的。相反，在政治会话和治理的更大系统范围内，公务员可以有助于促进关于公共利益的对话和为了实现那些价值观而采取的行动。换言之，公共行政官员没有而且也不能充当舒伯特所害怕的"行政柏拉图主义者"。如果采用"行政孤独徘徊者"的风格来单独地界定公共利益的话，那就完全忽视了民选官员、公民、法院以及治理过程中许许多多的其他参与者所扮演的积极角色。

82

4.5 结论

在新公共服务中，公共行政官员不是公共利益的单独主宰者。相反，公共行政官员应该被视为在一个包括公民、团体、民选代表以及其他机构在内的更大治理系统中的关键角色。正如弗雷德里克森所言：

> 当无论公民的自我利益还是公务员的自我利益侵蚀了公共利益的时候，通过政府来寻求自我利益的做法必定受到抵制。公共行政官员不仅要促进对自我利益的追求，而且还要不断地努力与民选的代表和公民一起去发现并明确地表达一种大众的利益或共同的利益并且要促使政府去追求那种利益。（Frederickson 1991，415—416）

当然，这个观点对于公共行政官员的角色和责任都具有重要的意义，因为它强调政府的角色在于确保公共利益居于支配地位，确保公共问题的解决方案本身及其产生的过程都符合正义、公正和公平的民主规范（Ingraham and Ban 1988；Ingraham and Rosenbloom 1989）。把政府视为实现诸如公正和公平这种价值的工具，其最重要的含义之一就是政府的目标从根本上不同于企业的目标。这些差异使得那种仅仅把市场机制和关于信任的假定用作一种自利算计的观点至少是可疑的。尽管有许多特征可以将企业和政府区分开，但是，政府增进公民权和服务于公共利益的责任则是最重要的差异之一——而且它是新公共服务的一块基石。

第 5 章

重视公民权胜过重视企业家精神*

重视公民权胜过重视企业家精神。致力于为社会做出有 83
益贡献的公务员和公民要比具有企业家精神的管理者能够更
好地促进公共利益，因为后一种管理者的行为似乎表明公共
资金就是他们自己的财产。

尽管政府在过去曾扮演了一直都被称为"掌舵者"（Nelissen
et al. 1999）的重要角色，但是现代生活的复杂性却使得这样一
种角色不仅不恰当，而且不可能。那些为当今的社会生活和政治
生活提供结构与方向的政策和项目是许多不同团体与组织相互作
用的结果，是许多不同意见和利益的混合物。在许多领域，把公
共政策视为政府决策过程的结果已经不再有意义。政府其实是一
个博弈参与者——而且在多数情况下是一个很重要的博弈参与
者。但是，作为引导社会的政策，当今的公共政策是一系列涉及
多种团体和多重利益的复杂互动的结果，这些团体最终以一些巧
妙的并且不可预见的方式联合在一起。政府不再充当"主管"。

在这个新的世界中，政府的主要角色不是通过规制和法令引
导公众的行动，政府的角色也不只是建立一套将会把人们引向
"正确"方向的规则和激励（大棒或胡萝卜）。更确切地说，政府
在把社会推向一个方向或另一个方向的过程中变成了另一种博弈 84
参与者，尽管它扮演的是一种重要的博弈参与者。政府与私人组
织以及非营利组织一起为了寻求社区所面临问题的解决方案而行

---

* 本章的第一节摘自以前发表的一篇论文：Robert Denhardt and Janet Denhardt, 2001, "The New Public Service,
Putting Democracy First," *National Civic Review*, 90 (4)：391-400。这篇论文最初是为亚利桑那市政府而撰写的。

动。在这个过程中，政府从控制者的角色转变成为议程创立者的角色，它们要把适当的博弈参与者带到一起并且促成公共问题的解决方案并就其进行磋商或者是为其"充当经纪人"（这些公共问题的解决方案常常是通过公共机构、私人机构以及非营利机构的联盟而产生的）。传统上政府是通过说"是的，我们能够提供那种服务"或者说"不，我们不能提供那种服务"来回应公众的种种需要的，而新公共服务认为，经过选举产生的官员和公共管理者应该不只是通过说"是"或者"否"来回应公民的需求，而应该说诸如"我们先来一起想想该怎么办，然后再来付诸实施"这样的话。

在一个具有积极公民权的世界里，公务员的角色发生了变化。公共行政官员将会日益扮演的不仅仅是一种提供服务的角色——他们将会扮演的是一种调解、中介甚或裁判的角色。而且他们依靠的将不再是管理控制的方法，而是促进、当经纪人、协商以及解决冲突的技巧。

5.1　一种治理的观点

当今政治生活最重要的发展之一就是引导社会的规则、规制、项目和程序在产生方式上的显著变化——或者说是公共政策产生方式的变化，而且新公共管理和新公共服务的支持者都承认这一点。正如我们在前面所提到的那样，政府过去曾在"为社会掌舵"方面扮演了一种主导角色（Nelissen et al. 1999），那并不是说其他的利益集团就没有被代表，而是说政府扮演了一种决定性的角色。

打一个体育运动方面的比方，形成公共政策博弈的博弈场是由政府规定的，而且主要的博弈参与者都是整个政府机构中的当选官员和政策咨询人员。反过来，在同一个博弈场上参与博弈的公共行政官员尽管常常位于接近界线的某个地方，但是他们主要关注的是公共政策的执行。他们关心的是如何管理好自己的组织以便将事情办妥。但是，时间和环境都已经发生变化。公共政策规划这场博弈的参与者主要不再是政府中的人员。你甚至可能会说，现在观众已经不再在看台上了，而是就在博弈现场参与每一场博弈。如果对此进行更加正式的解释，那么就有了一种对社会掌舵机制的重新阐述。当今，公共政策的产生和执行都直接地涉及许多团体和许多利益集团。"这意味着掌舵的渠道不是受中央政府控制的层级制机构"（Nelissen 2002，6）。

出现这种情况的原因有几个。第一，市场具有更为易变的特性，尤其是国际市场或全球市场的扩大，已经使得一些新的问题可以为公众所关注。政府要与其他国家的政府以及像世界贸易组织（WTO）那样的组织进行更为广泛的接触，更不用说与一些跨国公司和一些其规模与复杂程度都同样大的非政府组织的接触了。第二，福利国家已经进行了重构，因此政府本身不再是提供服务的主要角色。特别是在美国，服务和其他的政府职责已经被推给了下级政府和一些营利组织及非营利组织。

唐纳德·凯特尔对这些全球化和权力下放的趋势评论如下：

　　总之，美国的卓越政策战略已经趋向于超越民族国家，趋向于与国际组织的联系，并且趋向于关注民族国家以下的层次，趋向于与亚国家的组织、营利性组织以及非营利组织的合作关系。一些超越国家的组织已经具有一些新的但被认识不足的功能。一些亚国家组织已经改变了州政府和地方政府的角色，随着我们对政府民营化的争论，它们也对大量的营利性部门和非营利部门进行了政府化。联邦政府的政治机构和行政机构都发现自己尚面临许多的挑战，从这些合伙方的结合到对国家利益的塑造。所有这些博弈参与者的角色都发生了巨大的变化。管理这些角色所需的能力远远超出了在美国政府中已经逐渐积累起来的那些标准的回应、标准的结构和标准的程序（Kettl 2000b，489-490）。

　　第三，技术已经使得公众有可能获得越来越多的机会接触政策过程，人们不仅能够更容易获得信息，而且能够利用这些信息产生更大的影响。尽管政府过去对大量数据资料的收集和传播有些垄断——并且因此而享有一种独特的地位——但是，今天这种能力已经分布得很广泛。结果，政府在政策过程中的作用已经被减弱了。在这种意义上，哈伦·克利弗兰（Harlan Cleveland）正确地预言全球信息激增将会导致"等级制的没落时代"到来（1985）。

　　与此相类似，布林顿·米尔沃德（H. Brinton Milward）已经提出了导致权力 ⁸⁶ 和责任分散的几种相关因素，而权力和责任的分散则正是当代政策过程的特征。这几种相关的因素包括：（1）机构的重叠；（2）不同层级政府之间权威的重叠；（3）一些特殊组织只负有项目执行的有限责任；（4）导致分裂的公共政策工具（例如拨款、承包合同和补助金）（1991，52）。这些因素已经导致了所谓"政策网络"的发展，这些"政策网络"是由企业、工会、非营利组织、利益团体、政府以及普通公民组成的。政策网络成了公共政策博弈的主要舞台。实际上，我们正在目睹着许多不同政策网络的发展——这些不同的政策网络各自都在服务于自己的实际利益，无论它们是在交通运输领域、社会福利领域，还是在教育领域或者其他领域。每一个网络都集中关注自己的政策领域，而且它们在许多方面都规定了政策在该领域产生的方式。也就是说，一套规则可以规定"国防领域"的博弈方式，而另一套规则则可以规定"社会福利领域"的博弈方式。在每一个领域，公共政策方面的重要发展以及在为社会掌舵方面的重要发展都可能会在该特定政策网络内部的一种困难复杂的讨价还价和协商过程中出现。

　　在这种情况下，政府的作用正在发生变化。当我们目睹政策责任在社会中的分裂时，我们也必须认识到传统的政府控制机制已经不再切实可行——甚至不再具有适当性。传统的层级制政府正在让位于公共利益的不断分散。控制正在让位于互动和参与。今天，国家政府、州政府以及地方政府都在与成千上万的公民、其他的公共机构、私人公司以及非营利组织一道从事治理。正因为如此，越来越有意义的不是谈论政府，而是谈论治理的过程。

　　我们将治理界定为公共权威的行使。"政府"这个词通常用来指称政府以及正式负责制定政策与提供服务的那些公共组织和机构。治理则是一个更加宽泛的概念。治理可以被界定为决定权力在社会中的行使——其中包括就公众所关注的问题做出决策的方式以及公民在公共决策中获得发言权的方式——的传统、机构和过程。治理表明了社会实际上是怎样做出选择、分配资源以及创造共同价值的，它涉及的是社会的决策和公共领域中意义的创造。正如约翰·柯林（John Kirlin）所论证的那样，政府强调提供服务的现行观念"轻视了政府在为所有人类的活动提供制度框架方面必须成功扮演的主要角色"（1996，161）。他说，政府存在的目的就是要创造价值，包括创造公职的价值和社区的声望。

> 有些城市就已经组织了一些重在改进生活质量和强化公民联系与跨代沟通的大规模"想象性"项目，例如，于 1992 年首创这种方法（http://imagi-nechicago.org/）的芝加哥以及孟菲斯。还有一些城市则集中关注的是可持续性，其中包括卡尔加里（www.imaginecalgary.ca/）和德班（www.inmagin-durban.org/）。有一个想象性项目就利用了带有便利小组讨论的社区想象，这些便利的小组讨论十分强调"基于实力的"沟通。参与者要探索一些开发（展现）可能性的问题。例如，想象孟菲斯这个项目就会问："在孟菲斯有什么好处？孟菲斯的好处怎样才能得到改进？你的梦想是什么？你是如何想象孟菲斯的？"（www.imaginememphis.org/#Page_1）

于是，在治理的这个综合系统中，正式的政府将会扮演什么角色？第一，政府将在确立各种网络运作的**法律规则和政治规则**方面继续扮演一种综合角色。我们可以说，政府将在"元层次"上运作，也就是说，政府将帮助使一些产生于各种政策网络内部的决策得以认可、编辑成典和合法化。此外，政府将继续建立具有普遍适用性的广泛治理原则，例如，制定一场博弈的中心原则。第二，政府很可能会帮助解决各种网络内部，特别是那些网络之间的资源分配和依赖问题。政府将帮助保护在不同部门或者政策网络之间关系中输光了的**经济利益团体**；政府还将（常常不是通过利用指令而是通过利用激励来）扮演一种平衡、协调和促进各网络边界之间关系的角色，并且确保每一个部门最终都不会支配其他部门。第三，政府应该对网络之间的相互作用进行监控以确保**民主和社会公平**的原则在具体的网络内部以及不同网络之间得以维护。政府必须确保民主过程得以维护并且确保公共利益最终得到服务。

正如为社会的"掌舵"正在发生变化一样，民选官员和任命官员的角色与责任也正在发生变化——并且是在以相同的方式发生变化。很自然，我们刚刚描述过的那三种角色——与**法律或政治**标准有关的角色，与**经济或市场**考虑有关的角色，以及与**民主或社会**标准有关的角色——每一种都在对当今政府特别是公共行政角色的流行认识途径中得到了反映。鉴于为社会的"掌舵"已经发生了变化，公共官员的角色和评价行政绩效的标准也已经发生了变化。

政府的这三种新角色是怎样变成理论和实践流派的呢？而且它们又是如何影响评价政府绩效的标准或期望呢？这些理论与实践流派的第一种事实最熟悉并且最容

易刻画。在公共服务领域，依然重要的是应当关注法律和政治标准。按照这个流派的观点，公共官员所设计和执行的政策集中关注的是一些在政治上规定的有限目标。公共官员关注的是通过传统的政府机构来拟定政策方案。反过来，这些政策又是由这些政府机构中的行政官员来贯彻执行的。责任的问题——行政官员如何知道自己的工作符合人民的愿望这个问题——是通过行政官员对民选政治领袖所负有的责任来回答的。与这种方法有关的理论与实践流派正是传统的公共政策和公共行政，即我们所说的老公共行政。

后两种方法出现的时间则更近一些。与**经济和市场**考虑有关的第二种方法所基于的是这样一种政治生活观，即它把政府的角色视为继续"掌舵"，至少充当着释放市场能量的催化剂并且通过私人机构和非营利机构为实现政策目标创造一些机制与激励结构的角色。在这种观点中所反映的对责任的探讨表明，个人自我利益的积聚最终会导致广大公民团体所希望的结果，正如我们在前面所看到的那样，这种观点将这些广大的公民团体称为"顾客"。当然，与这种方法有关的公共行政理论与实践流派就是新公共管理。

政府的第三种正在出现的（或许是重现的）角色集中在**民主和社会标准**上。这种观点表明，公共利益是至高无上的，而且公共利益是就相互利益或重叠利益进行对话的结果。这种观点把政府视为对公民和其他团体之间的利益进行经纪以便创造共同的价值。这可能意味着，例如，建立由公共机构、私人机构和非营利机构组成 *89* 的联盟以满足彼此赞同的需要。约翰·霍尔（John Hall）很好地陈述了公共行政所面临的挑战："公共管理既信奉权力又精炼了合作、促进性领导、公—私合作关系以及'催化性'治理的技巧，它是一种新的准则……按照这种精神……主动的公共管理将需要加强**倾听的能力**"（Hall 202，24，黑体系本书作者所加）。这种方法所反映的对责任的认识（我们将在第 7 章中更为充分地讨论这个问题）表明公务员必须关注法律、关注社区价值观、关注政治规范、关注职业准则并且关注公民利益。很明显地与这个方法有关的公共行政理论与实践流派当然就是新公共服务。

5.2　老公共行政与行政官员的角色

正如我们在前面所看到的那样，公共行政总是在奋力处理行政官员在制定政策中的角色这个问题以及行政官员与其他政策制定者之间的关系。关于这两个问题的最早陈述表明的是政策与行政的分离。经过民选的政治领导人负责制定政策，而行政官员负责执行政策。尽管行政官员与公民相分离，但是他们要对民选的政治领导人负责，而民选的政治领导人反过来又要对全体选民负责，全体选民可以通过投票将政治领导人的官职罢免，进而就可以保持一条公民对行政官员进行民主控制的"链条"。

政治与行政二分法即便曾经是事实，它也很快被视为虚构。行政官员在政策过程中最终扮演了一种尽管常常是不太情愿但却是越来越重要的角色。他们的不情愿是可以理解的。如果行政官员最终对政策过程产生了实质性影响，那么有人可能会问，政治—行政二分法下所想象的民主责任观念是否仍然会满足需要。只要行政官员的角色仅仅与执行有关，那么关于社会发展方向的重大选择就仍然是每隔两年、四年或六年由承担责任的民选政治领导人做出的。但是，随着行政官员在政策过程中的影响日益增大，那条责任链便成问题了。公民怎样才能确信行政官员是在为了满足公共利益而做出政策选择呢？

90　　　行政官员之所以也不愿意参与政策过程，其原因在于他们不清楚自己与民选领导人的关系。传统公共行政由于各种原因而将民选的政治领导人视为远比被任命的官员具有更高的威望和地位。参与政策制定的行政官员可能会被视为有意冒犯民选领导人的权威。行政官员从事政策制定也可能会被视为从人民的代表那里夺走了一些正当的权力。当然，如果权力被视为一种零和博弈，那么就不会有任何别的解释。假定存在着那种情况，再加上民选的政治领导人仍然可能会解聘被任命的官员，通过公开参与政策过程来"挑战"民选的领导似乎就不是一个好主意。

　　为此，当公共行政官员不愿意参与制定公共政策时，他们只是以种种"借口"来这样做。例如裁量权的借口。行政官员可以通过指出立法常常甚至必然是概括性的并且需要行政官员更仔细地界定立法政策的含义来证明其政策角色的正当性。尽管行使裁量权的行政官员当然是在制定政策，但是他们是由于立法过于概括而被要求这样做的。此外，还有专长的借口。这个论点是说，行政官员在其特别的领域具有特殊的知识和专长，并且需要把他们的专长带入政策过程之中。我们不可能指望作为通才的立法者像一生都在处理那些具体问题的行政官员那样多地了解任何特定的政策领域。因此，在老公共行政之下，行政官员是政策过程中的勉强参与者，他们在明显地对公共政策具有实质性影响之后很久都保持他们的中立地位。

　　在为行政官员参与政策制定进行辩护的种种借口之下，偶尔也有一些不明显的事实表明了某种更加宽泛的东西——一种更多地将行政官员置于政府过程中心的观念。一些理论家建议建立一些单一的行政责任与控制中心，通过这种单一的行政责任与控制中心，行政官员可以对合理地开发符合社会目标的政策产生影响。为了计算最优的政策选择，我们可以开发一些具体的分析工具。其结果就是，从通过政治来处理问题变成了通过管理来处理问题。尽管行政官员在扮演这种角色时很谨小慎微，但是他们却可以运用自己的专长和经验来为（而不是由）公民制定更加合理的接受控制的计划和决策。正如施奈德和英格拉姆所言："如果我们把公共政策引向极端的话，那么公共政策就变成了一项由发现公共利益、找到实现公共利益的最优政策以及为确保控制执行过程而开发决策工具的专业人员控制的科学事业。人民不是作为民主过程的必要组成部分并且对于产生合乎社会需要的结果必不可少的公民，他们只不过是政策的目标而已，他们可以通过激励或者惩罚而被操纵着去实现政策目标"（Schneider and Ingram 1997，38）。

5.3　新公共管理与行政官员的角色

91　　　新公共管理对行政官员之于政策发展的角色问题进行的探讨具有两个独特的方

面。一方面，新公共管理认为，行政官员在政策过程中扮演着一种更为积极、主动的角色，即政策企业家的角色。另一方面，新公共管理又极力主张管理者要关注"顾客"的需求并且要尽可能地把政策建构得使顾客能够选择，也就是说，要通过把那些政策备选方案转变成为市场选择来使尽可能多的选择进一步退出政治领域。无论在哪一种情况下，新公共管理都在其对政策备选方案的考查中进一步扩大了对成本和收益的理性计算。

把公共管理者确定成为"企业家"，这是新公共管理的一个基本要素。其实，作为新公共管理之"圣经"的《重塑政府》一书，其副标题就是"**企业家精神如何改变着公共部门**"（1992）。虽然这本书的作者奥斯本和盖布勒把企业家精神描述为使生产率和效益最大化，但是企业家精神所包含的内容绝不仅仅只有资源丰富。首先，它从根本上关注"让管理者管理"，即给予管理者在不受任何典型责任模式——例如，预算限制或人事政策——约束的情况下处理其事务的广泛自由（Pollitt 1993）。奥斯本和盖布勒利用来自盖布勒担任市政经理时的一个例子对这一点进行了说明："这个主意是要使他们（该市政的管理小组）像所有者那样思考，'如果这是我的钱，我会这样花它吗？'"（1992，3）。

更为重要的是，管理者应该在推进他或她认为将会使其社区或机构受益的政策、"安排"或协议方面扮演一种积极、主动的角色。此外，要鼓励这种具有企业家精神的公共管理者在必要的时候为了得到解决公共问题的更具创新性的方案而承担风险。尤金·刘易斯（Eugene Lewis）这样描述三个具有企业家精神的公共管理"天才"——海曼·里科弗（Hyman Rickover）、赫伯特·胡佛（Herbert Hoover）和罗伯特·摩西（Robert Moses）：他们不是"任何常规意义上的罪犯；相反，他们是'规则的屈从者'。他们很精明，而且他们在不被抓住的情况下屡次扩大合法事务和许可事务的范围，或者是，即便他们被抓住，也不会受到严重的惩罚"（1980，243）。总之，正如特里对此所解释的那样，新公共管理支持这样一种主张，即"公共管理者是（并且应该是）利用信息和环境产生彻底变革的自私自利的机会主义创新者"（1998，197）。

公共企业家的政策角色已经受到了不少学者的质疑。首先，尽管政策企业家可 *92* 能会具有创造性和创新性，但是他们也可能会是机会主义者并且可能会不妥协。作为一个实际的问题，在现实的组织中，具有企业家精神的管理者造成了一个冒险的难题，尽管他们可能会具有创新性和建设性，但是他们的专心致志、坚韧不拔以及屈从于规则的意愿使得他们很难控制。他们可能会成为"放荡的盗贼"（deLeon and Denhardt 2000，92）。其次，存在着负责任的问题。面对政府中的一种长期的民主责任和财政统一传统，公共管理者在"达成最佳交易"的装扮下独立做出政策选择，更为重要的是，其行为时好像公共资金就是他们自己的这种理念消失了。许多人常常会认为，公众的企业和公众的资金应该被当作**公众的**来对待。

除了建议公共管理者扮演一种更具企业家精神的角色之外，新公共管理还建议提供一些不是便于政治领域的角色而是便于市场中的"顾客"能够做出的选择。在奥斯本和盖布勒看来，关键是要在目前存在有政治选择的地方创造一些市场激励：

在教育领域，这可能意味着要发展一种顾客有选择而且关键的利害关系人（家长和老师）具有真正控制权的竞争市场。在就业培训领域，它可能意味着要将关于所有培训供给方的信息输入该系统之中，把资源直接置于顾客手中，为他们提供可以接近的经纪人并且授予他们在竞争的供给方之间进行选择的权利。在失业保险领域，它可能意味着要为公司不是解雇雇员而是对雇员进行再培训创造一种财政激励，或者意味着要为收集失业人数以寻求再培训创造一种激励（Osborne and Gaebler 1992，308）。

而且，诸如这样的一些建议也符合新公共管理对公共选择理论及其假定的依赖，公共选择理论假定，市场是社会中的主要制度，对于保证自由和公正的选择来说，它要比其他的制度（当然要比政府）更可以信赖。通过市场机制，个人能够在最少约束条件下追求自己的最大利益。人们认为，市场是自由的，它没有任何强制因素，而政府和公共政策则具有强制性。按照这个观点，政府的唯一作用就是校正市场的失效和提供市场所不能提供的物品与服务。

这个观点与公共选择理论对政策过程更为一般的批评有关。大体上，那种批评首先表明，政府提供的某些物品和服务通过市场提供并且政府并没有有效地组织起来提供许多服务。例如，这种观点的支持者认为，如果我们根据顾客选择——比如通过证书——来提供教育的话，那么对学生的竞争就会提高服务的质量。学校就会不得不为吸引学生——它们的"顾客"而改进工作。竞争将会要求学校的行为要比它们仍然在政府的庇护下的行为更有效率。

此外，公共选择理论的支持者们认为，政治领导人和"官僚"也具有自利动机，他们试图过多地增加超出公众实际需要的项目和预算。最后，他们认为政府的项目滋生了"依附性"，因为接受服务的人们发现参加那些项目的目的不是为了满足自己的需求而是为了自身的利益。人们常常就福利领域进行这种论证，在福利领域，也许似乎再有一个孩子就会增加福利拨款的规模并因此会成为这样做的一种激励。人们还可能会就一些因种植或者不种植特定作物而接受补助金的农民进行同样的论证。

与集权的政府项目相比较，公共选择理论建议分权、民营化和竞争。来自这种主张的建议包括尽可能地对政府职能进行民营化，在其他情况下与（通过竞争投标过程选择的）私人公司签约承包，在那些仍然保留的政府机构内部创建一些竞争性的制度安排，以及充分地按照市场价格对公共物品进行收费。具体的项目可能包括教育政策方面的"选择"活动，对一些社会服务进行合同承包，以及根据市场价格制定水资源政策（Schneider and Ingram 1997，46）。而且，新公共管理或公共选择观点的影响在于驱使公共政策退出政治领域并且进入市场，在市场中，将会推动政策选择的是"顾客"———一些具有自利动机的各方当事人。

我们应该指出，新公共管理就政策的制定为管理者提供很大的依赖性。一方面，要求（作为"企业家"的）行政官员要为推进他们自己所偏好的政策或"协议"而独立地行动。与此同时，管理者还必须努力评价顾客的偏好，然后再根据这种评价来寻求他或她自己对那些基本上不受外部责任机制约束的公众期望的解释

（参见本书第 7 章）。当然，在所有这一切中缺少的东西就是公民对民主治理过程的参与。例如，如果你看一看《重塑政府》这本书的索引，你不会找到诸如"公平"或"正义"这样的术语。你也不会发现"公民"或"公民权"这样的词语。实际上，真正出乎意料的是，一场像新公共管理一样重要的改革运动竟然能够在很少关注民主公民权的情况下向前推进。

5.4　新公共服务与行政官员的角色

与新公共管理不同，新公共服务以公民对行政过程的参与而著称。在本书第 3 章中，我们考察了公民权的各个方面并且断定应该使公民更为多样并且更为充分地参与政策过程。新公共服务是在第 3 章所描述的民主公民权传统基础上建立起来的，这尤其是因为新公共服务极力主张公民应该积极并且真正地参与公共政策的制定。在此，我们要考察政府正在日益使公民参与公共政策制定过程的某些原因以及为什么公共行政官员会发现更多的公民参与有吸引力。然后，我们将考察为公民参与构建更广泛项目的几种不同方法。

公民对政府的参与肯定不是一个新概念。其实，从定义上来看，某种层次的公民参与对于民主治理是必不可少的。不过，从历史上来看，我们的代议制政体已经主要将公民的角色局限于每隔几年的投票选举和偶尔与民选官员的沟通。在更近的时候，特殊利益集团的兴起又对公民与其政府之间的关系进行了重构。与此同时，政府也为更加直接的公民参与开辟了一些新的途径。自 20 世纪 60 年代的向贫穷宣战开始，政府就把"极可行参与"的机会设计进它们的政策制定过程和政策执行过程。结果，许多请求公民进入政策过程的方法被尝试过，其范围从公共听证会到公民调查，从规划委员会到社区小组。尽管这些努力有许多都未能产生金、费尔蒂和奥尼尔（King，Feltey and O'Neill 1998）所说的"真正参与"，而且，尽管明显地需要继续改进公民参与的过程，但是公共管理者无疑需要对参与的问题予以关注。正如约翰·克莱顿·托马斯（John Clayton Thomas）所表明的那样，"这种新的公共参与已经改变了公共管理者的工作……公众对管理过程的参与已经成为生活的事实。在未来，这可能会成为有更多管理者的理由，因为公众对参与的需求似乎并不是在减少"（1995，xi）。

关于为什么行政官员应该鼓励公民积极参与政策过程，无论是在理论上还是在实践上，都有种种理由。在理论层面上，正如我们在前面所看到的那样，行政官员的道德姿态要求有一种关心和参与的态度。戴维·哈特（David Hart 1984）指出，行政官员的职业责任始于他们作为善良公民的本分，而且那样可以创造一种与其他公民的必要联系。在施行他们的公共信任时，行政官员不仅要继续坚持"政体价值观"，而且还应该以信任为基础来关心他们的公民同伴并且与他们互动。他认为行政官员必须学会相信，有了这个机会，公民将会做出正确的选择。非常有趣的是，有了我们前面对"企业家政府"的讨论，哈特运用"道德企业家"这个术语来描绘有责任不是根据强制因素而是根据信任来处理公共事务的行政官员，也就是说，这种行政官员处理公共事务应该根据的是某种可能需要"承担某一道德风险"的东西，而这种"承担某一道德风险"则要比承担经济风险重要得多。正如路易斯·高思罗普（Louis Gawthrop）所言："致力于民主政体的服务至少需要对（1）民主政体的伦理推动力；（2）民主政体的卓越价值观；（3）民主政体的道德愿景具有一种自觉且成熟的认识"（1998，24）。

还有一些人指出，行政官员负有一种帮助教育公民的责任。我们在前面曾特别提到，对公民权活动的参与具有一种教育功能，这样做可以帮助人们不只是考虑他们自己的利益，而是考虑更加广泛的利益，并且有助于人们认识治理过程的复杂性。对民主治理的参与可以培养人们的道德性格，可以培养一种对他人需要的移情认识，并且可以培养从事集体行动的技巧。有人认为，在这种教育过程中，行政官员处在一种独特的地位，即充当着"公民教育工作者"的角色。"由于他们是由那部分独立于争议过程的专门领域人员组成的，所以他们就可以最好地带头设计一些问题以便公共辩论能够为人们所了解。他们负有将那些危若累卵的社会问题和道德问题从它们被裹在其中的混杂科学数据资料和法律体系中梳理出来的基本责任"（Landy 1993，25）。重要的是，在这种背景下，行政官员的教育作用不仅仅是要"提意见"，而是更要创造能够相互学习的对话和参与环境。

最后，也是最根本的一点，正如贝拉（Bellah）等人所写的那样，"民主政体正在关注"（1991，54）。作为民主治理的一种积极参与者，行政官员负有倾听公民声音并对其话语做出回应的责任。在认真清楚地倾听的过程中，行政官员在一种相互反射的关系中使自我与社会结合在一起。斯蒂弗斯对此这样解释道："随着我们倾听能力的改进，我们日益认识到我们和他们彼此之间各自在对方心目中的形象，这种交互作用在我们关于正义的理论和实践中被唤起。倾听不仅没有夺走独特个体身上有利于普遍性理想的那些品质，它反倒将正义的范围扩大到包括这种情形的细节和人们之间的重大差异"（1994b，366）。

> 弗吉尼亚州林奇堡市鼓励关于种族与种族歧视对话的经验生动地说明了怎样才能将各种审议方法和对话方法结合起来。"一个社区——多种声音"这个创新项目就始于一些试验学习圈——一些由各种参与者构成的小组。接着，该市又发起了58个社区范围的学习圈和附加的16个青年学习圈。这些社区范围的学习圈连续六周每周聚会两个小时。继这些社区范围的学习圈之后，林奇堡社区作为一个整体应邀出席了一个为期三天的行动论坛。论坛在市中心的一个空房间举行，体现了专家研讨会的某些特征。与会者可以就学习圈方法发现更多的东西，可以签约参加一个行动小组，并且可以就出席该项活动的500人提出的180多种想法投票表决。

除了这些理论考虑之外，使公民参与政策制定过程还有一些更加实用方面的理由。第一，更多的参与能够有助于满足公民对其声音受关注以及其需要和利益得到满足与追求的期望。第二，随着政府对更加广泛的信息来源、创造力来源以及解决方案来源的开发，更多的参与能够改进公共政策的质量。第三，随着参与同结果更加利害相关，对政策过程的更多参与便有助于政策的执行。第四，更多的参与可以回应对增加政府透明度和强化政府责任的要求。第五，更多参与有可能会增加对政府的公共信任度。第六，更多的参与能够有助于迎接一个正在出现的信息社会的挑战。第七，更多的参与能够为一些新型合作关系的产生创造可能性。第八，更多的参与能够使公众更加见多识广。第九，在一个民主政体中，需要做的正确事情恰恰是更多的参与。

罗伯特·赖克（Robert Reich）将公共管理者的立场很好地概括如下：

> 但有时，我认为，较高层级的公共管理者有责任就他们所做的事情来促进公共辩论。公共评议能够有助于阐明模糊不清的命令。更为重要的是，它还能够帮助公众发现自己所希望获得的东西中潜在的矛盾和共性。因此，公共管理者的职责就不仅仅是或者简单地是做政策选择和执行政策选择。他们还要参与到一个其中公共价值不断地被再表达和再创造的民主治理系统之中。（Reich 1988，123-124）

令人遗憾的是，在许多情况下，政策制定者都未能使公民参与政策过程。彼得·德里昂（Peter deLeon）曾详细地考察了这个问题并且在对政策制定的现行研究途径中发现了许多缺陷。与哈罗德·拉斯韦尔（Harold Lasswell）希望"改进民主实践"（引自 deLeon 1997，7）的政策科学理想相反，当今的政策研究主要是由从事详细政策研究和成本—收益分析的专业政策分析人员完成的。用德里昂的话来说就是，这些分析人员被"有效地与他们被认为应该帮助的人们的需求、需要以及（至关重要的）价值分离开了"（1997，8）。如果没有公民对政策制定过程的参与，政策科学就可能会处在成为拉斯韦尔所担心的"专制的政策科学"的危险之中。与一种受技术专家支配的政策科学相比，使普通公民参与政策制定的过程似乎最符合民主的理想。

尽管公民在这个过程中有时被简单地忽视了，但是在另一些情况下，他们因参与的理由不当而导致了不良的结果。例如，参与就曾因无休止的讨论而被用来延迟决策，或者参与是在行政官员并没有真正致力于利用所开发的信息和建议的情况下进行的。更为糟糕的是，正如我们已经看到的那样，尽管决策已经做出，但是它同时又使公民的参与仅仅成为一种装饰品。这些"装饰性"参与活动构成了我们在考虑能够使公民更充分地参与治理过程的途径时所能够获得的失败教训。

无论是在美国，还是在全世界，都还有许多公民参与的积极经验。在许多出版物中都有这样的例子（例如，参见 OECD 2001；Sirianni and Friedland 2001；Thomas 1995）。根据世界范围内进行的一项关于这些活动的综合调查，经济合作与发展组织（OECD）关于政府与公民联系的公共管理服务工作小组把参与界定为信息、协商和积极参与三个层次：

> **信息是一种**政府为公民生产和提供信息的**单向关系**。它既包括获取关于公

98 民需求的信息的"被动"渠道，又包括政府传播信息的"积极"办法。例如，获取公共记录的渠道、官方的公报以及政府的网址。

协商是一种公民给政府提供反馈信息的**双向关系**。政府为界定可供协商的问题，指定问题并且对过程进行管理，而与此同时，公民则应邀提出自己的观点和意见。例如，公共舆论调查、对立法草案进行评论。

积极的参与是一种以与政府**合作作为基础的关系**，在这种关系中，公民积极地从事对政策制定过程和政策制定内容的界定。它承认公民在议程的建立、政策选择的拟定以及政策对话的形成中具有平等的地位——尽管最终决策或政策阐述的职责归于政府。例如，意见一致的会谈、公民陪审团。（OECD 2001，23）

我们不会去考察过去公共参与的实际经验，因为已经有人在其他地方进行过这种考察，我们将会考察的是当代的人们就如何导致积极的、真正的参与所进行的讨论。与参与的实际设计同样重要的是，公民参与过程的建构存在着一些重要的概念困难。有趣的是，这些关注大多都集中在对话、辩论、审议或会话的问题上——也就是说，公民、政治家以及行政官员怎样才能以下面这样一种方式完全充分地参与讨论该政体所面临的相关问题，这种方式不仅代表甚至包含了作为整体的公民，而且既吸收了专业信息又体现了政治偏好，并且还通过有根据的建设性辩论考虑了所有的观点。

很明显，诸如公开听证会或咨询委员会这种传统的参与途径所涉及的人员很有限而且它们通常只涉及那些对身边问题特别关注的人。此外，这些方法通常在能够发生的有益对话的价值方面也很有限。正是由于这些原因，它们为政策制定者提供了一种对公共舆论有些曲解的看法。试图超越这种局限性的一种方法是创立更多的代表机构并且允许它们在得出一项政策建议之前围绕着政策问题充分地互动。例如，菲什金就认为他所说的"审议性民意测验"是一种更好地评价公共舆论的方法（Fishkin 1991，1995）。这种审议性民意测验把一个在统计意义上具有代表性的人群召集在一个地方呆上若干天，通过认真平衡的简要材料使他们沉浸于该问题，允许他们忙于一种持续的面对面互动过程并且向专家和政治领导人询问一些问题，然后再得出结论。

99 通过这种评议的过程，我们希望参与者会相互了解并且可能会改变他们最初的立场，进而也许会达成一种共识。于是，这些参与者最终的民意测验记录就可以当作社会这个整体的"代表"。在某些方面可以与菲什金的研究成果相提并论的还有丹尼尔·扬克洛维奇（Daniel Yankelovich）的研究成果。丹尼尔·扬克洛维奇是从上述的一种担心开始的——专家的知识将会逐渐支配政策过程，进而没有给公众留下什么空间。要抵消这种趋势，他认为应该改进公共舆论的质量或者改进他所说的"公共判断"，而较之民意测验记录所测量的公共舆论，"公共判断"这种特殊的公共舆论形式则可以表明："（1）考虑得更周到，更重视备选方案，更名副其实地接触问题，更加注意种类广泛的因素；（2）对问题之规范方面、评价方面、伦理方面的强调要多于对问题的事实方面、信息方面的强调"（1991）。为了加强公共判断，扬克洛维奇推荐了一种有结构的评价过程，通过这种评价过程，参与者能够对选择进行评价，能够开发做选择所需要的信息，能够与其同伴进行合理的讨论，并且能够得出一个思考性的判断。在这个过程中，参与者，其实亦即一般意义上的公民，将会由于为"对话"创造了平等并且没有强制性影响力的环境，真切地倾听以及使假定公开而得到帮助（1999，41-44）。而且，反对技术专长的关键（及其可能导致的多余控制）是公民进行广泛对话的过程。"剥夺了感情的信息并不是得到公共判断的最佳路径；而感情和价值丰富的对话才是获得公共判断的真正最佳路径"（25）。

本杰明·巴伯在其代表"强民主"的观点中采取了一种类似的行动步骤，所谓"强民主"，是参与式民主的一种形式，它意味着一个公民的社区"能够依靠他们的公民态度和参与性制度而形成共同的目标并且采取共同的行动"（1984，117）。按照巴伯的观点，民众在评议的时候就变成了公民。缺乏评议质量的公民参与是没有实际意义的。正因为如此，对于那些设计会使公民能够积极参与的制度的人们来说，重要的是应该清楚地认识"民主谈话方式的本质"，民主的谈话方式不仅意味着说，而且还意味着听，不仅意味着思考，而且也意味着感觉，不仅意味着反思，而且还意味着行动（178）。而且，移情、情感以及活动都居于显要的地位。如果这样来考虑，在巴伯看来，民主的谈话方式就能够发挥许多作用。最常见的情况是，我们把政治谈话视为包含着利益的表达、说服以及讨价还价和交易。民主谈话还能够有助于建立议程，有助于探索情感的共鸣、联合和爱情，有助于维持自主权，有助于目睹事实，有助于表达思想，有助于重新阐明观点，并且有助于从观念上对事物进行重新认识。最为重要的是，民主谈话能够有助于社区建设，有助于创造公共利益、生产公共物品以及培养积极的公民（178-198）。

100

> "日常民主"是另一个促进使用公民对话的团体。它尤其关注的是通过利用学习圈帮助社区更好地认识种族歧视和种族差异可能会对它们所面临的问题及政策议题造成怎样的影响。该团体利用一种被叫作"对话到行动"的方法，这种方法分为三个阶段：（1）综合性的社区组织活动——团队开发、计划、招聘；（2）对话——有时被称为学习圈；以及（3）变革——个人层面的变革、集体层面的变革和政策层面的变革（www.everyday-democracy.org/en/Page.Organizing.aspx#）。

换言之，参与审议的公民越多，他们似乎就越能够切中要害。瓦格纳尔（Wagenaar）指出，"普通公民能够与公共行政官员建立长期的合作关系并因此可以强调这是一种有可能利用层级决策之复杂性并克服层级决策之局限性的民主治理新方法"（2007，21）。通过这个参与过程，公民们可以在处理复杂的政策议题时具体实践诸如冲突管理、倾听、正确评价各种不同意见和容忍这样的民主技能（29）。最终，审议就能够帮助公民们将自己的私人利益与集体利益和公共物品区别开来。

有许多理论家都从一种更加哲学化的视角考察了审议式评议的问题。例如，尤尔根·哈贝马斯（Jurgen Habermas）就认为，尽管我们的社会是在一种狭隘的理性定义下运行的，这种狭隘的理性定义与一个由技术和官僚制支配的社会是一致的，但是我们却在一种更加广泛的意义上保持了一种天生固有的推理能力。而且，正是这种推理能力才使我们能够跨越各种社会边界和意识形态边界进行沟通与交往。但是由于理性在任何给定的情况下都可以发挥作用，所以我们必须：（1）进行的不是独白，而是对话；（2）这种对话必须不受支配和歪曲。只要沟通和交往的一方比另一方具有更大的权力，那么这种对话就会被歪曲。只有消除了所有的支配形式，既包括要消除明显的支配形式，也包括要消除潜在的支配形式，才能有民主政体中真正的沟通和交往。我们人类有一部分人具有"绅士般文雅而顽固的禀性，他们对理性的要求尽管很少被兑现，但是这种要求决不会沉默不语，无论何时何地，只要有达成一致的行动，我们就必须承认这种要求"（引自 Yankelovich 1991，217）。

101

　　哈贝马斯（1996）在一本名叫《在事实与规范之间》的书中把交往行动的理论用来作为一种"审议式民主"形式的基础。尽管哈贝马斯不相信整个社会可以通过"审议式民主"来进行自我管理，但是他认为，在"制度化的推论机构"范围内，人们实际上能够在一起进行推论。但是，不要忘记歪曲的问题。歪曲可以以许多方式发生——通过公开行使权力和影响力，通过经济压力和市场操纵，或者通过为政治目的或经济目的而赢得媒体。在这些情况下，尽管我们很难创建审议式民主，但是我们至少对于达到那种目标将会需要的东西有了某种倾向。

　　另一些想要阐明审议式民主理论的努力则试图详细说明关于各种审议式民主形式之合法性的理论考虑——而且最终的辩论一直都很紧张。（参见，例如，Dryzek 1999；Gutman and Thompson 1996；Macedo 1999。）这其中的有些辩论聚焦在人们会赞成评议过程结果有效的环境上。例如，赛拉·本哈比布（Seyla Benhabib）就提出了这样一种过程被视为合法所需要的条件：（1）对这种评议的参与取决于平等和对称的规范，所有的人都具有启动言语行为、怀疑、提出问题以及开始辩论的相同机会；（2）所有的人都有权质疑指定的会话主题；（3）所有的人都有权就会话程序的规则和这些规则应用或贯彻的方式而启动反思的争论（1996，70）。

　　包括后现代公共行政理论家在内的后现代理论家也参与了这场争论。例如，查尔斯·福克斯和休·米勒就批评代议制民主既不具有代表性又不具有民主性（Charles Fox and Hugh Miller 1995）。相反，被认为民主评议的合法力量已经被自上而下的官僚体系和充满中介的政治所取代。作为一个可供选择的备选方案，福克斯和米勒提出了合法和"真正的会话"可能会发生的一系列条件。这样的评议将必须通过排除伪善的主张来进行，所谓"伪善的主张"包括那些只为自己服务的主张，那些不愿意参加会话的人们所提出的主张以及那些来自"搭便车者"的主张。围绕着包容、关心和理解的规范而建立的论坛有助于重新肯定这种民主的理想。诸如法默（Farmer 1995）和麦克斯威特（1997）这样的一些理论家们则将这个问题当作进一步发展的一个步骤，他们认为，如果我们局限于"理性的"会话，那么就可能会抑制我们在自己的经验之外认识事物和以一种根本不同的方式接触新思想与新关系的能力。"在人们中间创造一种关系以便他们参与对话时，**这种具有根本新颖性的来源**会起作用，而这一点正是会话观点的本质之所在"（McSwite 2000，60）。

102

还有一些将人们召集在一起分享关于社区未来之想法的方法便是专家研讨会议，专家研讨会议通常有一个设计焦点，而且具有那种鼓励小组讨论和大组讨论的"上流社会咖啡馆"程式。例如，马萨诸塞州的雷丁市经过 8 个月的组织活动之后在一个晚上集合了 200 多人讨论他们希望自己的城镇有一个什么样的未来。相比之下，只有 55 人参加了更早时间以传统方式组织的一次总计划现代化活动。

5.5　结论

在本章中，我们探讨了"为社会掌舵"发生的那些新环境以及老公共行政、新公共管理和新公共服务是如何应对这些环境对参与政策过程的公共管理者提出的挑战的。与一种对官僚专长或者管理者企业家精神的依赖相比较，新公共服务认为应该极大地增强公民在这一过程的各个方面的参与能力。我们不仅考察了任何设计选择都必须考虑的某些重要理论问题，而且也考察了使公民参与治理过程的种种方法。尽管我们应该再一次指出这些观点之间存在着差异，甚至存在着显著的差异，但是它们却都同样关注对于新公共服务至关重要的民主治理和公民参与，而这两点则正是老公共行政和新公共管理所缺少的东西。无论在哪一种情况下，这些理论家都十分关注为了更好地实现民主治理的宗旨而改进对话、评议或会话。

思考要具有战略性，
行动要具有民主性

103　　　　**思考要具有战略性，行动要具有民主性。** 满足公共需要的政策和项目可以通过集体努力和合作过程得到最有效并且最负责的实施。

在第 4 章中，我们论证了公共利益所依据的是就共同价值观和共同利益而广泛进行的公共对话和评议。在新公共服务中，这种理念不仅仅是要确立愿景并把执行的任务留给政府中的人员去做；更确切地说，它是要把在设计和执行将会朝着预期方向进展的项目的过程中的各方联合起来。通过参与公民教育的项目并且通过帮助培养广泛的公民领袖，政府能够激发一种复兴的公民自豪感和公民责任感。我们期望，随着各方为参与、合作和社区创造机会而一起工作，这样一种自豪感和责任感将会在许多层次上发展成为一种更为强烈的参与意愿。而且，这种参与也不应该局限于构造问题，它还应该扩大到政策执行。

如何才能这样做呢？首先，有一个明显且重要的政治领导角色——明确表达并且鼓励强化公民责任感，反过来又支持团体和个人参与建立社区的契约。尽管政府不能创建社区，但是政府，更具体地说，政治领导能够为有效负责的公民行动奠定基础。人们必须逐渐认识到，无论是在政策形成的过程中，还是在政策执行的过程中，政府都是开放的并且是可以接近的——而且如果政府不是开放和可以接近的，那么那种情况就不会发生。人们必须认识到，政府是具有回应性的——而且，如果政府在设计项目和提供服务方面都不具有回应性，那么那种情况就不会发生。人们必须认识到政府存在的理由就是要满足公民的需要——而且如果政府不满足人们的需要，那么那种情况就不会发生。这样做的最佳途径是在实现公共目标中为参与和合作创造机会。于是，其目的就是要确保政府是开放的和可以接近的，确保政府具有回应性，以及确保政府工作的目的在于为公民服务以及在政策过程的各个阶段为公民权的行使创造机会。

在亚利桑那州的首府凤凰城，布莱特·巴斯特斯（Blight Busters）项目就将训练有素的邻里志愿者同清除乱涂乱写、开展清洁项目以及报告违规行为的工具联系起来。布莱特·巴斯特斯项目的志愿者帮助把该邻里的其他居民相互联系在一起并且与该市的邻里服务部联系起来，进而使联系对象可以扩大到法规检查官、警官以及其他的执法官员。

因此，关于公共政策执行中公共行政官员和公民角色的假定就是认识公民权的本质以及公共行政与更大治理系统之间关系的关键。一些早期的学者认为，公共行政的角色包括在很少有或者没有直接公民参与的情况下有效地执行政治上决定的目标。尽管后来的一些著作将执行过程描绘得具有更大的复杂性和多样性，但是它们基本上仍然忽视了公民的作用。

为了在新公共服务价值观背景下认识执行的基本原则，本章将首先从历史的视角简要地考察执行的演进情况。然后，我们再考察执行的当代模式并且将它们与新公共管理的假定和价值观联系起来。我们同时还要对那些支持对执行进行更为民主和参与式探讨的理论基础做出解释。

6.1　历史视角下的执行

有趣的是，关于"执行"的研究本身在公共行政发展的早期并不存在。这并不是因为公共机构过去没有参与执行。相反，在某种意义上，之所以执行作为一个分离的概念或功能无法看见，其原因在于它构成了公共行政领域的全部内容。实际上，公共机构的唯一目的就是执行政治上决定的政策和项目。由于公共行政目标就是要保持中立并且利用行政专长来实现效率，所以由于政策在公共机构按照其行事时基本上会保持不变的假定而不需要有一个执行的概念。毕竟，正如威尔逊、古德诺以及其他公共行政的奠基学者所宣称的那样，政治领域做出决策，行政机构只是机械地把这些决策付诸实施。简言之，政策执行的过程不需要研究或者理论，因为相对于政治家已经做出的决策来说，政策的过程被认为并不重要。

因此，那时的理论和实践都集中在实现政治上决定的目标上。这就导致了人们集中关注的是长期被认为是公共行政领域特征的组织结构和组织功能。甚至在 20 世纪 40 年代和 50 年代，尽管人们日益认识到政治与行政并不是完全分离的，但是人们所关注的重心仍然在为实现效率和计算成本—收益的组织管理上。

直到 20 世纪 70 年代出现了政策研究，公共组织才被当作政策的执行者（与组织的管理者相对的）而发挥作用。把执行当作一个特定的问题来研究的第一部重要著作就是杰弗里·普雷斯曼（Jeffrey Pressman）和艾伦·威尔达夫斯基（Aaron Wildavsky）1973 年出版的《执行：华盛顿的伟大期望是如何在奥克兰破灭的》一书。这两位作者记述了在加利福尼亚州的奥克兰执行联邦经济开发管理项目时的一系列失败和执行中的问题，他们发现，尽管这个项目是带着良好的目的和一种强烈的承诺开始的，但是这个大规模项目的实际执行却非常困难并且基本上没有获得成功。他们的结论是，政策并不是自动实施的，而且，执行过程的动态性必须被理解为政策结果的一个重要决定因素。后来，许多试图认识和解释执行过程的研究著作都是以普雷斯曼和威尔达夫斯基的著作为起点的。实际上，六年后，威尔达夫斯基在这本书第二版的序言中评论说，执行已经成为一个发展特别快的新行业（1979）。

106 　　尽管政策执行在过去三十多年中受到了很大的关注，但是要找到执行理论的边界依然很难。导致这种混乱状态的原因部分地在于执行研究一直都与组织理论研究、决策研究、组织变革研究以及政府间关系研究有交叉重叠的地方并且从这些领域的研究成果中吸收了大量的内容。尽管执行研究承认其边界很模糊，但是它已经成为一个十分重要的探究领域。在《执行理论与实践：走向第三代》（1990）这本书中，戈金（Goggin）和同事们把执行的发展划分为第一代研究、第二代研究和第三代研究。第一代研究是直接沿袭普雷斯曼和威尔达夫斯基著作的研究成果而加以讨论的，这种研究成果成功地将研究焦点从法案如何变成法律转到法律怎样变成项目，这种研究成果还表明了执行过程的复杂性和难度以及在执行过程中经常出现的失败。第二代研究被描述为集中关注的是执行成功或执行失败的预测值，例如，政策改革、组织变量以及个体角色的行为。第三代研究将会更加科学，因为它将会澄清关键的概念，说明因果路径和行为变化的频率分布以及对这一过程的模拟，不过，这些作者声称，第三代研究尚未实现。这种对三代研究的分类为我们考察执行理论的历史演进提供了一个有用的依据。

第一代执行研究

　　关于执行的第一代研究假定了一种由法令语言和民选官员的意图推动的自上而下的线性政策过程，这一代研究也包括威尔达夫斯基和普雷斯曼的研究成果。自上而下的模式是从政策制定者的决策开始的，这种模式通常都是用法令语言表达的，而且它使这个政策过程"向下"发生作用。这个模式假定执行应该是一个线性过程，其中，政策指令尽可能不出偏差地转化成项目活动。它表明政策制定者是唯一重要的角色并且组织层面的角色只适合于用来阻挠"正确的"执行过程。第一代执行研究基本上是以单一地点的案例研究为基础的，而且它集中关注的是执行失败的两个根源：政策的内容以及人们和组织不能准确地执行政策。尽管早期对执行的第一代研究划定了执行研究的基本内容，但是它被认为在方法论上很欠缺，因为它普遍都缺乏理论性并且一般都涉及的是具体的案例。

　　在这个框架内，对执行的研究兴趣是于 20 世纪 80 年代初期开始产生和发展的。例如，在《公共行政评论》上发表的两篇文章就报告了一些具体执行案例的结果。首先，1980 年，韦默（Weimer）在对一个自动化案例管理系统执行情况的分析中发现，这样的项目遇到了三种问题：设计和认知问题、组织合作问题以及不好的数据资料质量。他断定，技术帮助可能会有助于解决设计和认知问题。

107

其次，门泽尔（Menzel）也着重从行政规则制定的角色方面研究了联邦地面采矿控制和开垦法案的执行情况并且发现法令的最后期限、复杂的政府间关系以及支持性委托人的缺乏都会加剧执行方面的问题（1981）。在上述这两个例子中，研究都完全涉及的是具体的项目；其结果是，很少会产生一般性的命题。

在这个时期有关项目评估的文献中也在讨论执行的问题。1982 年，有三篇发表在《评估与项目规划》杂志上的文章就低估了考察评估中所谓的"第三种类型"错误的重要性。第三种类型错误是指那些因为不能使试验接触自变量而出现的错误，换言之，是指那些在后果被错误地归因于一些从未真正实施的项目活动时出现的错误。例如，雷兹莫维克（Rezmovic）就对根据司法审判方面的一项试验结果进行了考察并且发现，当试验组和控制组在那些真正受到处理的人们和没有真正受到处理的人们之间进行再划分时，那些最初的积极结果并不能被复制（1982）。与此相类似的是，库克和多布森断定，对项目后果的分析应该包括项目执行的数据资料（Cook and Dobson 1982）。托纳茨基和约翰逊探讨了评估怎样才能被用来指导执行活动这个具体的问题，并且他们发现，评估应该详细说明与执行有关的关键性项目要素，以及评估可以被用来作为确保规划活动真正发生的一种手段（Tornatzky and Johnson 1982）。在所有这些情况下，很明显，人们关注的重心在于执行常常出差错并且使政策制定者的意图混乱这个观念。不过，这些研究发现中却包含着这样一个假定，即执行是一种自上而下的线性过程，其中，政策指令尽可能不出偏差地转化成项目活动。

第二代执行研究

在第二代执行研究中，自上而下的假定被颠倒了过来。换言之，对自上而下观点的不满意致使一些理论家去开发许多以自下而上的观点来看待执行的模式。例如，林德和彼得（Linder and Peter 1986）就提出，为了成功地执行，项目设计必须考虑执行者的需要和价值。自下而上的模式假定存在着一个其目标、策略和行动在认识执行时都必须受到重视的行动者网络。按照这个模式，执行机构在根据组织层面的现实重新界定和重新关注立法时扮演着一种积极的、必要的并且恰当的角色。于是，问题就很自然地变成了"你如何测定成功？"按照自上而下的模式，当执行者没有偏离政治上确定的政策时就出现了成功。而按照自下而上的模式，其假定就是执行者应该行使自由裁量权并且应该把项目和政策重新界定为恰当的。

108

接着，执行研究者便试图对这些自上而下的模式和自下而上的模式进行融合或整合。在这个整合的模式中，执行被视为出现在一种互动的、循环的政策过程中。例如，纳卡姆拉（Nakamura）就认为，执行活动不是一种线性过程，而是一个无缝隙互动整体的组成部分（1987）。因此，执行过程中的顺应和裁量权被视为必要和合乎需要的。然而，立法领导也被认为是至关重要的。同样，伯克（Burke）认为，依据制度因素以及执行过程中可以实施的内部控制程度或外部控制程度，公共政策应该被设计成在意图上允许官僚在立法确定的参数范围内享有一系列自由裁量权（1987）。这个模式明确地承认政策制定者和行政官员都积极参与了执行过程。

总之，在政策执行问题上出现了各种各样的观点。自上而下的模式假定执行是一种受政策制定者控制的线性过程。自下而上的观点却将控制和官僚体制底部自由裁量权的行使视为执行的一个恰当的组成部分。而一种整合的观点则通过承认来自顶部的领导和处于底部的自由裁量权都重要而将自上而下的观点与自下而上的观点融合在一起。

除了围绕着看待执行过程的优点而展开的争论之外，还有许多研究工作都集中在确定执行过程的预测值上。例如，范米特和范霍恩（Van Meter and Van Horn 1975）就认为，除了执行组织的特点以及政策执行的政治环境、社会环境和经济环境之外，政策执行的成功还受到资源的可获得性、组织间的沟通以及执行者的态度影响。奥图尔和蒙特乔伊（O'Toole and Montjoy 1984）发现，执行要求两个机构或更多机构合作时，那些机构之间相互依赖的类型就是预测执行可能性的一个因素。

第三代执行研究

在第三代执行研究中，问题越来越多地集中在政策设计和政策网络以及它们对

109 如何最恰当地评估执行"成功"的意义上。换言之，人们越来越承认项目和政策设计的方式决定着这些项目和政策在一个特定的政策网络范围内将会得到执行的方式和成功程度。

令人遗憾的是，在政策设计中，执行并不是常常受到重视。学者们越来越认为，如果政策首先设计得不好或者不可行，那么就不是执行的问题；换言之，执行必须根据设计来加以考虑（Linder and Peters 1987）。丹尼斯·帕隆博（Dennis Palumbo 1987）声称，问题在于现存的研究并没有把执行失败与因政策设计不良而导致的问题区分开。他还批评自上而下的倾向假定了政策制定者的目标和目的优于基层执行者的目标和目的，并且批评这种倾向没有把执行中的顺应视为必要的和合乎需要的。此外，在帕隆博看来，执行研究的领域具有一种致使调查者假定政府不能做任何正确事情的意识偏见。因此，他说，执行研究仍然是一个高度支离破碎的知识体。

然而，在积极的方面，帕隆博认为，研究为我们提供了许多将会改变对执行的认识方式的重要见解。其中，最重要的见解包括，关键性的不是管理技巧而是执行的工具。这一点在复杂的政策网络中变得尤其重要。克莱因（Cline 2000）认为，执行过程已经以两种方式得到了界定：其一是被界定为一个基于行政过程的组织管

理问题；其二是被界定为如何从执行过程的参与者中得到合作的问题。他断定："在利益冲突的情况下，合作的问题很可能会在组织管理问题成为一种障碍之前就妨碍了执行"（2000，552）。奥图尔以相同的语气奉劝学者们关注执行过程中的那些多重的机构行动者，因为"执行的成功需要他（它）们的合作或者协调"（2000，266）。事实上，霍尔和奥图尔表明了"绝大多数立法都需要跨越政府、部门和/或机构的多因素结构"（Hall and O'Toole 2000，667）。

考察执行网络有一种途径，那就是从政府间沟通的视角来考察。例如，戈金和同事们就是从一个政府间的政策制定框架来考察执行的，这个政府间的政策制定框架所依据的是"在一个更加广泛的沟通系统内部运作的信息、信息传递者、信息通道和目标"（Goggin et al. 1990，33）。这个沟通系统就该政府间框架内部的激励、约束、期望和规划提供了信息。

林恩、海因里希和希尔也是在网络化的背景下来考察执行的，这些网络化背景包括："穿过由州、地区、特区、服务供应区、地方办事处、独立组织、合作社团、合伙人或其他行政实体构成的网状组织的公共部门、非营利部门以及专门部门"（Lynn，Heinrich and Hill 2000，551）。与戈金不同，这些研究者是从一种政治经济的视角来看待执行的，他们强调的是"治理的逻辑"。基于政治经济概念的治理逻辑涉及的是各种备选的机构形式用来约束与控制行为的机制产出的理性选择和结果。他们认为，政治经济的逻辑对于认识机构、项目和活动怎样才能被最好地组织起来实现成功的结果、效率和效益具有很大的效用。而且，关注的焦点又一次放在了"更好的系统绩效"（551）上。

由于自上而下的模式一直都在继续流行，所以对这种执行模式的批评也一直持续不断。福克斯（1987）指出，自上而下的分析假定了政策制定者的指令必定会不折不扣地得到执行，假定了所有的项目期望都会得到满足，并且假定了只有预期的收益才是有效的。结果，执行研究常常得出一些消极的研究结果并且断定政府不能做任何正确的事情。与此相类似的是，纳卡姆拉（1987）也对被他称作教科书式的政策过程进行了抨击，因为这种教科书式的政策过程把政策视为一个由功能相分离的步骤（例如政策制定、政策执行和政策评估）构成并且在终端具有一个反馈回路的线性序列。他认为，这是不现实的，并且这些活动是无缝隙互动整体的一个组成部分。他最后要求研究者为这个过程开发一个更具有现实性的模式。洛夫和赛德伯格（Love and Sederberg 1987）提供了一个这样的可能性。他们认为，政策可以被视为一种理论，而执行可以被视为试图将理论转变为行动的活动。影响这种转化的因素有多种：这种理论的内在一致性、与传统智慧的一致程度、行政能力以及可以获得的资源和政治支持与契机。

尽管最近有许多文献都从一种政策设计的视角分析了执行问题，但是林德和彼得（1986）却警告说，如果过度地采用一种政策设计的观点，那么便会导致好政策就是最可行的政策或者最容易执行的政策的观点。那就是他们所说的政策科学的一种方向错误。按照他们的观点，更富有成效的往往是，首先把关注的焦点集中在政策指令上，然后再考虑完成这些指令的备选工具。像伯克一样，他们极力主张应该关注那些构成执行基础的规范性问题而且研究者应该把注意力集中在设计有效并且合乎需要的政策上。

111　　总之，经过对执行的三代研究的考察，有两个趋势看来是很明显的。第一，人们已经抛弃了把政策执行视为一种民选官员的意图要么被遵循（即成功的执行）要么不被遵循（即失败的执行）的单向线性过程的观点。相反，执行越来越多地被视为一种互动的循环过程。第二，已经表明有许多变量对执行过程有影响，这些变量包括个体的角色、人的行为考虑、组织因素、机构因素和机构间的因素以及政策设计。因此，执行研究就不再仅仅只把一个单一的机构当作分析单位来关注了。相反，它们是在政策网络的背景下来看待执行的。不过，多数执行研究都忽视或者忽略了直接公民参与在执行中的作用。利用这些对执行研究的考察中所提出的概念和问题，我们将探讨老公共行政和新公共管理表明的主流执行观点。我们然后将会讨论新公共服务怎样区别于这些观点，尤其是它承认并且强调公民参与在项目执行中的重要性。

6.2　老公共行政与执行

正如我们在本章开头所提到的那样，按照公共行政的正统观念，行政过程与执行基本没有区分。执行就是公共行政要负责的事务。因此，尽管后来逐渐被称为"执行"模式的东西本身并不存在，但是，关于执行的本质（基本上等同于有效率的中立行政）和执行的最佳途径却有许多暗含的假定。

当然，第一个假定就是政策执行的过程是自上而下的、层级制的以及单向度的。人们假定所得出的政策完全是在行政机构门前的石阶上形成的。这些机构然后会在无须施行裁决或裁量的情况下使政策或项目就位。事实上，自由裁量权并没有被认可为公共行政官员工作的一个组成部分。相反，机构及其管理者却要应用行政专长来控制这个过程以便政策会像政策制定者所预期的那样准确地就位。行政机构的职责就是要中立地执行由立法权威通过的法律。

第二，由于科学管理的影响和对正式组织的强调，人们关注的重心就放在了为112　符合这些科学原则而控制行为上。于是，其任务就是要为了执行某一项目而去发现最可预见、最有规律并且最"正确"的程序和规则，然后再利用管理方法和控制措施来保证组织内部成员做他们应该做的事情。唯一关注的焦点就是组织的管理和负责为支持政策而提供服务和功能的人们。最重要的价值就是效率，即以最低的成本提供符合法律的服务。

第三个假定是执行不是政策过程的组成部分。（根据政治/行政二分法规定的）行政过程和政策制定是完全分离的。因此，关于一项政策是好还是坏、是"可执行的"还是不可执行的，并不存在任何问题，它只不过是支持行政官员应该以尽可能最有效率的方式做事的指导力量。正是由于这些假定，所以思考要具有战略性——更不必说执行项目要具有民主性——看似既不恰当又不必要。

6.3　新公共管理与执行

要梳理出嵌入在新公共管理中关于执行的种种假定，这的确有点儿难。之所以如此，其部分原因在于新公共管理并不直接涉及"执行"。更确切地说，公共选择理论和新公共管理表明，在本质上，政府要尽可能地"少干预"，以便允许通过市场力量和激励来实现公共目标。正如我们将在本节中更加充分地探讨的那样，新公共管理的倡导者所谈论的某些执行及公民参与的机制和方法与新公共服务中发现的执行及公民参与的机制和方法是一样的，不过，这些方法所依据的基本假定不同而且证明其合理性的理由也不同。因此，尽管这些方法在某些方面看起来好像是一样的，甚至它们使用的术语也一样，但是新公共管理中的执行既不同于老公共行政，也不同于新公共服务。

在受到新公共管理理论家称赞的主要执行方法中，民营化和共同生产是其中的两种，换言之，这两种方法使执行摆脱了官僚的控制而进入一个类似市场的活动领域。如前所述，民营化是新公共管理的一个特点。尽管奥斯本和盖布勒并不提倡政府无选择的民营化，但是他们的确说了："把许多公共服务的供给任务交给私人是很有意义的……如果这样做了，政府就能够获得更大效益、更高的效率、更多的公平或者更多的责任"（1992，47）。于是，在某种意义上，新公共管理理论家们所倡导的执行观就是要把尽可能多的执行功能从官僚机构中撤出，而且是要引入类似企业的激励来保证项目得到正确有效率的执行。

尽管老公共行政是自上而下地追求有效的执行，但是新公共管理则实际上是从侧面寻求有效的执行——使私人部门进入公共领域，并且是从底部——从其顾客那里寻求有效的执行。共同生产是使公民参与公共服务的生产和供给。公共选择理论家文森特·奥斯特罗姆和埃莉诺·奥斯特罗姆在讨论与服务供给制度安排有关的公共物品时率先使用了"共同生产"这个术语（Ostrom and Ostrom 1971）。有趣的是，尽管（在接着的那一节中将要讨论的）其他倡议共同生产的早期学者中有一些人提倡利用公民参与来向社区授权，但是这种思想很快就被利用共同生产来减少成本的思想所掩盖住了。约翰·奥尔福德（John Alford）表达了这种对减少成本的强调和对授权的轻视，他认为，当共同生产过于依赖自愿主义和利他主义时就会出现问题。"在一种市场激励占主流的氛围中，一种基于重要公共职能的动机似乎太不可靠了。"其答案不是要依靠共谋的自愿努力，而是要把共同生产建立在类似于购买者的当事人基础之上。"尽管早期的有些理论文献提到了当事人或'消费性生产者'……但是那些文献通常将这样的概念放进'公民'的概念之中或者混进自愿者的概念之中"（2000，129）。他进一步说，"虽然没有任何人认真地想到要回过头去强调直接的政府生产"，但一种更加"精明而务实的"由当事人共同生产的方法却是需要的（129）。

奥尔福德的这种更加精明而务实的方法是以市场的理想和规范为基础的。他认

113

为，组织能够以种种可以降低组织成本的方式对当事人的行为提供激励。例如，如果顾客以一种特殊的方式写明信片，那么就可以使邮件的分类更容易并且能够降低成本。如果能够诱导顾客把垃圾拿到街上，那么就可以降低收垃圾的成本。有一种办法可以做到这样，那就是，要求把顾客的某些行动当作其接受服务的一个条件。

尽管这个模式是从私人部门市场中的顾客那儿派生出来的，但是它却假定了一种交易，即组织提供物品或服务而顾客则按照购买价的数量付费。除了许多公共部门的当事人是不为其所受服务付费的受益者之外，当事人共同生产就意味着服务的供给不只是由该组织以一种单向传递的方式完成的，相反，它部分地是由该当事人来完成的（Alford 2000，132）。

布鲁德尼和英格兰德（Brudney and England 1983）则认为，如果共同生产是以公民的自愿合作为基础并且是以积极而非消极的行为为基础的话，那么共同生产就可以最好地降低成本并改进绩效。但是，人们关注的焦点仍然是把共同生产当作为了响应财政约束的一种节约成本的措施："通过用城市居民服务导向的活动来补充——或许取代——带薪公共官员的工作，共同生产具有既提高城市服务质量又提高城市服务效率的潜能"（1983，959）。换言之，在新公共管理中，公民参与涉及的是"能够提高所提供的服务水平和质量的**生产性**行为"（Percy 1984，432，黑体系本书作者所加）。

6.4　新公共服务与执行

按照新公共服务的观点，执行的主要焦点是公民参与和社区建设。公民不被视为可能会妨碍"正确的"执行的角色，他们也不被当作降低成本的工具。相反，公民参与被视为民主政体中政策执行恰当且必要的组成部分。由于政策执行中有并且必须有自由裁量权的行使，所以那种裁量权应该通过公民参与来为人们所知晓。例如，彼得·德利昂（1999）就令人信服地指出，通过更加强调一种更加民主的参与性执行模式，再加之与一种更加后实证主义的方法论相结合，我们将会对执行怎样才能成功有一种更好的认识。

特里·库珀以一种类似的语气对这一点做了说明：

公共行政官员应该在道义上承担起鼓励公民参与计划和**提供**公共物品与公共服务的过程的责任。尽管参与对于行政官员可能会或者不会有用或令其满意，但是它对于创建和维持一个自我治理的政治社区却是必要的。（Cooper 1991，143，黑体系本书作者所加）

在新公共服务中，公民参与并不局限于确定优先考虑的事项。事实上，我们应该为了增进和鼓励公民参与政策制定和执行过程的各个方面与各个阶段而管理公共组织。通过这个过程，公民"逐渐把自己视为行政国家的公民……而不是把自己视为行政国家的顾客、当事人和受益人"（Stivers 1990，96）。公民不只是要求政府满足他们的短期需要，而是自己参与治理。与此同时，组织则成为"这样一个公共空间，其中，具有不同观点的人们（公民和行政官员）……为了公共利益而一起行动"（96）。正是这种与公民的互动和接触才使公共服务有了目标和意义。正如弗雷德里克森（1997）对此所解释的那样，它使我们的工作变得崇高。从新公共服务的观点来看，像共同生产这样的机制不是源于市场的概念，而是源于社区的概念。社区的特点就是社会互动，共同的空间感以及共同的契约。正如理查德·森丁（Richard Sundeen）（1985）所解释的那样，社区具有三个特征——社会互动，共同的区域，以及共同的契约。"这些特征可以增强社区的凝聚力和团结，因为，与分裂的非人格关系相比较，社区成员之间的社会关系具有互助、合作以及整体主义组带的特征"（338）。在这种社区中，公民和公务员彼此都有责任识别问题和实施解决问题的方案。如果没有这些社区特征，那么会在人们之间促成一些自私自利并且非人格的关系。在这种环境下，执行政策的唯一办法就是为修改自利个体的选择而进行激励或抑制。

> 加利福尼亚州的摩根希尔市曾经通过收买的方法使居民赞成减少温室气体排放，但收效甚微。为了鼓励居民改变他们的碳排放行为，该市创立了 2 200 万磅碳食物俱乐部。在这个项目中，由 5～8 户家庭组成的小组形成了一些要他们在 30 天减少 5 000 磅碳排放的团队。邻居们相互帮助并且友好竞争看谁能够做得最好。到 2009 年，80 户家庭都在参加碳食物俱乐部并且减少了 50 万磅温室气体排放。

更为糟糕的是，我们认为，这种观点是自我永存的。随着人们被视为自利的效用最大化者，他们逐渐不把自己视为社区的成员，而是视为政府服务的顾客。在新公共管理中，公民产生需求，然后政府负责提供服务以满足这些需求。其目标就是要满足公民的这些需求以便他们将会对政府的绩效做出有利的评价。这种模式导致人们强调的是一些向公民表明政府正在尽职尽责的绩效测量标准和效率指标。消费的公众对政府提出需求并且政府则着手表明它做出了回应。因此，公民/顾客的作用就局限于对服务的需求、消费和评价（Sharpe 1980）。

新公共服务的倡导者们认为，人们对公民参与政府决策和服务的实际供给关注得太少。我们认为，一个社区中的共同生产依赖于相互信任、合作以及共同的责任。在新公共服务中，公民和行政官员共同承担责任并且一起为执行项目而工作。在这个过程中，公民对政府有了更多的了解，政府也对公民有了更多的了解。例如，查尔斯·莱文（Charles Levine）（1984）就直接说到了这个问题，他认为，关于公民参与公共服务供给的辩论通常太注重狭隘的经济标准和政治标准。他没有询问将会节省多少钱或者某一特定的方法将会怎样帮助对付一种有争议的政治环境，而是建议我们应该根据备选方案对增进公民权的潜在贡献来评估备选方案，这些潜在的贡献包括："（1）公民对政府的信任度；（2）公民功效；（3）对'共同利益'的一种共同看法"（1984，284）。

就民营化而言，莱文认为，效率会因为在竞争性投标人之间可以进行选择的优点而产生。然而，在民营化模式中，其理想就变成了政府存在的理由就是要创造一种公司可以在具有或没有政府的承包合同的情况下为顾客提供服务的竞争性环境。这样的制度安排对于建立公民权或公民信任没有任何作用。相反，公民则只是被视为并且被当作民营化服务的顾客，他们的行为犹如从一家企业购买一种服务一样。结果，"伯里克利、亚里士多德和卢梭要求公民成为一个自我治理社区之积极成员的高度公民权在一个由理性的、自我中心的私人利益构成的时代中就被民营化的倡导者们辩解为毫不相干……公共精神在这种体制中没有任何地位"（1984，285）。总之，民营化不能产生更好的公民，它只可能导致更加精明的顾客。相比之下，正如莱文对此所解释的那样，共同生产"通过使公民成为服务供给过程的必要组成部分而为政府与公民之间的一种积极关系奠定了基础"（288）。

117   在堪萨斯州的德比，市政官员通过在绩效测量标准建立之前向公民开设讨论来查明他们真正关心什么。公民调查的结果为管理者提供了关于公民如何理解自己工作质量的意外信息。于是，管理者能够采取措施在对于公民很重要的领域中改进公共服务的质量。丹佛就利用随机挑选的焦点公民小组来讨论社区范围的议题和公共绩效。市政官员还让邻里委员会（INC）参与其中，该委员会正在开发自己的"邻里生机标志"。华盛顿州的温哥华利用互动式投票、焦点小组和来自地方社区学院的援助使公民参与关于绩效的对话。该市还利用一个实质性的公民顾问小组自愿帮助选择符合新战略计划目标的绩效测量标准。

6.5　结论

我们最后可以得出结论说，新公共管理的共同生产方法与新公共服务的共同生产方法之间的差异不只是一个语义的问题。例如，对共同生产方法最广泛的应用之一是在治安领域。我们可以稍微想一想，如果一个治安项目只是集中关注节约成本和提高效率——这正是新公共管理的标志——的话，那么它看起来会像什么？例如，如果一个警察部门试图提高效率和降低成本的话，那么公民就可能会因为一系列激励或抑制因素而被吸收去报告更多的犯罪并且/或者为了预防犯罪活动去创造一些街道的守卫活动。这些备选方案和其他的方法可以根据它们通过包括一系列顾客并且让他们帮助达到治安目标来减少治安服务成本的程度来加以评估。在有些情况下并且为了某些功用，有人可能会断定民营化是更为可取的备选方案，因为私人公司因其雇用的保安人员受训程度较低并且薪水较低而自然会节约成本。这样还有一个优点，即它可以为以最低的成本提供治安服务寻找更好的新途径而在保安公司之间创造竞争。该警察部门的作用就变成了创造一种竞争的环境。与共同生产活动有关的警察角色就变成确保公民和邻里团体清楚地认识自己的目标并且尽可能多地
118

吸收像有效、实用地减少和预防犯罪那样的功能。于是，官员与公民之间现存的这样一种关系也就不会有什么必要了。事实上，这样的努力最有可能是高成本的，因为它们使警务人员偏离了他们回应报警的传统职责。

同时，像新公共服务中的情况一样，作为源于社区和公民权理想的共同生产看起来会有所不同。众所周知，社区治安一般都意味着要与社区的成员一起对邻里街区的问题探寻创造性的解决方案。社区治安所依据的是"以种种创造性的方式协作的警察和公民能够帮助解决当前社区问题的这种观念"（Trajanowicz et al. 1998，3）。这就要求改变警察与公民之间的关系，使他们有权确定优先考虑的治安事项并且让他们参与改进其邻里街区生活质量的活动。尽管在这些活动中所运用的有些机制看起来可能类似于在减少成本和市场驱动的策略中所运用的机制，但是它们实际上是不同的。例如，邻里街区的守卫就被当作是为了处理邻里街区的问题而建立社区纽带和公共雇员与公民之间联系的一种工具。其目标就不会是比如减少一个警察回应报警的边际成本。相反，其目标是建立一个更加牢固的社区，其中，公民参与预防和减少犯罪，并且被赋予了这样做的权利，而且他们与公务员一起共同承担使社区更加美好的责任。公务员的角色就变成了促进和鼓励这样的参与并且帮助培养公民的这种能力。

第 7 章

承认责任并不简单

119　　　　**承认责任并不简单。**公务员应该关注的不仅仅是市场，他们还应该关注法令和宪法、社区价值观、政治规范、职业标准以及公民利益。

公共服务中的责任问题极为复杂。公共行政官员对一批制度和标准都负有并且应该负有责任，这些制度和标准包括公共利益、成文法律和宪法、其他机构、其他层级的政府、媒体、职业标准、社区价值观和标准、情境因素、民主规范，当然还包括公民。其实，他们应该关注我们复杂治理系统的所有规范、价值和偏好。这些变量代表着一些重叠的，有时是矛盾的并且不断发展的责任观。结果，"在确立期望、检验绩效、保持主体的回应性、评价责任、分拣责任、确定谁是主人以及在多重责任系统的情况下进行管理时"（Romzek and Ingraham 2000，241-242）就包含着一些重要的挑战。

新公共服务既承认责任在民主治理中的中心地位，又承认行政责任的现实。我们不承认简单的效率测量方法或者以市场为基120础的标准就能够恰当地测量或者鼓励负责任的行为。相反，我们认为，公共部门中的责任应该基于这样一种理念，即公共行政官员即便是在涉及复杂价值判断和重叠规范的情况下也能够并且应该为了公共利益而为公民服务。要这样做，公共行政官员就不必亲自做出这些评判。相反，这些问题的解决必须不仅要基于组织内部的对话，而且还要以公民授权和基础广泛的公民参与为根据。尽管公务员仍然有责任确保公共问题的解决方案符合法律、民主规范和其他的约束条件，但它却不是一个他们在事后简单评判社区产生的思想和建议的恰当性的问题。更确切地说，公共行政官员的作用就是要使这些冲突和参数为公民所知晓以便这些现实成为会话过程的一个组成部分。这样做不仅有利于实际的解决方案，而且还可以培育公民权和责任意识。

尽管公共服务中的责任不可避免地很复杂，但是老公共行政和新公共管理都倾向于把这个问题过分简单化。正如本章将会更为充分探讨的那样，按照老公共行政的传统看法，公共行政官员只是直接地对政治官员负责。在光谱的另一端，按照新公共管理的"行话"，其关注的重心在于为行政官员充当企业家提供充分的自由。按照企业家的角色，公共管理者应该主要以效率、成本—收益和对市场力量的回应性来表现其负责任。

本章所要考察的是我们关于公共行政官员责任观念是怎样随着时间的推移而发展和变化的。首先，为了界定该问题的某些关键参数，我们要对卡尔·弗里德里克 (Carl Friedrich 1940) 与赫尔曼·芬纳（Herman Finer 1941）进行的传统争论进行概括，卡尔·弗里德里克（1940）认为，职业化是确保负责任的最佳途径，而赫尔曼·芬纳（1941）则认为，责任必须以外部控制为基础。接着，我们将根据对以下三个重要责任问题的回答来考察责任的概念以及思想的演进：（1）公共行政官员为了**什么**负责？（2）他们对**谁**负责？（3）实现责任的**手段**是什么？最后，我们将比较并突出老公共行政、新公共管理和新公共服务中的那些含蓄及明显的责任观以及它们所提出的对责任的探讨方法。

7.1　传统的争论

在某种意义上，公共行政的领域是建立在威尔逊和另外一些人的下面这样一个主张基础之上的，即行政责任的问题可以通过把行政官员的工作界定为客观的和企业相似的——并且与政治完全分离的来加以回答。当政治/行政二分法的可接受性在越来越复杂的政府功能压力下开始消失的时候，负责任的困难又重新开始了，至少从智力上来说，情况是这样。如果我们不能把行政功能解释成为主要是机械的并且是与政治完全分离的，而且行政官员不是选举产生的，那么我们怎样使他们负责呢？如果行政功能包含着自由裁量权，那么我们如何确保这种裁量权以一种符合民主理想的负责任的方式来行使呢？就这个问题而言，什么是"负责任的"行政行为呢？找到这些问题的答案不仅很重要，而且也很难。正如弗雷德里克·莫舍（Frederick Mosher）所言："责任很可能是行政——无论是公共行政还是私人行政——的词汇表中最重要的词语"（1968，7）。

关于怎样最好地保证行政官员负责任的问题包含了民主治理中的一些最重要的问题。事实上，民主政体的原则之一就是受控制的责任政府这个概念。正如德怀维迪（Dwivedi）所言："责任是任何治理过程的基础。治理过程的有效性取决于官方人士如何对自己履行宪政职责和法律职责的方式负责……因此，处于民主政体根基上的正是对公共责任的要求"（1985，63-64）。

佐治亚州的迪凯特提供了一个关于开放市政厅怎样才能有效运行的例证。"开放市政厅"项目位于 www.decaturga.com 这个网址上，该项目提供了一些迫切议题的背景信息。它询问居民是支持还是拒绝诸如给该城市添加更多的邻里、创造更多的绿色空间以及平衡中心城区的人—车体验这样的建议。它还给公民提供了一个检视自己观点的机会，而且，反馈的信息对于所有的人都是公开的。公布的观点能够变成一种关于该议题的不断展开的会话。市政官员在公共会议期间要阅读评论并且在决策过程中要考虑这些评论。

122 　　在公共行政领域围绕责任问题进行的这场争论的基本参数在卡尔·弗里德里克和赫尔曼·芬纳之间进行的一次著名交流中被提了出来。1940 年，在美国为战争做准备时，卡尔·弗里德里克在《公共政策》杂志上写道，官僚责任的关键就是职业化。卡尔·弗里德里克认为，行政责任所包含的内容远不仅仅是执行预先确定的政策。实际上，政策制定和执行正在变得基本上是不可分离的。而且，行政官员是专业人员并且拥有普通公民所没有的专门化知识和技术专长。因为他们的职责是以专业知识和行为规范为基础的，所以行政官员应该对他们的同类专业人员负责以满足共同赞成的标准。

　　卡尔·弗里德里克说，那并不是因为关注舆论不重要。相反，行政责任不断变化的特性要求技术专家、职业化或"技艺"都包含责任的重要成分（1940，191）。在进行这种论证时，他提出这种责任有两个方面：个人的和职务的。个人责任是指行政官员要能够根据命令、建议等来证明其行动的正确性。职务责任涉及的是行政官员对其职务和职业指导标准的关注。他警告说，个人责任与职务责任有可能会发生冲突。在这些情况下，技术知识和层级制都必须受到重视。

　　卡尔·弗里德里克认为，责任的测量和落实有许多途径，而且"只有所有这些途径结合起来才有可能保证预期的结果"（1940，201）。但是，他说："无论是国家性的政府服务还是国际性的政府服务，它们都曾包含着许多比较科学的活动，尽管其服务的领域常常都是更多地限于小圈子里，但是，在所有这些领域中工作的官员对于其职业同伴对其活动提出批评的关注程度要高于其所在服务组织中任何一个上司对其活动所提出批评的关注程度"（201）。最后，随着政府问题的复杂化程度日益增强以及对自由裁量权的需要日益扩张，职业化曾经成为行政责任的基石。

　　来自伦敦大学的赫尔曼·芬纳（1941）提出了异议。他在回应卡尔·弗里德里克的作品中说，外部控制是民主政体中确保行政责任的最佳手段。他认为，行政官员之所以应该服从民选的官员，是因为民选的官员直接对人民负责。根据他们对公众需要的解释，这些官员应该告诉行政官员做什么。然后，行政官员再负责按照这些指令去贯彻执行那些职责。在进行这个论证时，赫尔曼·芬纳从两个方面对责任做了界定。第一个定义是，"X 对 Z 负责"。第二个定义涉及的是"一种个人的道德

123 责任感（在芬纳看来，这是一个固执的定义）"。他说："第二个定义强调的是主体的良心，而且其推论的前提根据是，如果他犯了错误，仅当他的良心承认了这个错

误时，它才是一个错误，而且，这个主体所受到的惩罚仅仅是良心的痛苦。一个意味着公开处死，而另一个则意味着剖腹自杀"（1941，336）。

而且芬纳认为，技术可行性和知识对于民主控制必定总是次要的，因为这些控制以单个教条或理念为基础。第一个理念是"公众的统治"，他认为，公务员并不是根据他们对公众**需要**的意识而为公众的利益工作的，而是根据公众**所言说的需要**来为公众的利益工作的（1941，337）。第二个理念是，机构必须位于适当的位置，特别是一个经过选举产生的机构必须在适当的场合表达和行使公共权威。然而，最重要的是第三个理念，即这些经过选举产生的机构不仅要表达和引导公众需要，而且还要有权决定和贯彻实施这些需要应该怎样得以满足。

在这个过程中，如果没有外部的控制，那么权力的滥用就不可避免。芬纳不赞成卡尔·弗里德里克认为行政官员的责任与其说包含着一个政治问题倒不如说包含着一个道德问题以及坚持其职业标准才是问题之答案的论断。他进一步指出，卡尔·弗里德里克"留下了这样一种印象，即跨过政治责任的尸体去抓责任之道德变种约定的灼热"（1941，339）。芬纳最后得出结论说：

> 道德责任可能会与政治责任的严格和效率相称地发挥作用，而且，当政治责任落实不力时，道德责任还可能会误入某种歧途之中。尽管职业标准，对公众的责任以及对技术效率的追求都是合理行政工作的因素，但是它们仅仅是合理政策的配料，而不是合理政策的具有连续促进作用的因素，而且它们需要公共的政治控制和裁量权。（Finer 1941，350）

在那几年中，卡尔·弗里德里克重申了自己的立场，他把芬纳称为"虔诚的神话制造者"，他将芬纳的观点视为既不现实的又过时了的（1960）。卡尔·弗里德里克认为，如果人们在需要做什么以及是需要很少的行政裁量权还是根本不需要行政裁量权这些问题上不能达成共识，那么芬纳的观点就不会起作用。"当有人考虑现代政府活动的复杂性时，无论涉及的是谁，就都立即表明了这样的共识可能只是部分的和不完全的共识"（3-4）。他指出，行政责任不只是试图"使政府不出错"（4）。更确切地说，行政责任所主要关注的是应该确保有效的行政行动。他说，要做到这一点，政策制定领域和政策执行领域之间的相互依赖性必须受到重视。"就特定的个体或群体在某一特定的领域正在获得或失去权力或者控制而言，就存在着政治；而就官员们以公共利益的名义采取行动或提出行动建议而言，就存在着行政"（6）。*124*

弗里德里克再一次批评了芬纳关于外部控制必定是确保责任的基础这个观点。尽管政治控制很重要，但是"正在出现一种常任行政官员的责任，这种常任行政官员要求应该为了满足我们迫切的技术需要而寻找和发现创造性的解决方案，而就这些创造性的解决方案而言，除了一些能够根据有关科学知识对其政策进行评判的同类技术人员之外，其他的人均不能使这些解决方案得到有效的贯彻执行"（1960，14）。此外，外部的控制机制和责任测量措施"代表的是近似值，而且代表的还只是一些不很接近的近似值"（14）。换言之，如果没有一套基于专业知识的标准，如果行政官员不能使责任内化并且不能使彼此相互负起责任，那么责任就不可能得以实现。弗里德里克得出结论说：

> 行政职务的负责行为与其说是强制的倒不如说是诱致性的。但是，人们始终都在争论的观点一直是：负责的行为绝不可能得到严格的强制，即便是在最专横的暴君统治之下，行政官员也会——短暂地——逃脱有效的控制，如何使一个大组织中的行政工作人员产生负责任的行为这个问题主要就是一个关于合理工作规则和有效道德的问题，在一个民主的社会中，情况尤其如此。(Frederich 1960，19)

弗里德里克以最简单的形式声称，为了负责任，行政官员必须利用他们的专业知识。因此，对于一个公共行政官员来说，负责任不仅意味着依法办事以及做民选官员告知要做的事情，而且还意味着要利用他的专业知识。

弗里德里克和芬纳之间的这场争论提出了一些关键性的问题，这些问题至今仍然处在关于民主责任的当代问题的中心。正如邓恩和莱吉所言："界定责任的概念和方法构成了民主理论中的根本性问题，因为它们决定着公共政策和公共行政如何保持对公共偏好的关注"(Dunn and Legee 2000，74)。显然，弗里德里克和芬纳对政策过程应该发挥作用的方式持有很不相同的观点。弗里德里克承认对行政裁量权的需要。而芬纳则想要尽可能多地限制行政裁量权。也许最根本的是，他们的主张*125* 是建立在政治/行政二分法很不稳固的基础之上：民主政体的力量应该以什么方式与具有官僚体制和专业知识的机构保持平衡？什么样的机构最适合于表达公共需要和公共诉求？行政官员的工作能否变成可以预见的和客观的并因此能够依靠预先的测量措施加以控制？或者说，一套预想的标准是否具有内在的主观性和过于复杂？这样做是否不仅具有内在的主观性而且也太复杂？这些问题对于鼓励和落实公共服务方面的责任一直都具有干扰作用，而且它们也不可能在不久的某个时候得到明确的解决。

7.2　行政责任：为了什么而负责以及对谁负责？

弗里德里克和芬纳之间的交流使关于民主过程中行政责任的一些关键性问题变得具体化了。很自然，从那时以后，多数行政官员和该领域的学者都把自己定位于这场争论中的某个地方，他们认为，行政责任既需要外部控制，也需要职业化。正如马歇尔·迪莫克和格拉迪斯·迪莫克（Gladys Dimock）对此所表达的那样，责任是一个既可以从内部加以实施也可以从外部加以强制的法律和道德问题：

> 负责意味着负责任地行动，也就是说，意味着按照预定的合宜标准来行动。不过，对于公共行政官员来说，负责不仅仅是一个礼貌和习惯的问题；它是一个法律的问题。负责还描述了一个能够依靠的人。对于行政官员来说，这就意味着了解自己的职责并且履行自己的职责——诚实并且正直地行动。因

此，负责的合成现代意义就是职责，不仅包括法律责任，而且还包括道德责任。（Dimock and Dimock 1969，123）

公共行政中的负责既可以通过内部控制来实现，也可以通过外部控制来实现。所谓内部控制，就是当"行政官员本人或其在层级制机构中的某个同事或上司设法使他尽职尽责的时候"（123），一个机构内部所确立和实施的那些控制措施。外部控制可能会涉及立法监督，预算和审计活动，利用诸如专门负责听取和收集意见的机构，来自媒体的批评，以及消费者团体、利益集团和其他来自个体的监督。

令人遗憾的是，尽管这种更加平衡的观点很有吸引力，但是它并没有"解决"责任的问题，也没有准确地告诉我们对此应该怎么办。结果，关于责任的种种问题仍然继续在围绕着公共行政领域中能够用下面这三个看似简单的问题来表示的一系列紧张局势：（1）我们为了**什么**而负责？（2）我们对**谁**负责？（3）**怎样**才能最好地保证那种责任？人们依据对这些问题的回答方式以及重要性的次序而就最恰当的行政责任系统提出了不同的观点。最成问题的通常是最后这个问题：尽管我们能够就我们为了什么而负责以及对谁负责的问题提出我们的主张，但是要想就怎样保证负责任提出主张却不是轻而易举的。

例如，马斯和拉达威（Maass and Radaway 1959）就明确地陈述了他们对前两个问题的主张（他们将其称为"工作癖好"）。事实上，他们主要用一个语句把第一个问题（即为了什么而负责？）给打发了，他们说，行政机关应该既负责政策的制定又负责政策的执行。就第二个问题（即行政官员对谁负责？）而言，他们的回答则更有点儿保留。他们一开始说，行政官员不应该直接对普通公众或政党负责。但是，行政机关应该对压力集团负责以便允许他们有充分的机会和信息来保护自己的利益。尽管行政官员主要是"对立法机关"负责，"但是他们只有通过行政首长才能做到这一点，而且他们主要是为了广泛的公共政策问题和一般的行政绩效问题而对立法机关负责的"（1959，169），进而又回到了他们为了什么而负责这个问题上。马斯和拉达威提出，行政官员负责遵守行政首长的总纲领并且负责与其他行政分支机构一起为了贯彻这个总纲领而从事协调活动。此外，他们还应该"负责维护、发展以及应用那些可能与其活动有关的职业标准"（176）。掌握了这些答案，马斯和拉达威便转向在这些情况下责任应该怎样落实的问题。由于行政责任的基本原则常常比较含糊并且彼此不相容，所以如何保证负责任这个问题就不能得到普遍的回答。因此，他们认为有必要对责任的"标准"使用更加实用和朴素的语言。虽然这些标准有些可能会与其他标准相冲突，"但是它们在任何试图测量一个具体行政机构之责任的活动中都必须受到重视并且应被一起加以运用"（1959，163）。绝不存在任何条件下都适用的答案。正如我们在本章的开头所说的那样，责任很复杂。用马斯和拉达威的话来说就是：

> 行政责任……一直被称作宪法惯例、法律惯例、行政惯例、司法惯例以及职业惯例的总和，公共官员据此在自己的公务活动中受到约束和控制。但是，

126

127

我们不可能根据这样一般的语言来识别测量行政责任的**标准**。因此，我们有必要把责任的一般概念与权力的具体功能（即对谁负责？）和目的（即为了什么而负责？）联系起来。（Maass and Radaway 1959，164）

于是，有一个答案就会是确保责任（或权威）在某一给定的情况下总是处于平衡状态。换言之，一个行政官员只会为那些他或她对其有权威和责任的事情负责任。但是，这样也可能会有一些潜在的问题。赫伯特·斯皮罗（Herbert Spiro）在《政府中的责任：理论与实践》（1969）一书中指出，这样一种主张不很实用并且引起了一些必然会导致混乱的问题。即使是"责任"这个词，本身也具有多重定义和用途，而且其被使用的次数要多于其被定义的次数。他说，这种对定义明晰性的缺乏加剧了这种争论和混乱状态。

他的观点是，当涉及责任的时候所使用的有三种不同的含义：负有责任，理由和职责。虽然斯皮罗像一些其他的学者一样，但是他使用的是不同的术语，他认为责任要么是明确的要么是模糊的。明确的责任是指不得不回答并且解释一个行政官员是怎样执行其公务的。但是，他说："就我们大家都可能会意外地受到其他人决策结果的影响这一点而言，我们大家都模糊地负有责任"（1969，15）。换言之，人们可能会为了他们并没有直接造成的后果模糊地承担责任。另一方面，明确的因果责任"包括四种因素，它们以不同的程度在不同的情况下存在着：资源，知识，选择和目标"（16）。当缺乏这些因素中的一种或多种时便会出现模糊的因果责任。

关于责任的讨论常常把负责任和因果责任混为一谈或者假定责任和负责任是处于平衡状态，这样的讨论必定是不现实的。"作为一个**事实**问题，情况并非简单地如此。不过，作为一个**价值**问题，提倡责任与负有责任之间合理的平衡是很有可能的"（Spiro 1969，17）。但是，在斯皮罗看来，一种合理的失衡未必就是一件坏事情。如果责任的功能在于保护社会良心，那么，某人为了一个他或她并未直接或单独导致的事件而承担责任就可能会是恰当的。另一方面，斯皮罗写道：

　　　　然而，从宪政民主制的观点来看，我们会不得不提倡责任的这两个方面——负有责任和因果责任——之间的一种合理平衡。我们不会希望让一个人为了一个他对其并没有产生任何因果作用的事件承担责任……我们会希望他处在一种合理的责任情境之中，在这种责任情境中，因果责任与负有责任处于合理的平衡状态（Spiro 1969，18）。

在这些情况下，要想出如何保证负责任则是很难的。问题并不是我们是否想要公共行政官员负责——而我们实际上却常常这样做。更为重要的问题是如何保证负责任，这是一个直接又回到了弗里德里克-芬纳争论之中的问题。如果责任机制仅仅是集中在宪政框架和法律框架上，而且并没有考虑知识和资源的其他来源，那么目的就成了消极地对官僚进行约束。如果我们采用一种更加广泛的方法，那么责任就可能具有在公共领域之间增强责任感这种更为积极的目的。斯皮罗说：

　　　　我们必须放弃为了支持个别公民的处境而对官僚的处境过分地专注的做法。由于官僚和公民不再是以种种永恒敌对的态度相互面对的对手，所以我们尤其应该放弃这种做法。而且，官僚也是公民。尽管他额外承担着其作为官僚而受委托的责任，但是他并没有放弃其作为公民而原本应该有的一般责任。他作为一个公民的处境以及其公民同伴的处境都必须成为我们关注的重点。(Spiro 1969，101)

于是，从这个观点来看，所关注的焦点就应该是个体行政官员的品质和道德。事实上，有些人就提出，就其精髓而言，责任是一个道德的问题，而且，行政官员的角色应该被视为一个有道德的行动主体。正如德怀维迪所言："不道德的行政官员是责任行政的对立面"（1985，65）。特里·库珀的著作举例说明了那种将注重伦理道德的人视为负责任的行政行动之基础的观点。在《负责任的行政官员》（1998）一书中，库珀考察了合乎道德的决策过程并且提出了一个处理道德问题的模式。像一些其他的学者一样，库珀讨论了责任的客观（外在）本性和主观（内在）本性。他认为，当这两种形式的责任之间有冲突时所产生的问题根本上就是道德性的。库珀认为，无论是内在的控制还是外在的控制，它们都可以促进合乎道德的行为。在他看来，之所以如此，其原因在于负责任的行为有四种成分：个人品质，组织文化，组织结构以及社会期望。他认为，个人合乎道德的行为不仅要求组织的影响范围和权力是有限的，而且还需要个人具有道德自主性和自我意识。

129

我们从所有这一切中能够得出什么结论呢？我们可以认为，有好几代学者都已经断定了行政责任不仅难以界定，而且甚至更加难以落实。在某种程度上，这是由于作为更大治理系统之组成部分的行政过程很复杂的功能所致。其结果就导致了一个由责任机制和体系构成的复杂网络，而这个复杂的网络正是现行美国政府体系的特性。罗姆泽克和英格拉姆（Romzek and Ingraham 2000）为我们认识这些关于责任的多种观点提供了一个有用的框架。他们认为，责任根据是内在的还是外在的以及根据其所呈现的个人自主性的高低而主要有四种类型。第一种类型是层级制的责任，这种责任是"基于对其工作自主性很低的个人进行严密的监督"。第二种类型是法律责任，这种责任意味着"按照业已规定的命令对绩效进行详细的外部监督……例如立法组织和宪政结构"。这常常会包括例如财务审计和监督听证。第三种类型是职业责任，这种责任所依据的是"为那些其决策基于源自正确实践的内在规范的个体提供了高度的自主权的制度安排"。第四种类型是政治责任，这种责任要求对"外部的关键利益相关者——例如，经选举产生的官员、委托人团体、普通公众等——做出回应"（2000，242）。

罗姆泽克和英格拉姆指出，尽管所有这几类责任关系都存在，但是有些责任形式可能变得更占优势，而同时，其他的责任形式则可能会在某种给定情况下变得暂时没有什么作用。他说，在改革的时候，"在这些不同类型的责任之间常常会发生一种着重点和优先次序的转变"（242）。在接下来的这几节中，我们将讨论关于责任的那些被视为在老公共行政、新公共管理和新公共服务中占支配地位的假定和责任形式。

7.3 老公共行政与责任

一种正式的、层级制的法律责任观成为老公共行政的特点并且在某些方面仍然是当今观察行政责任的最熟悉的模型。这种责任观所依靠的假定是行政官员不行使并且也不应该行使大量的自由裁量权。更确切地说，他们只是执行由层级制官僚机构中的上级、民选的官员以及法院为他们提出的法律、规则和标准。在老公共行政的拥护者看来，责任的焦点在于确保行政官员在履行其职责时坚持和遵守为他们确定的标准和规则及程序。它不是一个恰当且负责地使用裁量权的问题，而是一个通过严格地坚持法律、规制、组织程序和上级指令来避免使用裁量权的问题。

按照这种观点，对公众直接回应或者负责至少含蓄地被视为不必要的和不恰当的。经过选举产生的官员被视为只负责把公共意志转变为政策。正如古德诺对此所描述的那样，"政策与指导或影响政府的政策有关，而行政则与这一政策的执行有关"（1987，28）。公众在行政或者政策执行过程中很少有或者根本就没有直接的作用。事实上，威尔逊想要把治理过程与大众利益分离开，进而防止公众因直接参与而成为"爱管闲事的人"。在老公共行政中，负责的行政官员是那些拥有并依靠其专长和"中立能力"的人。因此，负责的行政行动就建立在科学的价值中立原则基础之上。

我们在现今的制度化责任系统中不难发现这种观点的持续影响。例如，在罗森（Rosen）的《使政府官僚机构负起责任》（1998）一书中所包括的对这些论题的快速考察就描述了确保正式责任的一系列广泛的过程、机构和机制。在行政部门内部，层级节制的监督、预算与审计过程、绩效评估系统以及诸如人事和采购部门这种办事机构的监督都被用来控制行政官员的行动并确保其遵守法律、程序和规制。立法部门也利用包括拨款程序、委员会监督、听证会和调查、汇报要求以及立法审计在内的一系列责任机制。法院也通过司法检查和判例法以及他们对《行政程序法案（1946）》的监督和解释来从事许多行政控制（《行政程序法案（1946）》规定了行政机构在确定和应用政府规制时必须使用的程序与过程）。这些方法多数都或多或少地依赖于正式的、外在的责任概念——行政官员有责任坚持客观的外在控制并且对其与既定标准和关键性利益相关者的偏好有关的行动负责。

7.4 新公共管理与责任

在某种意义上，新公共管理的拥护者所倡导的责任观模仿了老公共行政的责任观，因为它依然依靠的是客观的测量和外在的控制。不过，它还是有一些重要的差异。第一，在新公共管理中，其假定是传统的官僚机构效率低，因为它测量和控制的不是结果而是投入。正如奥斯本和盖布勒所言："因为官僚制政府不测量成果，所以它很少获得成果"(1992，139)。导致政府失败的不是对成果——例如，街道的清洁度或儿童获得的知识——的控制，而是对投入——例如，资金和人员——的控制。奥斯本和盖布勒认为，答案就是要注意企业模式："私营组织之所以注重结果，其原因在于，如果关键的数值变成了负数，那么它们就会停业"(139)。

而且，又如同新公共管理的一般情况一样，其假定是企业和市场模型更好并且应该为公共部门所仿效。由于政府机构在其不出成果时也不可能停业，所以绩效评估必须被用来作为测评企业的底线——利润的一种替代措施。于是，责任的焦点就在于满足出成果的绩效标准。

第二，公众被重新视为由各自都以一种服务于其自身利益的方式行事的个体顾客组成的一个市场。这样一来，公共机构主要就不是直接或间接地对公民或公共利益或共同利益负责。更确切地说，它们倒是对它们的"顾客"负责。于是，政府的责任就是为其顾客提供选择并且通过所提供的服务和功能来对顾客所表达的个人偏好做出回应。责任就是满足直接顾客对政府服务的偏好。

新公共管理观点所表明的这种主导行政责任观的第三个差异就是依靠民营化。新公共管理十分强调要尽可能地对以前的公共职能进行民营化。而且，这又把责任从公共的观点转向了民营的观点，进而又一次把关注的焦点放在了这种底线上。因此，民营化政府中的责任系统强调的是提供既可以使其顾客满意又能够以最有效益的方式产生预期效果的服务和功能。

7.5 新公共服务与责任

新公共服务的责任观与老公共行政和新公共管理都形成了对比。尽管对效率和 *132* 结果的测量很重要，但是它们却不能涉及或包含我们要求公共行政官员的行为要负责、合乎道德并且符合民主原则和公共利益的期望。在新公共服务中，公民权和公共利益处于舞台的中心。

新公共服务中的责任具有多样性，它要求承认公共行政官员在当代治理中扮演的复杂角色。新公共管理做作地以种种方式使责任问题过于简单化了。凯特尔更为强烈地表达了这一点：对类似企业的做法和市场驱动的改革之追求构成了一种"对民主责任传统的放肆攻击"(1998，v)。

第一，民营化以及试图模仿私营部门的种种努力缩小了责任的范围并且把关注的焦点放在了达到标准和使顾客满意上。这样的方法并没有反映公共部门中多重的、重叠的责任途径，因为私营部门的标准更缺乏严格性（Mulgan 2000）。一个对其股东负责的私人公司不同于一个关注其公民的政府机构。尽管私人公司总是并且主要是负责产生利润，但是公共部门则必须更加关注过程和政策。就政府而言，"其强调的是公共权力的责任，强调的是如何使政府及其机构和官员对其最终的所有者——公民更加负责"（Mulgan 2000，87）。

格伦·科普（Glen Cope 1997）也就这一方面做了重要的评论。她认为，对公民的回应之所以不同于对顾客的回应，其原因有多种。为了回应顾客，私营企业要尽可能廉价地提供一种合乎需要的优质产品或服务。如果顾客选择不买这种产品，那么他们则不必非要喜欢或购买这种产品。为顾客服务的驱动力是利润动机：只有顾客得到了足够的满足，他们才会以指定的价格去购买这种产品或服务。另一方面，对公民的回应则明显不同。政府应该提供一种多数公民都想要的服务或产品。鉴于这种产品或服务的购买因其常常是通过税收付费而不具有自愿性，所以"这就给政府造成了一种特殊的责任，即它不仅要使其直接的顾客满意并以一种高效率的方式运作，而且还要提供其公民所需要的服务"（1997，464）。

　　第二，新公共管理并没有适度地强调公法和民主规范。当政府服务是由不受公法原则约束的非营利组织或者私营组织来承担时，公共责任就被减少了（Leazes 1997）。正如吉尔摩和詹森所表达的那样："由于私人行动主体不像政府行动主体那样受到相同的宪法约束、法令约束和监督约束，公共职能在政府范围之外的委托从根本上对传统的责任理念提出了挑战，进而使其越发困难……"（Gilmore and Jensen1998，248）。

> 　　政府通过社会媒体与公民合作以分享关于处理邻里关注问题的观点。伦敦的威斯敏斯特市政会已经证明了一种犯罪监视方法，按照这种方法，邻居们相互照料并且对可疑活动及时报警。该项目利用在线工具使各种居民可以广泛参与，在为他们邻里开发和选择优先处理的警务事项与战略时给他们发言权。

　　在新公共服务中，如果私人行政官员要像公共行政官员那样发挥作用，那么他们就应该受公共责任标准支配。利泽斯（Leazes）根据其对一个州的儿童福利项目的考察得出结论说："可以用来测量民营化成功的公共行政标准不应该仅仅只有效率和效益。公法所固有的那种与维护民主宪政行政有关的责任在民营化政策执行的表格里也应该具有同等的地位"（1997，10）。然而，它们通常却不能并且实际上也没有获得这样一种同等的地位。

　　新公共管理的倡导者所喜欢的关注成果或后果也没有满足对民主规范和价值负责的需要。正如迈尔斯和莱西所言："公务员的绩效应该……按照他们对这种价值观的坚持程度并根据他们成功地达到产出目标的情况来进行评估"（Myers and Lacey 1996，343）。这并不是说对成果和产出测量的关注就不重要。通过关注成果，公共组织可以大大地增进作为其服务对象的公民的利益。但是，它实际上表明了成果导向的绩效测量措施应该根据一种开放的公共过程来加以开发；它们不应该只是由政府中的人员开发并且强迫人们去模仿对利润的测量方法。

　　第三，在新公共管理中，公共行政官员被视为企业家，他们寻找机会来创造私人的合伙关系并且为顾客服务。这种关于公共行政官员角色的观点很狭隘，它不适合于实现诸如公平、正义、参与和表达公共利益这样的民主原则。实际上，正是使行政官员成为企业家的那些品质可能会使其成为一个低效率的公务员。库珀说："与企业界的有效行政和管理有关的特征——例如，竞争性和利润导向——可能不适合或者不太适合民主政治社会的利益"（1998，149）。他指出，事实上，如果我们把对效率的关注看得过于重要的话，那么人民主权的开放性就很可能会遭受损害。

新公共服务拒绝接受新公共管理就责任问题提出的所有这三个假定。公务员所面临的公共责任的复杂性被公认为既是一种挑战，也是一种机遇，还是一种感召。它需要专长，需要一种对民主理想的承诺，需要一种对公法的了解，并且还需要根据经验、社区规范和道德行为而获得的判断。新公共服务中的责任表明要将公务员的角色重新界定为公共利益的引导者、服务员和使者，而不是视为企业家。正如凯文·基恩斯（Kevin Kearns）所言，尽管"责任是一个不单纯的复合物……但是关于责任的辩论应该因其不良的结构而被人们所知晓，而不应该因此而被阻止。为了达到这个目的，任何真正有意义的对话都应该由一个包含了责任的许多方面并且为了就假定进行有信息根据的对话而允许环境因素和主观判断出现的分析框架来引导"（1994，187）。

法律原则、宪政原则以及民主原则是负责任的行政行动无可辩驳的核心内容。新公共服务既不同于老公共行政，又不同于新公共管理，因为它强调要提高公民权的重要地位和中心地位并且把公众视为负责任的公共行动的基础。简单地说，公共行政官员的权威来源是公民。"公共行政管理者是被雇用来代表公民行使这种权威的。他们是作为公民来这样做的；他们决不能放弃他们自己作为有责任为政治共同体谋福利的共同体成员之身份"（Cooper 1991，145）。责任要求公务员应该通过授权并且强化公民在民主治理中的作用来与公民互动并且倾听他们的声音。正如 N. 约瑟夫·凯尔（N. Joseph Cayer）所言："公民参与的目标一般来说就是要使行政官员更加关注公众并且增进政府项目和政府机构的合法性"（1986，171）。负责任的行为要求公共行政管理者与他们的公民同伴互动，要把他们的公民同伴视为一个民主共同体的成员，而非顾客。

在《官僚责任》（1986）一书中，约翰·伯克认为，根据责任方面的问题以及官僚制的价值观与民主制度的价值观之间内在固有的紧张状态，我们应该集中关注"官僚机构的官员们是怎样看待他们自己的角色、职责和义务的，尤其是什么原则可能会把他们引向一种更加负责任的方向"（1986，5）。他认为，"建立在民主基础之上的责任观念""不只是源自正式的规则、规制和法律，而是源自一种对官僚在包含更多内容的一系列政治机构和过程中的地位之更加广泛的认识"（39）。

这个民主责任的模型有两个主要的组成部分。第一个组成部分是公务员认真对待政治权威的责任。第二个组成部分涉及随着对于他人职责的义务以及负责的公务员在政策制定和政策执行中的角色而定的一系列责任。伯克认为，这个民主模型"试图通过划分一个其中专长可以享有特许权和自主权的领域来调解对政治怀有的忠诚与对专业怀有的忠诚之间的潜在冲突"（1986，149）。

重要的是，伯克认为，关于道德义务、责任及其政治相关性的多重观点不可能因为一个行政官员自己对什么是正确的之感觉而得以消除。相反，这样的判断必须被当作一个参与过程的组成部分。伯克说：

不仅一个民主的责任观念所假定的那些具体责任可以促进参与过程和结果，而且它所培育的一般责任感——特别是其民主来源和品质——也可以有助于参与目标的实现。无论它的结构是正式的还是非正式的，是集权的还是分权的，它都体现了一种认真对待民主的潜在精神品质。（Burke 1986，214）

爱德华·韦伯（Edward Weber 1999）在讨论草根生态系统管理（GREM）模型时也举例说明了这个观点，草根生态系统管理模型考察了"在一个由分权化的治理、共享的权力、合作性决策过程、结果导向的管理以及广泛的公民参与构成的世界中"（1999，451）的行政责任。草根生态系统管理模型也考察了政治回应性、行政绩效和评价责任时的一个规范方面。尽管韦伯直接谈到了责任和回应性的问题，但是他的论点也适用于我们如何看待和评价政策执行中所行使的行政裁量权这个问题。他怀疑那种把回应性视为源自民选官员的"一条单行道"的观点，相反，他提出回应性和负责任是"一个既涉及自上而下地来自政治长官和行政长官的政策命令，又涉及自下而上地来自基于社区的利益相关者和其他人带入的问题"（454－455）。尽管这个模型重视自下而上的参与，但是合法的层级制责任也很重要。他从实质上提出了一个规定顺应性管理和公民参与的整体论政策焦点。

136

在新公共服务中，责任被广泛地界定为包含了一系列专业责任、法律责任、政治责任和民主责任。但是，"责任机制在民主政策中的最终目的在于确保政府对公民偏好和需要的回应"（Dunn and Legge 2000，75）。这种责任可以通过一种承认并关注那些能够并且应该影响行政官员行动的多种冲突性规范和因素的公共服务来得到最好的实现。以一种负责并且是对民众负责的方式来平衡这些因素的关键在于公民参与、授权以及对话。公共行政官员既不是中立的专家，也不是做买卖的企业家。他们应该成为一个复杂治理系统中的负责任的行动主体，在这个复杂的治理系统中，他们可能扮演的角色有促进者、改革者、利益代理人、公共关系专家、危机管理者、经纪人、分析员、倡导者，以及最重要的是，公共利益的道德领袖和服务员（Vinzant and Crother 1998；Terry 1995）。

如果为了借鉴私营部门公司的管理方法而对公共职能进行民营化或"重塑"的话，那么民主价值观就变得更不重要了。相反，其关注的重心便放在了市场效率和达到政府的"底线"上。特别是当民营化涉及一些对于公共利益（例如，医疗保健、福利或教育）至关重要的职能时，政府与公民之间的关系就变得要比仅仅为顾客提供一项服务更加复杂。因此，要使政府负责任，所需要的就不仅仅只有市场驱动的效率测量方法（Gilmore and Jensen 1998）。在私营部门，引导行政人员行为的是经济激励和股东的偏好。当公共职能或者是交给私营部门或者是模仿着私营部门的模型重新塑造时，为了公平、公民机会和公民的宪法权利与法律权利而承担的公共责任，在定义上如果说不是丧失了那么也几乎遭到了损害。正如沙姆苏尔·哈奎（Shamsul Haque）所言："公共官僚机构的标志就是它为了其政策和行动而对公众负有的责任。如果不实现这样的责任，那么公共官僚机构就失去了其公共性的身份，就放弃了它的公共合法性，并且可能会使自己颓废到迷信对私人利益的自我追求"（1994，265）。

正如迈克尔·哈蒙（Michael Harmon）对此所解释的那样，责任仍然是一个悖论。这个悖论在于，责任的本质坚持两个形成对照的思想：道德责任与对某一个组织的责任。他认为，作为依靠代理（代表行为）概念的责任观念，负责和职责都没有考虑道德因素。由于缺乏这种对道德的强调，所以便产生了三个悖论：职责（obligation）的悖论、责备（blame）的悖论和负有责任（accountability）的悖论。职责的悖论表明，如果"公务员可以自由地选择但同时又不得不只是按照别人为他们做出的权威性选择而行动，那么从实用角度来说，他们并不自由。如果面公务员的确可以自由地选择，那么他们的行动就可能会违反权威性职责，在这种情况下，他们所做的自由选择就是不负责任的"（1995，102）。当承担着作为一个道德行动主体的个人责任与对他人负责相冲突时便会出现代理的悖论。相反，"只有在个人拒绝接受代理的情况下，在最终对他人负责的断言中所蕴含的道德无知的主张才能够得以实现"（128）。哈蒙说，负有责任的悖论就是：

> 当公务员仅仅是为了有效地实现政治权威所规定的目标而负有责任时，那么仅仅作为那种权威的工具，他们作为道德行为主体不对其行动结果承担任何个人责任。如果另一方面公务员积极参与确定公共目标，那么他们的责任就会混同于理论责任而使政治权威受到破坏。（Harmon 1995，164）

> "明天的特拉基草地"是一个具有广泛基础的团体，作为其成员的个人与协会都非常关心内华达州华休县的生活质量。"采纳一个指标项目"就是该团体支持的创新项目之一，其中鼓励个人、组织、学校和企业开发行动计划以改进他们所采纳的指标。例如，人们可以开发一些战略来改进选举人注册活动，清扫公园或者改进青年施展才能的努力。

哈蒙得出结论说："政府制度的合理改革决不能替代而且事实上还可能会妨碍对构成那些制度实质本身之公共契约的巩固"（1995，207）。换言之，公务员被正确地要求既要负责任，又要讲道德；如果不顾其他品质，而只是在这些品质中选择任何一种品质，那么这样就会将民主政府置于危险之中。尽管存在着一些内在的紧张状态，尽管我们很难乃至不可能在每一种情况下都完全满足责任的每一个方面，但那正是我们作为一个社会对我们的公务员所提出的要求。幸运的是，由于勇气和职业特性，他们每天都在美国各地的社区中这样做着。我们应该承认其工作的困难，应该为他们做准备，应该为他们的成功喝彩，并且应该促进围绕其所做所为的民主价值观。

7.6 结论

公共服务中的责任问题很复杂，它意味着要对一个复杂的外部控制网络中的竞争性规范和责任进行平衡，它涉及职业标准、公民偏好、道德问题、公法以及最终的公共利益。或者正如罗伯特·贝恩（Robert Behn）对此所解释的那样："公共管理者必须对谁负责？答案是'每一个人'"（2001，120）。换言之，公共行政官员应该关注我们复杂治理系统的所有竞争性规范、价值观以及偏好。责任并不简单，而且它也不能被当作简单的事情。哈蒙和另一些人所发现的紧张状态和悖论在我们的民主治理系统中都是不能简化的，并且是不可避免的。在我们看来，通过只关注一小部分绩效测量的方法或者试图模仿市场力量——或者更糟糕的是，只是躲在中立专长的概念后面——来使民主责任的本质简单化，这本身就是一个错误。这样做会引起人们对民主本质、公民角色以及致力于为了公共利益而服务于公民的公共服务产生怀疑。新公共服务承认，做公务员是一项社会需要的、富有挑战性的，并且有时是英勇的事业，它意味着要对他人负责，要坚持法律、坚持道德、坚持正义以及坚持责任。

第 8 章

服务，而不是掌舵[*]

服务，而不是掌舵。对于公务员来说，越来越重要的
是要利用基于价值的共同领导来帮助公民明确表达和满足
他们的共同利益需求，而不是试图控制或掌控社会新的发
展方向。

我们在第 5 章曾特别提到，公共政策正在日益通过许多不
同团体和不同组织之间的互动加以制定，这些不同的团体和组
织在利益和管辖权限上有重叠并且常常会相互对抗，而且它们
力图通过一种不固定的并且常常是混乱的流动过程来既实现个
人的目标，又实现集体的目标。我们也曾提到公民观能够被用
于民主公共政策制定过程的某些方式。在此，我们更为集中地
探讨各种团体和利益集团能够以一种合作的方式被召集在一起
实现彼此满意目标的方式。更为特殊的是，我们将询问领导权
怎样才能在"无人主管"的情况下加以运用。在这些情况下，
由于没有什么证据可以表明正式的或传统的领导权，所以似乎
可能存在着一种领导真空状态——至少在我们将领导主要视为
对他人行使权力的情况下是这样。事实上，我们仍然需要领
导，我们甚至要比以前更加需要领导。然而，我们需要的是一
种新型的领导。

139

---

* 在本章"老公共行政与行政管理"一节和关于伯恩斯的《领导学》（1978）一书的讨论中的材料是根据罗伯特·
B·登哈特、珍妮特·V·登哈特和玛丽亚·P·阿里斯特格塔（Maria P. Aristigueta）合著的《公共组织和非营利组织
中的人员行为管理》（Thouand Oaks，CA：Sage，2002）一书改写的。

8.1　正在发生变化的领导观

人们肯定都认为我们将其与诸如军队这种组织联系在一起的自上而下的传统领导模式在现代社会已经过时并且不可行了。实际上，这是一种甚至在军队中都被人们认可的观念。正如我们已经看到的那样，当今的社会可以被描述为：（1）高度的骚动，即很容易突然发生急剧的转变；（2）高度的相互依赖，即需要多部门之间的合作；（3）十分需要解决我们所面临问题的创造性和富于想象力的方案。在这些条件下，公共组织（以及私营组织）需要比过去具有更大的适应性和灵活性。然而，传统的指挥与控制型的领导形式并不鼓励冒险和创新。相反，它鼓励一致和常规。正因为如此，现在许多人都认为，需要有一种新型的领导方法。

领导正在以许多方式发生着变化，而且我们关注这些变化。第一，在当今的世界中，越来越多的人将希望参与到影响他们的决策的制定过程中，在未来的世界中，情况也肯定是这样的。在自上而下的传统组织领导模型中，领导者就是确立组织愿景、设计实现这种愿景的途径并且激励或迫使他人帮助实现这种愿景。但是，组织中的人们越来越希望参与；他们想要参与一部分行动。此外，当事人或公民也希望像他们应该做的那样进行参与。正如沃伦·本尼斯（Warren Bennis）在几年前所正确预言的那样："领导……将会成为一种多边经纪的越来越复杂的过程……越来越多的决策将会是公共决策，也就是说，受决策影响的人们将会坚持使自己的声音受到关注"（1992，311）。

第二，领导正日益被视为不是层级制官僚机构中的一个职位，而是整个组织中（并且延伸到组织之外）出现的一种过程。过去，一个领导人被视为在一个组织或者一个社会中拥有一个正式权力职位的人。然而，我们越来越把领导逐渐视为在整个组织和社会中出现的一种过程。领导不只是某种留给总统、州长、市长或者部门首脑的东西；更确切地说，它是我们组织和社会中的每个人都会经常涉及的某种东西。其实，有许多人都认为，在领导权分配方面的这种转变对于我们的生存将会是必要的。作为前内阁大臣和"共同事业"这个公共利益团体的创始人，约翰·加德纳说："在我们这个国家，领导权被分散在社会的各个单元之中并且下放到了各个层次，而且，如果全社会的大多数人都不准备在他们自己所处的层次上采取像领导者那样的行动来使一切都有序进展的话，那么这个系统就不会发挥其应有的作用"（1987，1）。

我们可以有把握地预言，在未来的几年中，不仅在公共组织内部，而且随着行政官员与其外部选民相联系，我们将会看到越来越多的关于我们所谓公共组织中"共同领导"的情况。在我们看来，随着行政官员与公民和各种公民团体的接触与合作，共同领导这个概念在公共部门中就特别重要。正如我们在本书第5章中所阐明的那样，公共行政官员将需要开发和运用一些新型的领导方法，其中包括移情、关心、促进、协商和当经纪人这样一些重要因素。

第三，我们应该懂得，领导不只是涉及正确地做事，它还涉及做正确的事情。换言之，领导不可避免地与一些重要的人类价值观有关，这些人类价值观包括那些最基本的价值观，例如自由、平等和正义。通过这种领导过程，人们共同努力就他们希望朝向的方向而做出选择，他们就自己的未来做出基本的决策。这样的选择不可能仅根据一种对成本和收益的理性计算就可以做出，它们需要对人类的价值观进行认真仔细的斟酌和权衡，当公民和政府官员共同制定公共政策时，尤其需要这样做。正如我们将会看到的那样，领导在这个过程能够扮演一种"转化"的角色，它帮助人们对一些重要的价值观进行比较并且在个体和集体双重意义上成长与发展。因此，许多探讨领导问题的作者们都极力主张我们应该考察领导的"仆人"角色并且应该关注"用心灵来领导"。在本章中，我们将表明，今天特别是明天的公共行政官员将不得不培养一种与老公共行政的领导观和新公共管理的领导观都很不相同的领导观。领导将需要明显地重新概念化。至少，公共领导者将会：（1）帮助社区及其公民认识他们的需要和潜能；（2）整合和表达社区的愿景以及活跃在任何特定领域的各种组织的愿景；（3）充当行动的触发器或促进因素。这种对公共领导的重新概念化被不同地描述为共同领导、基于价值观的领导和基层领导。在我们对这些最明显地与新公共服务有关的备选方案进行考察之前，我们应该简要地考察一下老公共行政和新公共管理所采取的领导方法。

8.2　老公共行政与行政管理

正如我们在前面所看到的那样，老公共行政的流行领导观是以一个行政管理的模型为基础的。我们应该记得，威尔逊最早提出要创立单一的权力和责任中心，早期的许多学者都对这一告诫进行了阐释。例如，威洛比就认为，行政权威在一个行政首长心目中首先应该是既定的，行政首长应该拥有创建一套"整合的单一行政机器所必需的权力和权威"（1927，37）。下一步就是要用一些反映了劳动分工的单位将类似的活动归类在一起。进而，我们可以创建一个层级节制的官僚体制，通过这种官僚体制，行政管理者基本上能够在组织中控制其下属的行为。我们可以在当时的企业组织中准确地找到这种对行政领导进行解释的关键性基本原则——统一指挥、层级制、自上而下的权威以及劳动分工。

这种对组织设计的专注——设计一些可以有效实施控制的组织——肯定是一个为当时的企业领导者所十分关注的话题。例如，通用汽车公司的两位行政主管——詹姆斯·穆尼和艾伦·C·赖利（James Mooney and Alan C. Reiley 1939）就识别了可以建立组织的四个"原则"。第一个原则是通过统一指挥进行协调，这个原则认为，应该通过一个层级节制的权威链来实施强有力的领导。在这样一种结构中，每一个人都只会有一个上司并且每一个上司都要监督有限数量的下属，在应该服从谁的命令这一点上不会有任何问题。第二是穆尼和赖利描述的"梯状"原则，即在该组织的各个层级之间的垂直劳动分工。例如，在军队中，将军和士兵之间的差异

142

就是"梯状"差异。第三个原则是"职能"原则，该原则描述的是水平的劳动分工，例如，步兵与炮兵之间的区别就是如此。第四是存在着作战部队和参谋机构的区别，因为作战部队直接反映了权威流过的指挥链，而参谋机构则是为作战部队提供服务。很自然，这些对行政结构的关注经常是通过一些来自军队的例子而加以说明的，因为军队往往被视为理性化权威的缩影。

老公共行政中内部组织管理自上而下的特性通常会用一种对政府机构与公民或其"当事人"之间关系的类似探讨来进行比较。正如我们在前面所提到的那样，尽管行政官员总是着眼于维护民选官员的首要地位，但是他们在政策演进过程中却逐渐扮演着一种越来越重要的角色。在这个过程中，公民的作用被认为是有限的——他们主要是定期选举官员，然后站在"场外"观看他们表演。至少在 20 世纪 60 年代中期以前，公民对代理工作的参与是极为有限的。其实，有些学者对这种忽略表示怀疑。例如，伦纳德·怀特之所以反对过度的集权，其部分原因在于他认为公民*143*需要获得承担其公民责任的经验。"如果行政要成为一个高度集权的官僚机构的工作，我们就不可能指望（公民）会有一种对良好政府的个人责任感"（1926，96，括号里的内容系本书作者所加）。另一方面，卢瑟·古利克追求的是一种更为积极主动并且更为独立的行政官员角色，按照这种角色，公民参与充其量只不过是保证服从的一种手段，而在最坏的情况下，它则是一件多余的烦心事儿。在古利克看来，"民主政体运作的成功既不必被视为要依赖于扩大持续或连续不断的公民政治活动，也不依赖于对处理复杂问题之智力的异常认识"（1933，558）。换言之，政策决定应该留给"专家"。

通常，政府机构及其领导者要么关注的是控制行为，要么关心的是直接提供服务。无论在哪一种情况下，都要设计详细的政策和程序，其目的主要是为了保护政府机构的人员和他们的当事人双方的权利与责任。尽管这些政策和程序具有崇高的目标，但是它们常常变得十分笨重以致限制了政府机构满足当事人需要的能力。因此，政府机构及其管理者便逐渐被认为是低效率的并且受规则约束的，它（他）们被绝望地裹在了"烦琐和拖沓的公事程序"之中。

8.3　新公共管理与企业家精神

在新公共管理中，对领导的需求至少部分地被决策规则和激励机制所遮蔽。在这样的情况下，领导权不属于一个人；相反，个人选择的聚集取代了对某些领导职能的需要。例如，凯特尔认为，基于市场的改革中的一个关键问题是"政府怎样才能利用市场风格的激励来根除官僚制的弊病"（2000a，1）。在有些情况下，政府完全抛弃了某些公共职能，例如，由电话公司、航空公司以及电力公司所承担的公共职能，以便这些公共职能完全可以在市场上竞争。在许多其他的情况下，政府却将一些服务的供给任务对外承包，这些服务的范围涉及很广，从收集垃圾到监狱管理。还有一些人则试图通过一些备选的服务供给系统或者通过诸如为所需的服务提供"凭单"这样的努力来创建一些顾客选择的机制。总之，新公共管理旨在用基于市场的竞争驱动策略来取代基于规则的传统服务供给。公民是由其偏好"引向"一种选择或另一种选择的。

奥斯本和盖布勒（1992）明确地把政府业已减少的服务供给角色描述为"引导社会的一种更佳途径"。他们建议，政府应该日益离开一种提供服务的角色（他们将其称为"划桨"）并且应该去关注政策开发（他们将其称为"掌舵"）。掌舵的组织制定政策，为具体操作的机构（无论是政府机构还是非政府机构）提供资金，并且对绩效进行评估。它们要确立一种机构能够竞争或者公民能够选择的"激励"结构。但是，它们并不真正参与服务的供给。这样一种方法有什么好处呢？奥斯本和盖布勒写道：

> 通过到处寻找最有效益和最有效率的服务供给者而使公共管理者解脱出来，这样有助于他们从每一次闲谈中挤出更多的精力。这样可以允许他们在服务供给者之间利用**竞争**。这样也可以为回应不断变化的环境而保持最大的**灵活性**。这样还可以有助于他们坚持为优质绩效而**负责任**，承包人知道，如果他们的质量下降，他们就可能得走人；公务员则知道他们不可能会这样。（Osborne and Gaebler 1992，35，黑体系原书所加）

新公共管理的公共领导方法的另一个要素是它坚决要求将竞争引入以前属于政府"垄断"的领域。通过对诸如垃圾收集这样的服务建立竞争性的投标过程，许多城市都大幅减少了它们的成本；但是这样做促使了更多明显背离传统的情况产生。例如，许多管辖权都把学校选择当作在教育系统内部创造竞争的一种手段进行试验。这种理念只是表明，学校应该被赋予足够的自主权来管理它们自己的资源，然后市场再按照学生"用脚投票"的情况来决定哪一个学校最有效率。这种激励机制在各个方面都有作用。学校有一种激励——高入学率——来证明高质量。学生也有一种激励来寻求到最佳的学校。

对于我们在此的讨论重要的是，新公共管理把市场机制用来**作为公共领导的一种替代品**。例如，奥斯本和盖布勒非常赞同约翰·查布（John Chubb）在与他人合作撰写的一部关于学校选择的重要著作中说的一段话：

> 你可以通过其他的办法——例如强有力的领导力量——来办好学校。但是，如果我们不得不依靠培养真正非凡的领导者来拯救我们的学校，那么，我们的前景就不会很好。现行的体制根本不是为了鼓励这种领导而建立的。另一方面，一个竞争和选择的体系可以自动地激励学校去做正确的事情。（引自 Osborne and Gaebler 1992，95）

8.4　新公共服务与领导

新公共服务把领导视为既不是对个人的控制，也不是对激励的使用。更确切地说，领导被视为人类经验的一个自然的组成部分，它既受理性力量的支配，也受直觉力量的支配，它关注的是将人的精力集中在一些有益于人性的项目上。领导不再被视为高级公共官员的特权，而是被当作延伸到整个团体、组织或社会的一种职能。按照这种观点，所需要的是由整个公共组织和整个社会中的人们所实施的原则性领导。在此，我们将考察几种对这种新领导观进行的有代表性的重要解释。

基于价值观的领导

无论是对于政治领域来说，还是对于企业领域甚或管理领域而言，也许对领导最有力的阐释要数"转化性领导"这个观念。转化性领导是哈佛大学政治学家詹姆斯·麦格雷戈·伯恩斯（James MacGregor Burns）在荣获普利策奖的《领导学》（1978）这部经典著作中提出的一个核心概念。在这部不朽的著作中，伯恩斯并不只是试图按照理性效率来认识领导的动力，让人把事情做好，或者达到组织的目标。更确切地说，他倒是试图建立一种可以跨文化和跨时代并且适用于团体、组织和社区的领导理论。具体地说，伯恩斯试图把领导理解为不是领导者对追随者做的某件事情，而是领导者与追随者之间的一种关系，即最终会使二者都发生变化的一种彼此互动：

> 领导的过程必须被视为由冲突和权力构成的动态过程的组成部分……如果领导不与集体目标相联系，那么它就什么都不是……领导者的有效性不必根据其新闻剪报来加以评判，而必须根据实际的社会变化来加以评判……政治领导依赖于一系列生物过程和社会过程，依赖于一系列与政治机会和政治围墙的结构进行的互动，以及依赖于道德原则的感召与公认的权力必然性之间的一系列相互影响……在把这些政治领导概念集中置于一种理论中的时候……我们将会重申人类的意志和共同的正义标准在公民事务的处理中具有的可能性。（Burns 1978，4）

伯恩斯一开始就特别提到，尽管在历史上我们曾致力于探讨权力与领导之间的关系，但是这两者之间却存在着一种重要的差异。通常，权力被认为是在有阻力的情况下贯彻一个人自己的意志。这样的一个权力概念忽略了一个重要的事实，即权力包含着领导者和追随者之间的一种关系并且这种关系中的一个核心价值是目的——权力行使的主体和权力行使的客体双方都追求自己想要的东西。尽管也许不是在所有的情况下，但是在多数情况下，权力行使的客体在其回应一种行使权力的努力时具有某种灵活性，所以一个人能够行使的权力取决于双方看待这种情况的方式。尽管权力的行使者可以利用他们自己的资源和动机，但是这些都必定与权力行使客体的资源和动机相关联。

在伯恩斯看来，尽管领导是权力的一个方面，但是它也是一个分离的过程。权力常常是在潜在的权力行使者为实现他们自己的目标而积聚一些能够影响他人的资源时行使的。权力行使的目的是要实现权力行使者的目标，无论这些目标是否也是权力行使对象的目标，权力行使的目的都是如此（1978，18）。另一方面，领导则常常是在"具有某些动机和目标的人们与他人竞争或冲突时为了唤起、吸引和满足追随者的动机而动员制度资源、政治资源、心理资源以及其他资源的时候"（18）实施的。权力和领导之间的差异在于，权力服务于权力行使者的利益，而领导则既服务于领导者的利益又服务于追随者的利益。要实施领导，则必须使领导者和追随者双方的价值观、动机、希望、需要、利益和期待都得到体现。

伯恩斯认为，事实上有两种领导。第一种是"交易性"领导，它涉及领导活动的发起者与被领导者之间的一种有价物（无论是经济有价物、政治有价物还是心理有价物）交换。例如，一个政治领导者可能会同意支持某一特定的政策以便在下一次选举中换得选票。或者，一个学生可能会撰写一篇极好的论文以换得一个"A"的成绩。就交易性领导来说，尽管双方是以一种可以增进双方利益的关系而相聚在一起的，但是他们之间并没有很深的或者持久的联系。另一方面，"转化性"领导则往往是在领导者和追随者通过他们相互提升到更好的道德和动机层次而彼此接洽的时候出现的。尽管领导者和被领导者最初可能是出于对他们自身利益的追求或者因为领导者认识到追随者具有某种特殊潜能而相聚在一起的，但是随着这种关系的发展，他们的利益会被融合成为对共同目标的相互支持。领导者和追随者之间的关系变成了这样一种关系：通过它，双方的目标都得以提升；双方都得到了动员、激励和提高。在有些情况下，随着领导提高了领导者和追随者双方的道德激励与道德行为的水平，转化性领导甚至会发展成为**道德**领导。尽管道德领导可以导致符合追随者需要、利益和抱负的行动，但是这些行动也可以从根本上改变道德认识和社会环境。最后，领导，尤其是转化性领导或道德领导便有能力把团体、组织乃至社会推向追求更高的目标。

147

罗纳德·海费茨（Ronald Heifetz）在其《没有容易答案的领导》（1994）一书中对领导提出了一种尽管更为现代但却是类似的解释。正如我们在本章的开头所论证的那样，海费茨认为，领导不再只是涉及首先建立愿景，然后再让人们朝着那个方向前进。更直截了当地说，领导不再涉及"告诉人们做什么"。更确切地说，无论领导权是来自某个具有正式权威地位的人还是来自某个很少有或者根本没有正式权威的人，领导都涉及的是帮助一个团体、组织或社区首先承认自己的愿景并接着学会如何朝着一个新的方向前进。作为说明这两种领导观之间差异的一个例证，我们应该思考下面这两种关于领导的定义："领导是指影响社区追随该领导者的愿景"与"领导是指影响社区面对它的问题"（Heifetz 1994，14）。海费茨认为，后一种观点更适合于当代的生活，因为在当代生活中，领导的任务不仅仅是要人们完成某一项工作，而是要"适应"一些异常的新环境。于是，领导的工作就是"适应性的工作"——这种工作要么可能意味着要对人们所持有的冲突性价值观进行调解，要么可能意味着要找到减少人们所持价值观与他们所面对现实之间的差距。领导都涉及的是价值和学习的问题，具体地说，就是要帮助人们学会识别和实现他们的价值观。这样，领导基本上就是一种教育职能。

根据这种理论观点，海费茨为领导者——乃至又为没有正式权威的领导者——

识别了几个实际的经验：

（1）**识别适应性挑战**：在价值观中判断形势，并且解决随之而来的问题。

（2）**把危难的程度保持在一种可以开展适应性工作的可承受的范围内**：利用压力锅类比就是，在容器不爆炸的情况下继续加热。

（3）**把注意力集中放在日益成熟的问题而不是放在减少压力的娱乐上**：识别哪些问题当下能够引起关注；而且，在把注意力引向这些问题的同时，抵制像拒绝接受、做替罪羊、使敌人外表化、假装问题具有技术性或者攻击的不是问题而是个人这样的工作回避机制。

148　　（4）**把工作返还给人民，但是要以一种他们能够承受的速度返还**：通过对有这种问题的人们施加压力来认清和培养责任感。

（5）**保护没有权威的领导的发言权**：要掩护那些提出了危机感问题并且产生了危机感的人们——这些人表明了社会的内在矛盾。这些人常常能够引起权威机构所没有的反思。

> 新罕布什尔州朴次茅斯依赖它的学习圈传统来检查可持续性。这些可持续性学习圈的结果便是产生了一个地区范围的新组织——皮斯卡塔夸可持续性创新组织，该组织继续在更大的地域范围内利用学习圈方法。与此相类似的是，加利福尼亚州的摩根希尔为了达到减少温室气体排放的目标也招聘了一些邻里小组一起工作。

共同领导

约翰·布赖森和芭芭拉·克罗斯比（John Bryson and Barbara Crosby 1992）通过将传统的官僚制领导模式与更为当代的领导——无人主管的领导——进行对比而为他们讨论共同领导搭起了舞台。一方面，存在有层级节制的官僚机构，这种官僚机构有能力"熟悉问题"并且通过理性的专家解决问题和计划过程来得出它然后就能够"独立"实施的解决方案；另一方面，正如我们在讨论新治理过程时所看到的那样，当今的问题越来越需要具有不同风格、议程和关注点的许多不同组织的网络参与。那些有关的团体可能——在方向、动机、时机选择、财产等方面——具有一些重要的分歧——而且这些分歧可能很严重。在这种更加易变并且更加骚动的环境下，理性的正式领导模式不再起作用。相反，有人——通常是没有正式权威地位的人——必然会担任领导，把所有关心该问题的人们召集在一起并且帮助消除或调解这些分歧，与此同时，他绝不是实施控制，而是通过榜样、说服、鼓励或授权来实施领导。

149　　这种备选的领导模式被布赖森和爱因斯威勒描述为"共同的改造能力"（Bryson and Einsweiler 1991, 3），尽管它有时很迟缓并且常常使人厌烦，但是其理由是好的。在一个共享权力和共享能力领域中的领导者需要有特殊的时间与注意力，

"需要保证其提议具有政治上的可接受性、技术上的可行性以及法律和道德上的可辩护性，需要使其提议为一个足以使其得到支持和保护的大联盟所赞同；并且希望使尽可能多地选择尽可能长时间地开放"（Bryson and Crosby 1992，9）。尽管共同领导需要时间，因为参与的人和团体会更多，但令人啼笑皆非的是，也正是因为这同样的理由——因为参与的人和团体更多——所以它常常更加成功！

但是，成功要求对政策决策的各种处境以及个人和团体为了成功而努力的各个步骤有所了解。布莱森和克罗斯比（Bryson and Crosby 1992）提出了在召集人们和就其不同观点进行协商或者经纪活动时比较经常被使用的三种环境。**论坛**是人们能够开展讨论、辩论和评议的场地，包括讨论小组、正式辩论、公共听证、工作小组、会议、报纸、收音机、电视和互联网。另一方面，**竞技场**更正式并且有一个更明确的界限范围。例如，执行委员会，市政会，教员评议会，理事会，以及立法机关。最后，**法庭**是按照业已确立的社会规范来解决争端的环境。在此的例子可以是最高法院、交通法庭、职业许可机关，以及职业规范执行机关。

布赖森和克罗斯比划定了有效解决公共问题的几个关键步骤：

（1）**达成一个初步的行动协议**：一个由领导者、主要决策者和普通公民组成的初步小组相聚在一起并且就回应某一问题的需要达成一致。随着参与的人越来越多以及每一个阶段对下一阶段的鼓舞，这个步骤很可能会在一个连续的环状物中重新出现（例如，接下来的两个阶段就是这样）。领导者必须保证受到影响的所有团体（以及也许某些没有受到影响的团体）都参与。

（2）**提出一个指导行动的有效的问题定义**：问题构造的方式将会对不同的各方回应并参与该过程的方式以及最终解决方案的构造方式产生巨大的影响。人们必须在前去寻求解决问题的方案之前对这些进行重新考虑。在这方面，公共领导也许是最认真的，因为领导者能够"帮助人们看到新问题或者以新的方式看待老问题"。

（3）**在论坛上寻找解决方案**：在这个阶段，要为以前识别的问题寻找解决方案。尤其是在这个阶段，领导者要促使人们为从一个有着充分问题的过去进展到一个没有问题的未来而构造备选方案。这里的一个关键在于，要确保拟采用的解决方案符合以前界定的问题并且不只是满足一些特定群体的利益需求。领导者应该超越可能会在这个阶段出现的私人利益。

（4）**拟定一个能够在竞技场上取胜的政策建议**：在此的关注焦点转向了拟定一些能够被提上正式决策机关议程的政策。其关键在于，论坛上的行动和更不正式的团体必须提出一些很可能会被采纳的建议，这些建议不仅具有技术上的合理性，而且还具有政治上的可行性。

（5）**采纳公共政策解决方案**：在这个阶段，那些提倡变革的人们试图求得那些具有正式权威和成功执行所必需的资源与支持的人们采纳他们提出的政策建议。

（6）**执行新的政策和计划**：政策不是自己执行的，所以，把新采纳的政策扩展到整个系统的各个方面便涉及与执行过程有关的众多细节和安排。直到这些问题受到关注，这种变革才能被视为完成了。

（7）**对政策和项目进行重新评估**：即便是接着执行，也需要对形势进行重新评估。事物会变化，人会变化，资源投入会变化——而且，这其中的任何一种变化都可能会导致新一轮的政策变化。（引自 Bryson and Crosby 1992，119-338）

　　杰弗里·卢克（Jeffrey Luke）在《催化性领导》（1998）一书中提出了一个类似的观点。与我们前面对基于网络的治理的讨论相一致，卢克指出，公共组织独立做事的能力越来越有限。许多其他的团体和组织都必须参与处理诸如少女怀孕、交通拥挤，以及环境污染这样的问题。此外，传统的领导主要是以层级制的权威为基础的，它不能被轻易地转移到分散、混乱和复杂的情境中，卢克把这种传统型的领导与企业公司和官僚政府机构联系在一起。相比之下，在这些情况下，领导必须"集中注意力去动员多种不同的利益相关者采取持续的行动"（1998，5），这些情况越来越以公共政策过程为特征。

151　　一方面，问题是政府不再"主管"政策过程。"美国的治理特征是政府机构、非营利服务供给者、企事业单位、跨国公司、社区团体、特殊利益和辩护集团、工会、学术界、媒体以及许多试图影响公共议程的其他团体之间的一种动态性相互影响和相互作用"（Luke 1998，4）。此外，我们当今所面临的最重要的问题常常是跨越组织边界、管理权限边界和部门边界的。在一个地方发生的事情或一个组织所做的事情很可能会只是以一种边际的方式影响该问题；所有对这同一个问题感兴趣的其他团体也在影响着这个问题。换言之，有一个相互依赖和相互联系的潜在网络把许多不同的团体联系在一起。如果没有所有这些相互联系的团体和组织的参与，复杂的公共问题就不太可能得到有效的处理。此外，如果这些当事人多数都感情投入并且兴趣很集中，那么我们常常就很难把任何人排除在外。

　　在加利福尼亚州的红木市，出于健康考虑，市政会试图通过利用循环水灌溉来减少水消耗的计划遭到了强烈的反对，而且，市政会很困惑，不知道应该怎么办。该市的城市经理埃德·艾弗利特（ED Everett 2009，11）建议成立一个由10名赞成利用循环水的公民和10名反对利用循环水的公民组成的特别工作组。该工作组要学会提出一个计划来将目标用水量节约在一个固定的最大成本范围内。如果该工作组提出了符合这些标准的共识性建议，那么这个建议就会受到重视。否则，市政会推进这个循环水计划。最终，该工作组提出了一个较之工作人员或咨询顾问设计的计划更优的建议。

　　在卢克看来，在一个相互联系的世界中，有效的公共领导——他将其称为"催化性"领导——包含着四项具体的工作任务：

　　（1）通过把该问题提上公共议程和政策议程来**集中注意力**。把一个特定的问题推上公共议程意味着要识别问题，对该问题的解决创造一种紧迫感，以及激起广泛的公众兴趣。

　　（2）通过把处理该问题所需要的不同人员、机构和利益集团召集起来**使人们参**
152　　**与这种活动**。使人们参与意味着要识别所有的利益相关者以及那些了解这些问题，谋取核心团体成员支持并且召集初步会议的人们。

（3）促进多种行动战略和行动选择。这个步骤需要建立和培育一个有效的工作小组，这个小组不仅具有一个统一的目标，而且具有一个可靠的讨论和团体学习的过程。战略发展意味着要识别预期的结果，探索多种选择并且促进对业已发展的战略的承诺。

（4）通过恰当的制度化以及迅速的信息共享和反馈来管理这些相互联系进而继续行动和保持势头。在这个阶段，有必要在"冠军"、权力拥有者、辩护团体以及重要资源的拥有者之间加强支持。于是，领导者就必须着手对合作行为进行制度化并且成为一个网络推进器。（引自 Luke 1998，37-148）

正如我们在前面已经提到的那样，新公共服务要求开发一些与有关控制公共机构的方法或进行严格经济分析的方法很不相同的方法——尽管一些特定的方法可能会经常运用。更确切地说，对一项新公共服务感兴趣的人将需要在其他领域开发一些方法。卢克通过描述催化性领导所需的三套具体的方法而专门提到了这种担心（1998，149-240）。第一套方法是战略性地思考和行动——对问题进行构造和再构造，识别预期的结果并且将那些结果与可能采取的具体行动或策略联系起来，识别利益相关者和其参与对于成功是必要的其他人，以及引出那些对于复杂公共政策领域中的有效领导十分必要的相互联系。第二套方法是促进生产性工作小组——从事一些可以把一个团体推向前进的熟练干预，帮助该团体处理冲突，以及有希望通过建立共识来达成多项协议。第三套方法是根据个人爱好和内在价值进行领导：

> 催化性领导者是凭借品质而非人格来进行领导的。成功的催化者显示的是一种证实其召集各种团体的信用品质的力量。他们具有促进和调解有时是很困难的协议的个人信心，而且他们拥有一种有助于在面临小挫折时集中或者重新集中团体成员注意力的长远眼光。（Luke 1998，219）

这种观点在最近探讨领导情感基础的著作中产生了共鸣，在《基本领导力》（*Primal Leadership* 2002）一书中，丹尼尔·戈尔曼（Daniel Goleman）、理查德·博亚蒂斯（Richard Boyatis）、安妮·麦基（Anne Mckee）就认为，情感智力，即对重大感情线索的理解和回应能力，是领导的一个关键要素。与此相类似，罗伯特·B·登 *153* 哈特和珍妮特·V·登哈特在《领导之舞》（*The Dance of Leadership* 2006）一书中写道，一种关键的领导技能就是以一种能够给予他人活力并促使其行动的方式与他人相处的方式。他们认为，这样做与其说是一门科学，倒不如说是一门艺术。

正如我们在讨论公共服务的尊严和价值时所认为的那样，我们再一次认为，面临困难问题时的激情、承诺和坚韧不拔常常是"关系重大"的。

是仆人，而不是主人

在新公共服务中，人们明确地承认公共行政官员不是其机构和项目的企业主人。因此，公共行政官员的思想方式是公共项目和资源并不属于他们。更确切地说，公共行政官员已经接受了一种通过充当公共资源的管家（Kass 1990）、公共组织的保护者（Terry 1995）、公民权和民主对话的促进者（Box 1998；Chapin and Denhardt 1995；King and Stivers 1998）以及社区参与的催化剂（Denhardt and Gray 1998；Lappé and Du Bois 1994）来为公民服务。这是一种与注重利润和效率的企业主人的观点很不相同的观点。因此，新公共服务表明，公共行政官员不仅要共享权力，依靠人，以及作为中间人来协调解决方案，而且还必须把他们在治理过程中的角色重新界定为不是企业家，而是负责的参与者。

　　因此，当公共行政官员冒险时，他们不是他们自己企业的企业家，因为企业家能够在知道失败的后果将主要由他们自己来承担的情况下做出这样的决策。公共部门中的风险则不同（Denhardt and Denhardt 1999）。在新公共服务中，风险和机遇存在于更大的民主公民权和共同责任框架内。由于成功或失败的后果并不局限于一个私营企业关心的事情，所以公共行政官员就不能单独决定什么是对一个社区最好的东西。这并不一定就意味着错过了所有短期的机会。如果对话和公民参与正在进行，那么我们就能够及时地探索机会和潜在的风险。需要考虑的重要因素是一个行政官员为了抓住一个机会而直接采取冒险行动的收益是否高于信任、合作和共同责任感的成本。

154　　最后，在新公共服务中，基于价值的共同领导被视为组织中从行政随从到街道层级的各级公务员的一种职能和责任。例如，文赞特和克罗瑟斯（Vinzant and Crothers 1998）就描述了一线公务员应该怎样行使自由裁量权、怎样使他人参与进来以及怎样做出尊重并反映种种因素和价值的决策。他们必须关注代理规则，关注他们的监督者，关注他们所服务的社区，关注他们的合作者以及一些环境变量和道德变量。文赞特和克罗瑟斯认为，在这其中的许多情况下，一线公务员的行为都应该像基于价值的领导者那样："尽管他们在某一给定情况下为了提高参与者的目标、态度和价值而做出选择和采取行动的方式可能会违背他们的直接利益和期望，但是他们做出选择和采取行动的这些方式却能够通过提及这种情况下所涉及的更加广泛的理想和价值合成物而获得合法地位"（1998，112）。

> 　　作为波士顿比较大的社区基金会，波士顿基金会在与波士顿市和大都市地区规划委员会的伙伴关系中对波士顿指标项目进行了协调。该项目从该地区的公共机构、城市组织、智库和社区组织所产生的大量信息资料与研究成果中获得数据。该项目依靠数百名经常参加重要对话的利益相关者的专长来评价这些数据并且拟出他们的建议。

8.5　结论

　　在新公共服务中，领导是以价值为基础的，而且领导是在整个组织中并且与社区共享的。这种对公共行政官员角色认识的变化对于公务员所面临的各类领导挑战和责任具有深远的意义。首先，公共行政官员必须了解和管理的内容就不只是其项目的要求和资源。这种狭隘的观点对于一个其生活领域不便根据项目部门和职责来划分的公民并不是很有帮助。公民所面临的问题即使说不完全是也经常是多方面的、易变的和动态的——而且它们不会轻易属于某一特定职责的范围或者属于某一个人狭窄的职责描述。于是，要为公民服务，公共行政官员不仅要了解和管理他们自己的资源，而且还要认识到并且与其他的支持和辅助资源联系起来，使公民和社区参与这一过程。他们既不试图控制，也不假定自利的选择充当着对话和共同价值的代理人。总之，他们必须以一种尊重公民权和给公民授权的方式共享权力并且带着激情、全神贯注且正直地实施领导。

155

第 9 章

重视人，而不只是
重视生产率

156　　**重视人，而不只是重视生产率。**如果公共组织及其所
参与其中的网络基于对所有人的尊重而通过合作和共同领
导来运作的话，那么，从长远来看，它们就更有可能取得
成功。

新公共服务在探讨管理和组织时强调的是通过人进行管理
的重要性。由生产力改进、过程管理和绩效测量构成的系统被
视为设计管理系统的重要工具。但是，新公共服务表明，如果
我们不同时给予一个组织中个体成员的价值和利益足够的关
注，那么，从长远的观点来看，这种试图控制人类行为的理性
做法很可能会失败。此外，尽管这些方法可以取得成果，但是
它们却不能造就负责任的、投入的并且有公民意识的雇员或
公民。

就如何最好地管理人而言，思想的演进涉及包括动机、"监
督"和领导、组织文化、组织结构以及组织权力在内的许多相关
问题和理念。这种思想的演进涉及有关权威的本质、绩效和责任
的定义以及建立信任的问题。然而，最根本的是，它建立在我们
对人和行为的本质最基本的假定基础之上。在本章中，我们将探
讨老公共行政、新公共管理和新公共服务所表明的组织成员管理
观点的很不相同的假定和概念基础。我们将首先对那些与动机和
157　管理有关的重要概念和思想进行历史的考察，然后再从老公共行
政、新公共管理和新公共服务的视角对构成成员管理基础的假定
和模型进行比较。

9.1　组织中人的行为：关键概念

我们关于人类行为动机的观念在很大程度上决定了我们解释、回应和试图影响他人行为的方式。当理论家们最初开始研究组织中人的行为时，他们就人的本性所做的假定过于简单化并且一般都是消极的。在组织管理研究中最早并且最重要的观念之一是，为了组织发挥作用，工作人员不得不被激励或者被迫产生某些行为并且执行特定的任务。这些任务应该由人们在一个组织内部完成，这个组织主要被理解为一种使互动和过程有规律的"结构"。这种结构的目的在于获得有效率的并且一致的任务绩效。

尽管我们现在把该组织的结构谈论为影响工作人员行为的若干因素之一，但最初，它却是管理的焦点。奥特（Ott）说："结构——一个组织的形态、规模程序、生产技术、职位描述、报告安排以及协调关系——会影响感情和情绪并因而会影响其内部人员和团体的行为"（1996，304）。几十年来，这些感情和情绪在组织和管理研究中基本上都被忽视了。相反，人们假定，如果工作设计得好并且权威关系得到恰当的构造和调整，那么就能够实现最优的效率。

科层制与科学管理

与管理和控制组织中人员行为的结构方法关系最为密切的也许要数德国社会学家马克斯·韦伯（Max Weber）了。韦伯把官僚制组织结构的特征描述成为一个由权威、系统化的规则和程序以及具有确定职责的正式职位构成的科层体制，他认为这样一种结构可以导致可预见的并且有效率的绩效。"精确、迅速、明确、对文件的了解、连续性、自由裁量权、统一性、严格服从、减少摩擦以及节约材料和个人成本——这些在严格的官僚制行政中都被提高到了最优点"（Weber，引自 Gerth and Mills 1946，214）。在某种程度上，由于官僚制是实现效率的最佳途径，所以韦伯说官僚制是"对人实施必要控制的最理性已知手段"（337）。这一点在某种程度上是通过使行政过程尽可能地客观、理性和非人格化来实现的。"客观地履行职责主要是指'不计及人的因素'并且按照可计算的规则履行职责"（215）。韦伯接着指出，这种对工作的非人格化"就是官僚制的特有本性而且它被誉为官僚制的特殊优点"（216）。

然而，韦伯本人则很担心官僚制对于民主价值和个体精神所产生的后果。他说："'民主制'本身是与官僚制的'规则'相对的"（Weber，引自 Gerth and Mills 1946，231）。即使是这样，韦伯也认为，最终，官僚权力会超过政治领域的权力："在正常情况下，一个得到充分发展的官僚机构的权力地位总是极其强大的"（232）。

韦伯不仅担心官僚制对于民主治理的意义，而且还担心官僚制对人民所产生的后果。"官僚个人不可能挪动出他被利用的机关"（Weber，引自 Gerth and Mills 1946，228）。他把官僚化称为创造了一个"铁笼子"，其中，"价值导向的各种社会

158

行为都会因糟糕的官僚结构和由正式理性的法律与规制构成的紧密结合的网络而受到阻碍，在这种背景下，个性根本不再会有任何希望得以张扬"（Mommsen 1974，57）。

尽管有这些担忧，但是官僚制和效率的价值观却为一些试图为控制工人和实现效率找到最佳途径的早期管理理论家提供了特别肥沃的土壤。这些早期的管理理论家把工人主要视为其工具和机器的附加部分。有人认为，要使人们工作，就需要有对身体惩罚或者对经济惩罚的恐惧。只有那些受金钱或恐惧驱动的人们才会完成分配的任务。

例如，正如我们在前面所看到的那样，弗雷德里克·泰勒认为，如果工人接到具体的指示并且接着得到了按照这些指示去做的一份费用，那么他们就会去做要求他们做的事情。他力劝管理者要研究需要完成的任务，确立完成这些任务的最佳途径，然后再科学地选择和培训工人去做这项工作。于是，工人们可能会因为每完成一项任务或者每生产一件产品都有一笔固定的现金报酬而被激励去完成任务。尽管泰勒认为这是一种对于工人和管理者双方彼此都有好处的方法，但是，很明显，他假定了工人天生就是懒惰愚笨的。例如，在他就激励工人装运大铁块的问题所进行的评论中，他说，"我们可以训练一个聪明的大猩猩"做他们的工作（1911，40）。他还期望雇员绝对服从他们的上司。

人的因素

159 这些关于服从权威和科层制的思想是 20 世纪初期主要的管理教义并且在今天仍然有着重要的影响。尽管早期有一些关于管理和工人的人本主义著作（例如，Follett 1926；Munsterberg 1913），但是直到霍桑试验的研究成果于 20 世纪 30 年代发表，才有不少人承认（与经济因素或技术因素相对的）社会因素在工作动机中的重要性。就连霍桑试验本身也是作为一项对"工作条件与雇员中间的疲劳和单调之间关系"（Roethlisberger and Dickson 1939，3）进行的研究开始的。但是，这项研究并没有按计划进行，而且研究人员最终发现人们的关系（其中包括工人与研究人员的关系）影响了工人的行为。因此，解释工人的行为需要有新的模型。这些研究人员发现，行为和动机都很复杂，它们受到态度、感情以及人们赋予工作和工作关系的意义的影响。正如罗特利斯伯格和迪克森所言："我们的观点很简单，那就是：人的问题需要人性的解决方案"（Roethlisberger and Dickson 1939，35）。

霍桑试验进行的研究导致了一种对人、工作和组织之间关系更为复杂的认识的开始。为了确定这些因素会怎样影响工作绩效，研究人员对诸如人类合作的重要性（Barnard 1948）和团体的影响（Knickrbocker and McGregor 1942）进行了研究。到 20 世纪 50 年代，管理理论家们越来越一致地认为，动机与其说是一个纯粹的经济概念，倒不如说是一个心理概念。

麦格雷戈（McGregor）（1957）的著作就阐明了这种认识，他在著作中对其关于工人的所谓 X 理论假定和 Y 理论假定做了区分。他认为，传统的指挥与控制方法（X 理论）所依据的假定是人是懒惰的、不参与的，并且只受金钱驱动，这种方法事实上促使人们以一种符合那种期望的方式行为。另一方面，Y 理论所依据的是一个关于人的更为乐观并且更具有人本主义意味的观点，它强调组织中个人的内在尊严和价值。持有这些假定并且按照这些假定行动就会允许工人的那些更加积极的品质在组织中表现出来。

还有一些理论家考察了工人动机的不同方面并且对不同情况下的个人行为进行了研究。简单地说，当代的动机理论试图解释自愿的、目标导向的行为。强调动机不同方面的模型有几种：人的需要（例如，Herzberg 1968；McClelland 1985；Maslow 1943）；一个人的期望、技能和欲望（Vroom 1964）；目标确定（Locke 1978）；对公平和公正的知觉（Adams 1963）；参与的机会（Lawler 1990）；以及最近的基于公共服务价值和规范的动机（Perry and Wise 1990）。 *160*

随着关于工人及其动机假定的变化，对管理和领导作用的主要认识框架也发生了变化。管理部门的作用最初被视为用文件说明任务和程序，然后再相应地对工人进行监督和控制。由于认识到人类动机的心理成分，所以，要使工人满意并且愿意工作，就需要将管理的定义相应扩大到包括"人的关系"的范围。然而，重要的是，尽管管理的参数发生了变化，但是目标——改进和保持生产活动——则通常仍然是相同的。在许多情况下，这种思想就是要使人们受到更好的并且更人道的待遇，以便从他们那儿获得更好的绩效。直到最近这几十年，这种认为以尊严和尊敬待人不只是作为一种改进生产活动的重要手段，而且就其本身的权利而言也很重要的观点才在管理学著作中传播开来。

9.2　团体、文化与民主行政

关于工人行为的管理，也出现了许多其他的观点，而且这些观点也得到了承认。例如，有人认为，团体规范和行为对个体行为有影响（例如，Asch 1951；Homans 1954；Lewin 1951；Sherif 1936；Whyte 1943）。这些理论家提出，人具有社会性，而且，他们在组织内部和组织外部都很容易形成团体。这些团体会为成员创造一些规范、角色和期望，这些规范、角色和期望不仅可以满足个体对归属的需要，而且还要求有某种程度的一致性以便能保持成员身份。因此，无论是正式团体，还是非正式团体，它们都可以为我们在组织中的行为创造一种规范的环境。例如，玛丽·帕克·福莱特（Mary Park Follett）就认为，团体动力和个体的动机应该构成行政的基础。管理者和工人不应该简单地响应命令，而应该共同地界定行政问题并做出相应的回应——从情境中获得它们的"命令"。她于 1926 年写道："一个人不应该给另一个人发号施令，而双方应该都赞同从情境中获得他们的命令"（引自 Shafritz and Hyde 1997，56）。还有一些理论家考察了个体特征是如何影响组织行为的，例如，那些强调工人生活状况（Achott 1986）或者强调人格特征（例如，Myers Briggs 或类似清单）的人就做了这样的考察。权力与政治一旦成为政治 *161* 学家和哲学家的领地，它们也就被用作认识组织中人员行为的一个透镜（French and Raven 1959；Kotter 1977；Pfeffer 1981）。

有人还从官僚制与民主治理不一致的观点对官僚制和层级制提出了批判。例如，沃尔多在其《行政国家》（1948）一书中认为，不仅行政问题内在地充满着价值因素，而且行政本身也必须与民主原则保持一致。"**行政国家**包含着一条很强的信息：对一种行政观点不加鉴别地接受往往会构成对民主理论的排斥，这是一个社会的问题，而不仅仅是一个行政管理的问题"（Denhardt 2000，66~67）。换言之，沃尔多的观点是，科层制并且是"中立的"官僚制最终会破坏民主制。

只有通过使行政机器坚持民主规范和民主原则，这个挑战才有可能得到处理。这就要求不仅要扩大公民在政策行政中的作用，而且还要对行政过程本身进行改革。正如列维坦（Levitan）所表明的那样，"一个民主国家不仅要以民主原则为基础，而且还要民主地行政，让民主哲学渗透行政机器"（1943，359）。沃尔多甚至更为直接地批评科层制和官僚制并且希望进行改革，他说，所需要的是：

> 真正地放弃那些趋向于支配我们行政理论的权威—服从、上级—下级的思维模式……我们多么希望能有一瞬间乐观的时刻可以享受一下对未来社会的梦想：按照这个梦想，教育和大众文化将与一个所有的人都是以"领导者"和"追随者"双重身份并且按照众所周知的"游戏规则"参与的工作领域相一致。这样的一个社会将会是后官僚制的。（Waldo 1948，103）

这种对官僚制的批评以及对更加民主的行政的呼唤几乎与动机理论当时正在出现的发展相吻合。例如，增加行政的民主性和减少行政的科层制就会容许个人像麦格雷戈所表明的那样表达他们天生具有的工作和负责任的自然倾向，容许他们像马斯洛所表明的那样满足社交的需要、尊重的需要和自我实现的需要，以及容许他们像福莱特所倡导的那样从情境中获得命令。

162　关于组织中人员行为管理的另一个重要思想是组织文化的概念。组织文化的观点不是把一个组织视为静态的"结构"，它借鉴并吸收了人类学研究领域的成果来认识规范、信念和价值是怎样为一个组织的成员所共享并且反过来界定其边界的。这些共同的规范和价值体现在组织成员的语言与行为、仪式和符号以及他们制造的物品之中。文化表达的是能界定一个组织并且对其成员具有重要长久影响的观念和总体价值观。沙因（Schein 1987）认为，组织文化有三个层次：（1）看得见的社会物质环境，例如物质装备、技术偏好、语言模式和指导人们行为的日常工作程序；（2）关于该组织"应然"状况的价值观和理念；（3）该组织成员所持有的指导其行为的假定和信念，这些假定和信念常常是潜在的并且是无异议的。沙因认为，最后一种类型的组织文化构成了文化的核心定义："一个基本假定的模式……其运转良好的程度足以表明它是有效的，因此，它可以作为就某些问题进行觉察、思考和感觉的正确方法被传授给新的组织成员"（1987，9）。或者正如奥特所言："它起着一种组织控制机制的作用，因为它可以非正式地批准或禁止某些行为"（1989，50）。

尽管存在着这种思想的演进，但是人们对于人的动机是什么以及怎样最好地影响组织中人的行为仍然缺乏共识。正如接下来几节所探讨的那样，公共选择理论家狂热地支持一种只是以自利的个体决策为基础的人类行为和动机模型，而不顾对人类行为的其他解释。而就另一些人来说，他们已经日益认识到，除了自利之外，人的动机还涉及社会因素和行为因素。这导致了一种对组织与人类行为之间关系的更为复杂的看法，按照这种看法，组织的结构以及个体与团体之间的互动和关系都对行为有影响。这种更为复杂的看法还假定了具有不同经历和人格的个体对组织生活的反应方式会有所不同。当人们试图获得和保持权力的时候，组织政治也被认为对行为有影响。最后，按照这种看法，组织文化被认为是在为我们组织中的行为创造规范的环境。总之，对于这些理论家来说，人们被认为是把社会需要和情感需要带到工作之中。在随后的几节中，我们将探讨老公共行政的观点、新公共管理的观点以及新公共服务的观点是怎样分别处理这些问题的。

9.3　老公共行政：利用控制来实现效率

　　老公共行政所依据的理念认为，效率是极为重要的价值，如果你不迫使人们去努力工作，那么他们就不会努力工作。按照这种观点，工人只有在给予其货币激励而且相信管理部门能够并且会对其不良绩效给予惩罚的时候才会具有生产积极性。雇员的动机不是以一种直接的方式受到重视。在 20 世纪初期，当时老公共行政是主导的模型，人们只是被期待遵守命令，而且通常，他们也的确是在遵守命令。公共职业被视为一种类似于私人部门职业的简单报酬安排：为了换得一份稳定的薪酬，工人们会认真有序地执行所分配的工作任务。工人们作为具有情感和需要、贡献和洞察力以及应有价值的人而受到的对待并不是这个等式的组成部分。 *163*

　　被界定为产出与成本之比的效率，要求成本和生产即使不是管理的唯一目标也是管理的首要目标。这种挑战在于，要把工作组织和构造得便于使成本最小化并且使产出最大化。雇员被当作是成本。因此，其目标就是要通过在提供尽可能最少薪酬和其他货币激励的同时从每一个雇员那儿获得最大产出来最大限度地降低劳动成本。其所强调的是效率方面的潜在收益，而不是该组织中工作人员的福利，更不用说公民或社区了。人们假定社区、公民权以及民主的问题断然属于政治领域并且完全处在行政领域之外。在老公共行政能够接受"人本主义"方法的情况下，这些方法也仅仅被视为确保更高效率的工具而已。例如，在霍桑试验中，有人就建议管理者应该为雇员设立一个"意见箱"，以便使他们有更多的参与感并因此而可能更富有生产积极性。但是，却没有人考虑这些意见真正可能会发挥其应有作用或其重要性的想法。

　　这种想法是指该组织本身应该成为管理部门主要关注的事情。如果它能够按照官僚制的理想加以构造，如果它能够促进中立能力和专长的价值观，以及如果管理系统能够恰当地控制和解释资金的使用情况，那么公共组织就会履行它们预期的职责。

122

9.4 新公共管理：利用激励来实现生产率

164   正如我们在前面所看到的那样，公共选择理论所依据的是关于人们的行为以及如何为了实现公共政策目标而管理那种行为的许多重要假定。委托—代理理论常常用一个契约的比喻来运用这些假定以解释一个组织中行政主管与工作人员之间的关系。这种契约之所以必要，其原因在于，尽管雇员（代理人）是代表行政主管（委托人）行动的，但是他们的目标和目的却不同。因此，委托人不得不获得足够的信息来监控代理人以确保成果并且提供充足的激励来始终如一地获得成果。由于目标是效率，于是，问题便成为一个关于什么是最低成本方法的问题，即组织可以利用这种最低成本的方法来使雇员追求的不是自己的目标，而是组织的目标，并且证实他们正在这样做。

新公共管理因其依靠的是公共选择和委托—代理理论，所以它非常有助于我们认识人的行为。然而，重要的是，我们应该注意，它依靠经济理性来解释人的行为，而排除了认识动机和人类经验的其他方法。如果事实果真是那样的话，那么成功地影响他们行为的唯一途径就是通过改变决策规则或激励机制以便把他们的自利改变得更加符合组织优先考虑的事项。

9.5 新公共服务：尊重公共服务理想

新公共服务关于动机和对待人的假定完全不同于老公共行政和新公共管理。老公共行政把人们假定得像麦格雷戈的 X 理论所描述的那样：懒惰、愚笨、缺乏干劲并且不愿意接受责任。因此，要保证他们的绩效，就不得不利用惩罚手段来对他们进行控制和威胁。新公共管理对人有一种尽管不同但也不信任他人的观点。它假定，人们是自利的，而且，如果人们不受到监控并且没有足够的激励来诱导他们去追求别的目标，那么他们就会试图满足自己的目标。这样的话，新公共管理就像泰勒的科学管理一样排除了对团体规范和价值、组织文化、情感补偿/社会补偿以及心理需要和其他"非理性"需要的考虑。它否定了人们应该为了响应公共价值、忠诚、公民权以及公共利益而行动的理念。

165   我们并不是在表明人们就绝不懒惰或自利。更确切地说，依靠自利来作为对人类行为的唯一解释代表着对人非常狭隘并且主要是消极的看法，这种看法既不能为经验所证实，也不能从一种规范的观点来证明其正确性。换言之，人们的行为通常并不是那样。更为重要的是，人们的行为也不应该那样。

在新公共服务中处于核心地位的人类行为要素——例如人的尊严、信任、归属感、关心他人、服务，以及基于共同理想和公共利益的公民意识——在老公共行政和新公共管理中都被降低了重要性。在新公共服务中，诸如公正、公平、回应性、尊重、授权和承诺这样的理想不是否定而常常是超过了那种把效率作为政府工作唯一标准的价值观。正如弗雷德里克森所言："从事公共行政的人必须越来越熟悉代议制民主和直接民主的问题，必须越来越熟悉公民参与，必须越来越熟悉正义和个人自由的原则"（1982，503）。尽管弗雷德里克森所谈论的是公务员和公民之间的关系，但是同样的原则也适用于公共管理者应该如何对待其他公务员。

如果你假定人们能够关心别人，能够提供服务，能够像公民一样按照共同价值观行动，那么，仅仅在逻辑上你也同样会假定，公共雇员能够具有同样的动机和同样的行为。如果公务员本身得不到尊重，那么我们就不可能指望他们会以尊严和尊敬对待他们的公民同伴。如果我们不愿意信任他们并给他们授权，如果我们不愿意倾听他们的想法并且与他们合作，那么我们就不可能指望他们会同样地对待别人。新公共服务认识到了公共行政官员工作的巨大挑战和复杂性，服务和民主理想受到了赞誉。公务员不只是被视为需要一种官僚职业保障和结构的雇员（老公共行政），也不被看作是市场的参与者（新公共管理）；更确切地说，公务员是那些其动机和回报不止是一个薪金和保障问题的人们。他们希望在别人的生活中有影响（Denhardt 1993；Perry and Wise 1990；Vinzant 1998）。

作为美国的前审计官和著名的公务员，艾默·斯塔茨（Elmer Staats）曾经写道，公共服务远远不只是一个职业范畴。他说，它最好被界定为"一种态度，一种责任感——乃至一种公共道德意识"（1988，602）。这与那种认为公共服务动机对于促进公务员的行为非常重要和有力的概念是一致的。公共服务动机的基础是一个人对一些主要或者只是植根于公共机构或组织中的动机做出回应的偏好（Perry and Wise，1990）。换言之，存在着一些与围绕为他人和公共利益而服务的公共服务工作的本质有联系的特殊动机。这些动机与诸如忠诚、责任、公民权、公平、机会以及公正这样的价值观有关。研究已经表明，这些以规范为基础并且是由感情引起的动机对于公共服务是独一无二的，并且对于认识公共组织中的行为至关重要（Balfour and Weschler 1990；Denhardt, Denhardt, and Aristigueta 2002；Frederickson and Hart 1985；Perry and Wise 1990；Vinzant 1998）。

正如我们在前面所看到的那样，弗雷德里克森和哈特（Frederickson and Hart 1985）认为，我们经常不能区分他们所说的公共部门中服务的"道德要求"和私营部门中的职业。当我们不能做出这种区分的时候，我们既贬低了民主公民权的理想，也贬低了公共服务的理想。他们要求向他们所说的"仁慈的爱国主义"回归，这种"仁慈的爱国主义"首先是以对民主价值观的爱以及民主价值观的爱国主义为基础的；其次，它所依据的是被界定为"对他人广泛且非工具性的爱"（1985，547）的仁慈。这就意味着我们应该为他人服务并且关心他人，而且应该为保护他们的权利而工作，我们之所以应该这样做，其原因不是在于这样做可以增进我们自己的利益，而是在于它本身就是应该做的正确事情。他们认为，这种仁慈的爱国主义应该成为"美国公务员的首要动机"（547）。

与此相类似的是，哈特也指出，公务员的主要责任就是"鼓励公民自治，通过说服来管理，超越权力的腐败，以及成为公民的榜样"（1997，967）。因此，他说：

166

"公务员在其所有的行动中都应该有意地体现这些价值观，**无论他们是与其上级、同事、下级在一起，还是与普通公众在一起，他们都应该这样做**"（1997，968，黑体系本书作者所加）。简单地说，在公共组织中，我们需要以一种符合民主理想、信任和尊重的方式相互对待以及对待公民。我们之所以要这样做，其原因在于我们相信人们会关注这样的价值观并且会为这样的价值观所激励，并且还因为我们相信公共服务对于促进和鼓励人性的那些方面具有一种特殊的作用。

因此，从实际上来说，新公共服务的价值观规定了我们应该鼓励、模仿并且实践我们对民主理想的承诺和我们对他人的信任。作为管理者，我们可以通过使公共服务动机和价值成为组织身份和组织文化的一个重要组成部分来鼓励这种动机和价值。由于我们知道并且相信同我们一起工作的人们想要为他人服务，所以我们需要在追求公共利益时把他们当作伙伴来对待。这表明乃至要求一种具有高度包容性的参与性管理方法——它不只是提高生产积极性的一种工具性手段，而且是促进公共服务核心价值观的一种手段。罗伊·亚当斯（Roy Adams）对此简要地解释道：

167　　"仅有效率是不够的"（1992，18）。要想使组织中的人们具有"一种体面并且有尊严的生活方式"（18），就需要一些参与的方法。此外，参与常常可以改进绩效，但是其价值不应该依赖于其他事情的贡献。参与本质上就是一种重要的价值。

> 不列颠哥伦比亚公共服务部每年都要主办一次公共服务周（PSW）活动，并且利用野外宴会、野餐以及各种各样的其他活动来歌颂雇员。作为2010年公共服务周的组成部分，不列颠哥伦比亚环境部为该部各级组织的雇员制作了一个视频，这个视频与朱尼的"坚信不疑"欢乐版电视表演是同步配音的。这个视频结合了各种教育广告和道具来演示环境部的工作、目标和优先事项。它是一种在歌颂其雇员的同时强化该部致力于公共服务使命的简单方法。鉴于这个视频是在午餐期间完成的，所以它是一个重要的士气助推器并且很成功地使得各种雇员都在做着既好玩又鼓舞人心的事情。

正如我们在前面所看到的那样，罗伯特·戈伦比威斯基（1977）曾指出，组织民主所依据的是所有组织成员对决策的参与，对组织绩效结果经常的反馈，对整个组织中管理层信息的共享，对个人权利的保证，在有些情况下就一些难处理的争端进行求助的有效性，以及一套支持性的态度或价值。他认为，一个组织离这些标准越近，该组织就越民主。爱德华·劳勒（Edward Lawler 1990）提倡他所说的"高度参与式"的管理，这种管理所依据的是把信息共享、培训、决策和回报当作一个成功的雇员参与项目的四个关键成分。他认为，参与之所以可以增强动机，是因为它可以使人们认识所期待的东西并且可以帮助人们理解绩效与结果之间的关系。

按照卡尼和海斯（Kearny and Hays 1994）的观点，公共管理者开始认识到利用参与式管理方法有多么重要。这些学者认为，参与式管理应该始于这样一个前提，即工人是一个组织中最重要的财富而且他们应该受到相应的对待。所有的雇员

都必须由管理部门授权参与决策，而且必须允许他们放心大胆地这样做。根据他们 *168*
对一种组织决策的参与式管理研究的考察，他们得出结论说，这种管理方法是增加
雇员满足感和提高雇员生产积极性的一种有效途径。

> 作为佛罗里达州阿拉楚阿县发行的一本叫作《创立可持续的工作场所与组织》的小册子的组成部分，工作场所合作在一本关于可持续性的社区入门书中被称为值得地方组织和企业关注的七个领域之一。这本小册子在一定程度上可以说明："阿拉楚阿县已经采用了这样一种决策和政策制定的组织结构，其特征在于审慎地设计了各部门功能团体之间合作的机会并且鼓励多层次共享性轮流领导的机会"（http://issuu.com/alachuacounty/docs/sustainable-workplaces）。

在新公共服务中，重要的是，这些方法对于增进满足感、提高生产积极性，以及增强一个组织的创新能力都"更加有效"。事实已经表明，尽管质量管理和参与决策对于雇员的绩效都具有积极的影响，但是参与决策的影响则要大得多（Stashevsky and Elizur 2000）。从新公共服务的观点来看，最为重要的是，参与和包容的方法是建立公民意识、责任意识和信任的最好方法，而且，它们可以促进公共利益中服务的价值。如果你一开始就假定公务员是并且应该是以民主的理想和对他人的服务为动机，那么这些方法就是有意义的最好方法。如果不那样对待公务员，那么就会阻碍自豪感的这种重要来源并且会阻碍动机在追求公共利益时成为无私的。美国人民在关注2001年9月11日纽约和华盛顿特区遭受袭击的灾祸中警察和消防队员、保健和急救人员以及公民志愿者的行为时所发现的最激发敬爱之心的正是公共服务的精髓。这种对公共服务的献身精神象征着对于实现公共价值和民主理想最好并且是最重要的东西。

正如本书第8章所讨论的那样，共同领导的概念对于为雇员和公民提供肯定其公共服务动机和价值以及按照这些动机和价值行动的机会至关重要。在新公共服务中，共同领导、合作和授权，无论是在该组织内部，还是该组织外部，都已成为规 *169*
范。共同领导集中关注的是该组织和社区希望促进的目标、价值和理想。正如伯恩斯（1978）所说的那样，因通过人们来工作以及与人们一起工作而实施的领导改变了参与者并且使他们的关注焦点转向更高层次的价值，通过共同的（或转化的）领导、组织和团体，社区的目标和价值也转向了更高层次的目标和价值。这个过程必定具有相互尊重、相互适应和相互支持的特征。公民和雇员的公共服务动机在这个过程中同样都能够得到承认、支持和回报。

9.6　结论

普拉斯（Plas 1996）在其关于私营部门管理的著作中指出，组织文化必须发展并且要在工作场所"再一次为心境找到一个位置"。她说，应该允许工人们用他们

的劳动来参与，用他们的思想来参与，并且用他们的心情来参与。管理者应该成为"可靠可信的"，而且他们还应该鼓励他们的雇员成为"可靠可信的"。管理者和工人应该在合作的环境中共享他们的感情、价值和伦理道德观念。普拉斯认为，这需要雇员与雇主之间有一种新的社会契约。因为老的契约假定了雇员会努力工作并且组织会照顾雇员。而现代社会已经表明，尽管这些契约过去的确曾经起过作用，但是它们现在已经不起作用了。这种新的契约所依据的假定是，个人和组织都对彼此负有责任并且因此而有责任创立和保持一种成功的关系。

公共部门管理者对于利用"公共服务的心境"具有一种特殊的责任和独一无二的机会。人们之所以被吸引去从事公共服务，是因为他们被公共服务的价值观所推动。这些价值观——为他人服务，使世界更加美好和更加安全，以及使民主发挥作用——体现了在一个社区的服务中作为一个公民之意义的精华。我们需要培育和鼓励这些更高层次的动机和价值观，而不应该把人当作一部机器上的嵌齿或者认为似乎他们只具有为自己利益服务的行为来压抑这些动机和价值观。当一个理想主义的公务员来到一个公共组织并且其理想主义被认为似乎很天真——而且他得知所期望和所回报的东西就是做别人告诉他做的事情并且要保持安静——的时候，我们有多少人已经看到此时将发生的情况呢？如果我们把人当作官僚，当作为自己利益服务的自利个体，那么我们就会鼓励他们只是那样做。正如当世界贸易中心的灾难发生时消防队员和警察们不怕牺牲、全力奉献，而其他人却不会去那样做的情况那样，召唤我们去牺牲、去尽自己最大努力、去冲向火海的正是我们对公共服务的信仰和我们为公共利益服务的角色。

170　　　如果我们能够帮助别人认识到他们正在做的工作比个人意义的工作更有意义并且更重要，如果我们能够帮助人们认识到公共服务是高尚的和宝贵的，那么他们就会采取相应的行动。使我们的公务员同伴在公共组织中得到应有的尊重和尊严以及授权给他们帮助找到为其社区服务的办法，这些都使我们可以吸引和授权那些愿意并且能够为公共利益服务的人。这样做是每一个公共管理者的职责、义务和荣耀。正如麦肯齐（MacKenzie）在一个世纪以前对此所解释的那样：

> 正如古希腊的圣贤所认识到的那样，我们必须努力地再一次认识到，就政治这个词最综合的意义而言，在人类生活中，再也没有什么东西比政治更崇高的了。而我们却很少有人能够为服务于最广泛意义上的人类而做许多事情；也许从整体上来看，我们多数人所能够做的最好的事情就是为我们的国家服务。
> （MacKenzie 1901，22）

第 10 章

学术前沿系列
公共行政与公共管理经典译丛

新公共服务与公民
参与：行动建议[*]

在本章中，我们想要考察的是，致力于新公共服务的公共机 *171*
构实际上如何才能为实现更高层次的公民参与目标而同（广义
的）公民以及非政府组织开展积极合作的具体方式。公民参与的
过程已经被界定为"普通民众就他们自己认为重要的问题而来到
一起审慎商议并采取行动的能力和诱因"（Gibson 2006，2）。在
一个其公民中发怒者似乎多于参与者的时代，这可能看起来似乎
是一个理想主义者的目标。但是，各个层级的许多公共机构都已
经找到了公民参与的重要方式——而且其结果还相当不错。

10.1 为什么要让公民参与？

我们怎么才能提高公民参与活动发生并且获得成功的可能性
呢？当然，公民参与活动的成功与否取决于所追求的目标。如果
我们想要有一个确定公民参与活动价值或效益的根据，那么我们
就必须阐明为什么要在这种活动中投入时间和金钱。因此，应对
公民参与挑战的第一个问题就是要考察我们为什么要这么做。

如同前面几章所提到的那样，让公民参与治理的原因可能有
许多种。其中的大部分原因可归为两类：一是规范性的原因，其 *172*
思想基础在于增进公民权和建立社区本身就很重要；二是工具性

---

[*] 本章的部分内容是在詹姆斯·斯瓦拉（James Svara）和珍妮特·V·登哈特 2010 年为创新联盟准备的一篇白皮
书《联结起来的社区》基础上编写而成的（http://transformgov.org/en/home）。创新联盟是进步政府与国际城镇管理
协会和亚利桑那州立大学合作建立的一个国际网络，旨在通过加快创新的发展和传播来改革地方政府并追求卓越。

的原因，其目的在于批准或实施某项政策或项目。或者说，如同卡特罗和罗林斯（Catlaw and Rawlings 2010）所表达的那样，公民参与可以被视为要采取的"正确"之举，它是民主观念的组成部分，或者可以被看作旨在为获得高效合法政府所需的信息和参与而采取的"明智"之举。

从规范性视角来看，正如我们前面所看到的那样，之所以我们应该促进公民参与，其原因在于，根据民主理想以及我们培养社区认同感和责任感的愿望，它是要采取的"正确"之举。与其说参与是达到目的的手段，倒不如说它本身**就是**目的。它不仅关涉解决政策或政策执行问题，更关涉提供一种工具来帮助各个社区成员成为最高意义上的"公民"（Lucio 2009）。请记住，公民不仅关心自身的利益，他们还关心更大范围的社区，而且他们愿意为社区和邻里所发生的事情承担个人责任。因此，增进公民权利并不关涉合法地位或合法权利，而是关乎灌输这样一种思维方式和行为方式，其特点是接纳异议、协同合作并且对他人有责任感。如果说促进这些民主价值观是让公民参与的理由，那么成功与否的评估根据就会在于公民参与活动是否提高了对异议的接纳程度、增强了协同合作的力度和共同承担责任的意识。

从工具性和"明智"的视角来看，之所以我们应该努力增强公民参与，其原因在于仅靠政府解决不了公共问题。有效的治理越来越需要公民积极持续地参与到规划、政策制定、执行和服务供给之中。政府所面临问题的复杂性要求公民即便是做不到积极主动地合作，也要参与和支持。公民常常拥有官员设计合理方案所需的信息。而且，公民也期望有参与的机会，并且他们会抵制自己未曾帮助设计的计划实施。有时，只有公民才能找到解决问题的办法。因此，公民参与的工具性目标可能在于获得对某一政策的支持、消除某一冲突，或者是与公民共享信息以实现他们的合作。所谓"成功"，通常表现为政策或项目得以批准并实施，冲突得以消除，或者是公民与政府的创新动议合作。

在最佳的状态下，"正确之举"和"明智之举"彼此强化，以便促进问题的分担和有助于问题解决的意愿。倘若公民参与能获得来自决策相关者的广泛参与，那么它就会促进对相关问题的理解，就会将决策建立在公民偏好基础之上，并且会增强对公民参与原则的支持。最为重要的是，政府官员要花费时间和精力来确定某个特定时期或就某一系列特定活动所追求的目标。一旦这些目标明确了，我们就能有效地设计出实现这些目标的策略。

10.2　什么是公民参与？

公民参与途径可以涉及从某一端的单向信息传递到多元参与者之间共同对话的一个连续统一体（Lukensmeyer and Torres 2006）。在这个连续统一体的一端，与信息**交换**有关的公民参与途径集中关注的是"信息处理"，这种公民参与途径可能会涉及公民与政府官员之间一个方向的单向信息传递。正如卢肯斯迈耶和托里斯（Lukensmeyer and Torres 2006，7）对此所解释的那样，"单纯的通知和咨询是

'微弱的'，通常只是形式上的参与方法，它常常满足不了公众对参与的期望，更不能促进新知识的增长"。尽管信息交换能够使人学到很多东西，但是它未必可以为参与者提供互相倾听彼此想法的机会，而且它也没有为参与者提供在协商过程中讨论自己想法的机会。

在这个连续统一体的另一端才是真正的公民**参与**途径。一系列广泛的创新性参与途径可以促进公民与公共官员之间的协商，以便不同规模的群体可以在面对面的背景下和电子背景下培养与达成共识（Lukensmeyer and Torres 2006；Roberts 2004）。公共官员可以包括并吸纳公民参与决策过程并且可以在决策的各个阶段与他们合作，其中包括在决策的执行和评估阶段与公民合作。公民参与的最终层次便是授权。政府将最终的决策权或解决问题的责任交给公民。

加利福尼亚州的文图拉市在为其公民参与部确定的目标中就为地方政府官员对公民参与层次和类型做出类似的区分提供了一个例证。文图拉市致力于保障公民的知情权、咨询权、参与权和合作权。为了适应国际公民参与协会（IAP2）的方针，该市在每一种公民参与途径上努力遵守以下标准：

- **知情**：我们将为公众提供平衡客观的信息，以帮助他们理解问题、备选方案、机会和/或解决方案。
- **咨询**：我们将从社区中收集关于政策分析、备选方案和/或政策决策的反馈信息。 *174*
- **参与**：我们将在整个过程中直接与公众合作，以确保公众的关心和愿望能够始终如一地得到理解并受到关注。
- **合作**：我们将在决策的每一个方面都与公众建立合作伙伴关系，包括在备选方案的制定和优先解决方案的识别方面与公众合作。

国际公民参与协会在公民参与方面有一个第五条款，即"授权"，意指要将最终决策权交给公众并且要保证落实公民的最终决策。

10.3　备选的参与途径

就当代的实践而言，我们目前已经达到了所谓的"公民参与的时代"（Roberts 2008）。各级政府都在摆脱 20 世纪 60 年代和 70 年代由联邦政府规定的公民参与条件，以便能够接受各种途径、目标和政策领域。结果，"公民参与不再是假说：它是非常实在的，而且公共管理者对于公民参与的发展至关重要"（Roberts 2008，4）。在接下来的讨论中，我们将探讨增进公民参与的途径和手段，它们涉及从调查研究到社会网络、从合作规划到影院剧场。

利用公民调查

调查、公民专门小组、焦点群体都可以单独或者一起用于各种目的，包括从测量偏好和征求意见到让公民参与正在进行的对话。最初于 20 世纪 70 年代和 80 年代政府所使用的公民调查往往不具有代表性和系统性。自那时起，调查就已经变得越来越复杂了，尤其是当调查与其他工具结合使用时，调查本身可以被用作一种有效的公民参与方法。

独立调查——无论是书面的独立调查、通过电子手段的独立调查，还是基于电话投票的独立调查——最适用于征集信息、观点和意见。它们已经成功地用于收集诸如预算优先权、支持特定项目、服务评估乃至公民参与类型偏好等方面的信息（Glaser, Yeagar, and Parker 2006；Watson, Juster, and Johnson 1991）。调查的长处在于它们能产生定量信息。然而，这恰恰也是它的潜在弱点。如果调查设计得不好，那么所收集到的信息在具有客观性外表的同时很可能会产生误导或者是错误。当然，它的另一个缺点在于，一次性的调查或投票不可能解释清楚舆论有时可能会瞬息万变。

通过小组共享信息

有许多用来告知公众并且邀请他们投入信息的传统方法和新出现的方法。还有一种共享信息的方法可以为公民和官员提供彼此互动、相互倾听和共同探讨重要问题的机会。在这些途径中参加和参与的区别在于，参与者不仅仅是接受信息或传送他们自己的消息，他们还有机会相互学习。

为了把小组讨论或焦点群体讨论设计成一种信息的交换，我们通常需要构建具有下列步骤的互动：简要介绍所涉及问题的背景信息和事实情况，请听众提出问题并发表评论，也许还要从组织者或参与者那里得到对建议的回应。虽然这样的讨论可能会使参与者获得一些信息，但是通常的情况是，他们在讨论结束离会时对问题的看法跟来之前没有什么两样，甚至他们与持异议者之间的分歧可能会比以前更大。

彼得·布洛克（Peter Block 2008）力劝领导者们要用不同的方法处理问题，以提高"真实参与"的可能性。这就意味着要创造一种培育未来选择的环境，这种未来选择的建设基础不是问题，而是私人财产和社区财产——诸如慷慨、责任和相互承诺这样的财产（29—30）。领导者在启动和召集转换人们经验与视角的会话时必须要倾听和关注参与者所言。彼特·布洛克十分强调在小组背景下召集会话的重要性，他指出："每一次大群体集会都需要利用小组来建立联系和推进行动。"他说，小组是"转变的单位"，因为小组能创造一种紧密感："这种亲密感可以使整个过程私人化。它可以提供人们克服距离感和产生归属体验的结构"（96）。

利用互联网和社会媒体

信息和通信技术正在改变着人们之间相互关联的方式，改变着政府与公民的沟通方式，并且改变着政府雇员和办事人员个体地与有组织地开展工作的方式。这些新的能力通过诸如提供服务供给的新方法已经改变了政府和公民之间的交换关系，而且它们还在为公民参与开辟新的机会。正如加利福尼亚州圣何塞市的一个维基计划项目所表明的那样，社会媒体对于吸纳年轻公民参与公共事务尤其有用，它们包括由面对面沟通和新技术连接而成的新兴"电子邻里"。随着社交网络的发展，一些新的公民参与形式也在不断出现。政府官员与公民之间两方面互动和讨论的例证包括在博客和脸书（Facebook）粉丝网页上发帖评论。

以一种建设性方式讨论问题的在线论坛越来越常见——例如，在 LocalCracy. org 这个网站上，公民和地方政府都可以发帖提问题。另一个在线论坛"开放市政厅"（Open City Hall）是由旧金山海湾地区的一家叫作"民主巅峰"（Peak Democracy）的无党派公司运营的。"民主巅峰"帮助地方政府的方式包括：建立以公众关注的时事特写报道为特色的电子论坛，监控来稿以确保公民会话，以及为居民和当地政府提供各种版本的总结。在线论坛"开放市政厅"既可以为公民投身于公共事务提供信息和机会，也可以为当地居民了解他人的观点提供便捷的途径。这里与其说是要鼓励回应者简单地支持某一方，倒不如说是要鼓励回应者重视他人的观点。

这些例子表明了技术怎样才能用来创造一种新的"公共资源"（public commons，或译为"公地"）（Gibson 2006）。的确，"分配的民主"方法可以让公民去识别、组织、优先处理和解决紧迫的问题。在线的聚合地点可以被政府组织成为开发城市未来规划的一个社区论坛或开放过程，或者它也可能是诸如融合了公民网络和职员沟通的电子社区频道这样的共同努力。例如，像"英格兰哈林基在线"（Harringay Online）（Nabatchi and Mergel，2010）那样的网络就是由公民运营的，它可以连接居民、共享信息、讨论邻里问题和政府活动，并且可以通过促进合作来塑造社区。这些途径推进了公民参与的各个方面：产生信息，协商审议，提供服务和建立组织。

审议与对话

正如我们在前一章中所提到的那样，还有一些途径主要关注的是如何使得围绕着解决特定问题的对话和审议更加有效并且更具有建设性。之所以审议不同于其他途径，其原因在于它集中关注的是考察解决问题的办法。审议和对话所强调的不是信息交换或信息共享，而是为了下定某种行动决心的信息处理。正如国家对话与审议联盟（NCDD）所界定的那样，对话意味着要让人们就复杂的问题分享视角和经验（http://ncdd. org/rc/what-are-dd），所强调的是理解和学习。而审议则更加强调逻辑和做出合理决策的推论。通常，对话以及因对话而促进的信任、相互理解和关系可以为审议奠定基础。因此，尽管有些特定的方法可能会更加强调对话或审议，但是它们两者可以被视为是相互关联的。

177

在伯克利基于加利福尼亚州的数字故事中心，许多团体和个人都创作了语词—形象故事并且利用它们作为进一步开展社区讨论的基础。例如，加州大学圣克鲁兹分校的教育系和加利福尼亚州沃森威尔的地方非营利组织就利用数字故事来引发学生、家长、老师和大学院系之间就贫困和压迫阻碍改革的状况开展对话并且提出了一些新的改进想法。

虽然这些途径有相似的元素，但是有四种变化则是共有的：社区决策对话，便利并且有技术援助的论坛，为了解决某一问题而来到一起的公民，以及在诸如学习圈这种活动中的扩展互动，这样的活动往往使得参与者能够增强自己对他人视角观点和生活经历的认识。在这些途径中，公民陪审团或者全体陪审员是一种很受欢迎的方法。公民陪审团是一种模仿法庭陪审团制度的比较新的公民参与形式。官方第一次使用公民陪审团时，有 60 名陪审员，分成 5 个陪审团，参与考察农业对明尼苏达州水质的影响（Crosby, Kelly, and Shaefer 1986）。根据杰弗逊新民主过程中心这个非盈利性网站的描述：

> 在公民陪审团项目中，公民陪审团成员是从人口比例相当的公民代表中随机挑选出来的，他们为了仔细考察某一个具有重要公共价值的问题而常常要开 4～5 天会。公民陪审团通常由 18～24 人组成，他们充当着公众的缩影。陪审员会根据其投入的工作时间而获有工作津贴。他们要聆听各种各样的专家证言并且能够共同就相关问题审慎地进行审议。在他们主持的听证会的最后一天，公民陪审团的成员要向决策者和公众展示自己的建议。公民陪审团项目可以通过与公众的广泛沟通与交流得以改进，其中包括出现在动态网站上以及与重要媒体接触（www. jefferson-center. org/index. asp? Type ＝ B ＿ BASIC&SEC ＝ {2BD10C3C-90AF-438C-B04F-88682B6393BE}）。

178

服务供给与绩效测量

服务供给可以成为正在发生的公民参与的一个重要舞台。正如托马斯（2010）所论证的那样，公民可以在某一项服务的产生中与政府建立合作伙伴关系。此外，我们还可以通过鼓励志愿活动以及在解决共同关心的问题时促进与他人的互动——例如，基于公民的邻里改善活动——来推进服务供给中的公民参与。共同生产本身就是地方政府与公民之间的一种交易形式，按照这种交易形式，居民要对生产服务负有某种责任（Thomas 2010）。常见的一个例子就是把可循环材料和其他垃圾分开另装在一个分开的容器里以便回收。居民在做贡献，而且这种行为可以使人们逐渐认识到保护环境和更好利用资源的共同责任。因此，共同生产可以改进的与其说是"顾客"视角，倒不如说是"公民"视角。

公民还可以直接参与对服务供给的评估，并且可以在地方问题出现时直接参与关于这些问题的信息收集。例如，在北卡罗来纳州的达勒姆市，公民用相机和手提电脑来评价当地的服务并且记录了诸如交通隐患、街头涂鸦和其他问题这样的社区状况。凤凰城也鼓励公民用手机相机记录城市衰退的痕迹，以便该市可以处理这些问题。

卡拉汉（Callahan 2010）和伍勒姆（Woolum 2010）提出了几种使公民有机会与他人以及与官员就服务评估进行审议的办法。当公民参与绩效目标和绩效指标确立时，政府的绩效测量就变得更有价值了。这样一来，绩效测量过程所测量的就是对公众真正重要的东西。鉴于公民和管理者发现不同种类的测量标准都有用，所以，重要的是要在二者之间找到正确的平衡点。例如，在艾奥瓦公民创办的绩效评估（CIPA）项目（参见第 11 章）所采用的核心标准如下："这些测量标准对于公民评估服务绩效有帮助吗？普通公民能够看懂这种测量标准吗？"

利用艺术

公民参与的挑战之一就是要吸引那些不常参加地方政府活动的人们。利用艺术的参与途径意味着要让整个人都全身心地参与进来，并且要邀请公民利用他们自己的亲身经历和创造力来表达用其他方式难以沟通的思想与想法。有许多各种各样的工具都可以用来创造这样的机会，其中包括艺术、舞蹈、戏剧和讲故事。通过艺术来探讨公民参与，就意味着要变得有创造性：

> 如果公民获有本身就很有趣且令人满意的参与办法，获有可以将学习与行动相结合的参与办法，获有不仅可以使自己参与其中而且可以发挥自己创造力的参与办法，那么他们就可以被争取过来并积极参与。在各种形式的公民参与中，突破参与障碍的最有效途径就是要使整个人全身心地参与。这时，利用艺术的方法和技巧最有用，在这种情况下，人们可以将其情感、理智、希望和才华全部用于推进公益事业。

有些参与途径需要人们对政府术语、政府结构和政府过程有预先的了解，这常常可能会使人们望而却步，而艺术则可以使人们参与进来，这正是利用艺术的一个优点。

邻里组织和业主协会

在美国的许多城镇中都出现了作为公民参与工具和自治工具的邻里组织、公民委员会和业主协会（HOAs）（Leighninger 2008）。麦克比（MaCabe 2010）指出，不同的组织扮演着不同的角色，而且它们与地方政府互动的方式及范围要么可能为公民参与和社区建设创造机会，要么则可能会对公民参与和社区建设制造障碍。社区和邻里之间的区别对于公民参与可能是一把双刃剑。社区以广泛的"联系网络"为基础，而邻里则常常以地域为界（Chaskin 2001，2003）。这种区别可能会导致邻里和更广泛社区之间的竞争性利益与价值。

尽管邻里和基于邻里的组织（NBOs）对于促进公民参与可以发挥重要作用（Leroux 2007），但是它们也能够产生将居民与更广泛社区隔离开来的"公民茧"（civic cocoons）（Benest 1999）。这些张力的平衡程度在某种程度上取决于组织及其目的的类型。虽然邻里组织、公民委员会和业主协会都可以成为公民参与的有效工具，但是政府必须积极地同这些组织合作协调以保持社区和邻里在目标与利益上的平衡。

为了评估社区对诸如铅中毒和哮喘病这种威胁及其预防措施的知晓情况，得克萨斯州南部的一个社区利用"受压迫者剧场"方法对其一个居民小组进行了培训。然后，这个戏班子创作了一些可以准确描述基层环境事实和成功模拟基层情况反馈的戏剧情节。最后，这个团体创作了一个成品节目在社区巡回演出，进而引起了进一步的参与。

参与式摄影项目也能够成为一种利用创造力和艺术使公民参与的创新性廉价方法。在门多西诺的"人民肖像项目"中，加利福尼亚州北部农村地区从学步小孩到年长公民都被提供了点拍—连拍相机来"抓拍社区生活的形象：人民，地点，问题，有前途的迹象"。还有一种参与式方法是创作一幅在社区中心和图书馆展示的合成肖像。

创造参与性组织或协作性组织

正如我们在前一章中所提到的那样，卡特罗和罗林斯（Catlaw and Rawlings 2010，124）指出，"对工作场所参与或影响的研究结论是'参与孕育参与'"。当雇员有机会为工作场所的活动做出积极贡献的时候，他们更有可能会参与工作之外的政治活动和社区活动。如果他们能够决定自己的工作进程并且能够影响用来实现目标的方法，那么他们就更有可能会就政府所为及其行为方式接受与其他公民的互动。组织可以培养有助于公民参与的素质和技巧并且能够形塑对决策过程开放性的态度。职员可以改进自己的沟通技能、批判性思维技能和小组管理技能，而这些技能都可以在与他人的互动中得到模仿和提升。如果公共雇员在自己的工作有小组解决问题的经验、有基于共识的决策经验并且有享用工作自主权的经验，那么他们就可能会更善于接受有公民参与的决策。

181　　在亚利桑那州巴克耶镇被称为维拉多的业主协会，有大约 3 万居民，它通过其结构设计（以前门廊和遮阴平台为特征）来促进公民互动，它有自己的城镇经理和社区参与经理，并且出版有月报通讯。然而，尽管业主协会经理使自己参与到这个更大的社区中，但是维拉多的有些居民却试图名义上脱离巴克耶传统的贫困城市，进而表明有些居民感到的不是与其城市的联系而是与其业主协会社区的联系。

有趣的是，有许多被认为有助于招募与挽留"下一代"地方政府专业人员的组织价值观和组织程序的改变都与公民参与的强化有关（Benest 2007；Svara 2010）。年轻专业人员的服务导向和跨部门视角使他们易于接受促进公民参与的方法。这些职员与公民和社区组织间更多的互动机会很可能会使得地方政府工作对他们更有吸引力。这些人正在寻找机会参与组织管理并且有机会进入社区合作伙伴关系和社区网络。他们还善于并且易于接受利用新技术进入社会网络。

10.4　选择何时以及怎样运用公民参与工具

在此，我们已经讨论了各种公民参与的备选途径。总体来说，我们业已发现的是，所有这些途径和其他途径要么可能非常有效，要么可能基本上无效。从公民的角度和确保公民不断参与的立场来看，看起来最重要的不是所使用的策略，而是政府在公民表达自己的偏好时所做出的回应。对公民来说，有两个问题是最重要的：政府是否听取意见并且根据所听到的意见而采取了相应的行动？政府的回应值得公民所耗费的时间和精力吗？

有一个基本点就是，公民参与必须是实实在在的参与，而不仅仅是信息的交换。对参与的基本检验标准在于公民是否有机会与其他公民和官员讨论他们的想法和努力以便彼此之间更好地相互理解。有一个城市的特别工作小组最近在多个地方开会，宣称为公民参与讨论涉及居民与警察之间发生摩擦的敏感话题提供机会，却根本没有机会进行小组谈话或提出更大问题。出席会议的城市代表和公民很可能都会沮丧地离开，他们都可能会感到这个城市或这里的居民并不关注建设性的行动。 *182*

还有一条指导原则就是，参与活动应该以公民为中心（Gibson 2006）。政府应当超越传统的方法和聚会地点，应当处理人们认为重要的问题并且应当在便于公民参与的地方与他们见面。如果公民参与的目标只是为了增加某次在市政厅举行的综合规划方案修订听证会的到场人数，那么其结果就不可能是成功地吸引参与者或特别富有成效。另一方面，在佐治亚州迪凯特市的多个地方就当地的重要问题举行的一系列圆桌讨论会，其成功的宣传就吸引了 700 多名公民。

政府应该合并另一些其中的人们已经在互动的地方和组织。政府官员应该再找一些人来召集所有的活动，而不应该是自己亲自组织所有这些活动。例如，要让居民更多地参与其邻里的改进活动，就必须从居民在由他们熟悉的某个人或者团体召集的会议上表示关心的问题开始。于是，会议可以采用鼓励参与者从更宽广的视角看待问题并且相互学习以及向官员学习如何处理问题的种种方式进行组织。

是否承担或争取扶助一个大型协商决策项目并且让公民在一项重大政策选择时发挥重要作用，这是一个重要的选择。首要的因素就在于问题结构化或非结构化的程度。一个结构化的问题通常有可获得的信息并且其备选方案和预期后果往往是已知的。在这些情况下，不仅公众参与决策过程的必要性可能比较小，而且公民参与的程度也可能比较肤浅，并且对于帮助公民相互学习和形成公民对社区的依附感也没有什么效力。

然而，如果问题是非结构化的，那么信息就匮乏，就存在冲突或争议，而且/

或者公民的认可对于合法性和有效的行动就是必需的，在更通常的情况下，公民参与的努力就是适当的、必要的和有效的（参见 Thomas 1995，2010；Walters, Aydelotte, and Miller 2000）。正如罗伯茨（Roberts）（2008）所指出的那样，"糟糕的"问题或棘手的问题需要权衡和价值选择，而且，成功处理这些问题的唯一办法就是通过增加而不是减少参与以及增加协商的机会。

183　　这个问题的复杂性可能与另一个因素——时间限制——有关。如果一个问题乃至一个复杂的问题必须在很短的时间内决定，那么它就不太适合于广泛的公众参与过程。然而，我们可能很容易高估一个问题的时限程度。公共政策决策的时间限制通常要比最初假设的更加灵活。如果公众认为一个决策做得过于仓促，那么他们就会持反对意见（Thomas 1995）。而且，"虽然公民参与要耗费时间，但是有意义的对话和协商也要抽得出时间"（Roberts 2008，494）。此外，决策和执行的时间限制可能是负相关的——决策过程通过限制参与而节省的时间反倒可能会使得执行缓慢下来。

　　也许，我们需要考虑的最重要的因素是决策者是否愿意倾听并且重视公民参与决策的结果。瑞典地方当局和区域联盟（Swedish Association of Local Authorities and Regions 2010）编制的公民参与指南指出，"公民对话必须有意义……人们必须知道有人在倾听他们的声音，而且他们还必须就他们的观点受到重视的程度而得到反馈意见"。为了确保这一点，在开始一项公民参与行动之前，当地的政治家和公共官员必须承诺并且"诚实地专注于"利用社区表达的信息和偏好。于是，还有一点也很重要，那就是要明确参与者在决策过程中所扮演的角色。而且，决定谁参与以及如何管理整个过程，这本身就应该是一个开放的过程。

　　在参与过程中所产生的意见和官员们所做出的决策之间的关系非常复杂。公民参与不是代议制政府的替代方案。公民的授权不是控制权争夺赛的最高层级，而是公民能够参与的备选方法之一，虽然这种备选方法在有些情况下会适用，但是它在另一些情况则可能并不适用。如果出现了积极的公民参与，那么管辖权就不必分成官员阵营和公民阵营。当客观存在的是不断进行的互动而不是公民审查和建议的孤立事例时，官员的观点就会通过与公民的对话而受到影响，反之亦然。

10.5　结论

　　在本章中，我们结合公民参与的一些新途径具体讨论了可以实施新公共服务的实用方法。我们可以将其总结如下：

　　● 与新公共服务相一致，公民参与是实现有效民主治理的"明智之举"和"正确之举"。

184　　● 创造一个参与且有联系的社区可能既要涉及包括通知、收集信息、吸引投入

和咨询商议在内的公民"交换"活动，还要涉及包括鼓励公民与官员之间开展合作、围绕关键问题创造对话、建立关系以及授权公民为自己社区决策并且对自己社区负责在内的公民"参与"活动。

● 公民参与既涉及服务供给，又涉及政策和优先项目的决定。

● 有广泛的策略和途径可以用来产生信息和共享信息、就问题和政策开展协商、提供服务以及培养社区意识。这些途径可以相互结合起来有效地使用。

● 要提高成功的可能性，重要的是要使所运用的方法与预期目标相匹配，要明确公民将会扮演的角色及其潜在影响，要倾听公民的意见并且要坦诚地解释他们的观点业已受到重视的程度。

● 公民参与必须同等程度地"属于"公民和政府。政府或政府的代理机构有特殊的职责和机会历史性地看待这个过程，有特殊的职责和机会建立对更广大社区的依附感，有特殊的职责和机会努力通过自身行动或其他行动者的行动来消除政府与公民之间的隔阂。政府还必须接受并且支持公民的创新举措。

以下是一套具体而实用的初步建议：

● 公民和官员应该就公民参与开展对话，以便鉴别公民愿意参与塑造社区生活的程度和政府或政府代理机构有助于满足公民愿望的程度。

● 公共机构应该坦诚地评估自己正在试图通过公民参与所取得的成绩并且应该坦诚地考虑它们是否愿意并且是否能够听取意见以及根据所听到的意见采取相应的行动。

● 政府和公共机构应该考察它们为了通过交换活动和参与活动推进公民参与的所作所为以及这些活动被扩大和重新受关注的程度。

——交换怎样才能被扩大得可以创造更加广泛的公共意识和透明度并且可以扩大公民的投入？

——是否有机会使公民参与一场关于目前还是以单向交换的方式加以处理的问题的对话？

——地方政府应该开展什么新活动来推进公民参与和社区建设的目标？　*185*

● 政府应该通过以下方式扩大参与能力：

——支持培养和增强公民行动能力的各种努力；

——提高政府工作人员的技能；以及

——在政府工作人员的内部工作中鼓励他们之间的参与和共同承担责任，以便培育一种积极向上的工作氛围和开发公民参与的技能。

● 公共机构应该考察在各种公民参与活动中把参与者相互联系的方法，应该把各种分离的参与活动联系起来，并且应该将新的探索建立在以前的探索基础之上。

● 公共官员应该努力增强参与活动主体的多样性，应该拓宽具有不同背景、不同年龄、不同社会地位和其他不同特征的人们参与的范围。

● 政府及其社区合作伙伴应该通过利用公民参与的途径来努力扩大他们所处理的问题范围，例如，通过超越社区目标设定来考察减轻持续社会问题和经济问题的方法。

● 公共官员应该为衡量各种参与途径的后果、衡量参与者的人数和范围、衡量参与的质量、衡量公众态度的变化以及衡量人们集会解决重要社区问题的范围开发测量标准。

第 11 章

新公共服务个案与实例

在本章中，我们提供了许多关于美国以及世界各地的民主政府正在如何将新公共服务和公民参与的原则付诸实践的实例，当然，这些实例仅仅是冰山一角。我们并未宣称我们的努力激发了这些创新举措，我们也没有宣称这些项目的策划者甚至必然会使用"新公共服务"这个术语。其实，正是本章所集中关注的这几种活动和实践激发我们撰写了本书，而不是我们撰写的本书激发了这几种活动和实践。换言之，在此所表述的这些个案研究和实例旨在就这几种实践活动提供一些我们会将其包含在"新公共服务"名下的观念。我们希望这些实例反过来也能够激发其他的人们小心谨慎且富有创造性地去思考他们可以采取什么行动来重申民主价值、公民权以及为公共利益服务。

我们应该注意的是，在为了推进公民参与和重振公共服务中的民主价值所做的众多努力中，这些实例仅仅是冰山一角。正如罗伯茨所评论的那样，"直接的公民参与已不再是假设。它已经很现实，而且公共行政人员对此的发展至关重要"（2004，316）。事实上，从许多方面来看，在公民参与领域中"都是理论在引导着实践"（Bingham，Nabatchi，and O'Leary 2005，554）。有各种关于公民参与和参与实践的有用材料都是可以获得的。有许多资料来源都可以提供关于公民参与的信息、个案研究和实例，例如，公民实践网络（www. cpn. org/）、CIVICUS 世界公民参与联盟（www. civicus. org）以及罗格斯大学出版的《公民参与杂志》（http://publicservice. newark. rutgers. edu/home/civic-engagement. html）。在美国政府门户上只要一搜索"公民参与"这个关键词，就可以产生 100 多万条搜索结果。就文献而言，在这些作品中，我们可以发现许多关于公民参与治理过程的洞见，其中包括克赖顿（Creighton 2005），菲什金与拉斯利特（Fishkin and Laslett 2003），汉布尔顿（Hambleton 2004），雅各布斯、库克与卡皮尼（Jacobs, Cook, and Carpini 2009），卢肯斯迈耶与托里斯（Lukensmeyer and Torres 2006）和罗伯茨（Roberts 2008）的著作以及特里·库伯和他在南加州大学公民参与创新团队的同事们组织的《公共行政评论》（PAR）2005 年专辑（Berry 2005；Bingham, Nabatchi, and O'Leary 2005；Boyte 2005；Cooper 2005；Kathi and Cooper 2005；Portney 2005）。

11.1 聆听城市之音——纽约的重建

继纽约世界贸易中心"9·11"恐怖袭击后开展的公民参与活动是最著名且最惨痛的公民参与活动实例之一。为了吸纳公民和利益集团参与讨论世贸中心遗址的结局，纽约市采用了许多策略——其中包括咨询委员会、公共会议和邮发信件（www.renewnyc.com）。然而，其中最具创新性的策略是一个叫作"聆听城市之音"的项目。2002 年 7 月 20 日，来自各种社会背景的 4 300 多人集聚在雅各布·贾维茨会议中心围绕着应该怎样处理世贸中心遗址问题展开了一场对话。这算得上是有史以来规模最大的城市规划公民论坛。两天后还召开了一次规模更小只有 800 人参加的类似会议，紧接着又开展了一次有 800 多人参与并且大约有 10 000 多条信息交换的在线对话。据报道，整个过程和结果都非同凡响，究其原因，至少在一定程度上人们认为其简单的理由在于："每个人都有机会发言，而且，每个人都有机会聆听他人的意见"（Civic Alliance 2002，1）。

不仅公民之间能够相互聆听并且可以互相学习，而且纽约市也可以听取并且明确地关注公民的意见和建议。在论坛的第一天，曼哈顿下城发展公司（LMDC）的员工罗兰·贝茨（Roland Betts）再三向该团体保证，"大家似乎担心这里并不是开会的地方。我跟你们说，就是这里"（3）。按照曼哈顿下城发展公司董事长约翰·怀特黑德（John Whitehead）的说法，会议的结果"棒极了"。参加 7 月 20 日论坛会的所有与会者都表示，他们感到非常满意，或者说非常满意对话的质量（2-3）。

2001 年"9·11"事件发生后不久，为了制定开发曼哈顿下城的策略，成立了"重建纽约中心城区的公民联盟"，该联盟由商界、社区、大学、劳工和公民团体组成。该团体由区域规划协会协同纽约大学/瓦格纳这所新学院大学及普拉特社区和环境发展研究中心联合召集（4）。该联盟于 2 月 7 日举办首次论坛，有 600 人参加，旨在讨论获得有关纪念碑的基础设施投入问题。然后，在 7 月又举办了一次更大规模的调节论坛，旨在了解公民对纽约和新西泽港务局及曼哈顿下城发展公司根据前期投入拟定的六个初步备选方案的反馈意见。

"七月论坛"采用的是"21 世纪城市会议美国之声"（AmericaSpeaks 21st Century Town Meeting）模式（关于更多的信息，可参见 americaspeaks. org/service/

town_meetings/index. htm)。论坛现场的组织小组与各个邻里组织和社区组织建立了友好关系并且在现场招募和活动宣传方面得到了它们的帮助。这些现场组织者跟踪掌握了未被充分代表的团体和地域并且有针对性地散发广告和进行街头宣传，以便使得出席该论坛的人更具有代表性（Lukensmeyer and Brigham，2002，357）。

参与者的多样性被认作该活动得以如常进行的主要原因之一（Civic Alliance 2002，3）。在年龄、种族背景、地域和经济背景上客观存在的差异导致某一个团体的成员通常可能会从未见过面。"受害者的亲属、中心城区的居民、'9·11'事件的幸存者、应急工作人员、企业领导者、失业者和未充分就业者、相关的公民和社区倡导者……大家并排就座并且提出了各种各样的观点"（2）。为了方便众多背景各异的参与者团体进行对话，主办方不仅提供有其他语种和布莱叶盲文的讨论材料，而且还提供有熟悉中文和西班牙文的口语与符号翻译。此外，活动现场还可以找到灾难顾问。大多数参与者表示，他们参加该论坛的动机是出于公民的责任感以及期望确保重建过程能够得到许多不同声音的引导。

该论坛的参与者被分为 10～12 人每组的讨论小组。通过将面对面对话与科技手段相结合的方法，参与者的想法不仅可以为某一特定小组的成员所听取，还能够在整个论坛中为人们所分享。每个小组都配有一位训练有素的协助员，他们负责将参与者的想法记录在笔记本电脑上。一个由"21 世纪城市会议美国之声"志愿者组成的团体担任"主题小组"，他们负责阅读和总结评论，负责提炼关键的概念和观点，然后再负责将这些概念和观点即时反馈给所有的论坛参与者。这个"主题小组"准备了一套从与会者对话中出现的优先考虑事项和问题，这些优先考虑事项和问题要发布在房间的大屏幕上，要让小组参与者有机会看到其他小组的观点并且可以获得对自己观点的反馈信息。然后，参与者可以利用无线键盘对各种问题进行投票，这些投票的结果立刻就可以显示出来。 *189*

科技手段为确保广泛的参与和反馈提供了一种创新有效的方式。然而，对于论坛的成功而言，也许更为重要的是规划者对于公民想法的回应。参与者极力主张决策者不只是要建立一个纪念碑，而且还要以一种可以广泛关注公民和企业需求的方式使该邻里恢复元气。尤为重要的是，要关注低收入群体和移民的需求。许多人都强调不仅需要建立各种各样的商业基地，而且还需要建造老百姓买得起的住房。他们不仅希望重建楼宇，还希望通过致力于经济发展、创造就业机会、开展文化建设、发展交通运输、娱乐活动和其他文娱设施来重拾活力和重建社区。他们说，纪念碑不应该只是一种事后的追思，而应该成为激励人心的动力——正如一位参与者所言，"它应该成为一个涅槃重生的地方"（Civic Alliance 2002，9）。另一位参与者说，"我希望这里将会用来促进和平和理解，并且可以教育全世界人民防止未来再发生这样的灾难"。

参与者对这六个备选方案的回应是这些计划还有不足。事实上，"许多参与者都批评这些计划平淡无奇，认为它们缺乏反映这一历史瞬间之重要性所必需的愿景"（11），他们强烈要求规划者"从头再来"（12）。

　　因此，规划者们真的那样做了——他们从头再来。那次会议之后，纽约州长"反复强调，要按照公民的指示重新绘制场地选址设计的备选方案，要开发混合用途的计划，要降低场地的密集度，并且要找到解决商业空间问题的新办法"（Lukensmeyer and Brigham 2002，356）。不久以后，曼哈顿下城发展公司宣布它已向六个新的设计团队公开了这个规划程序，并且承诺要资助一些交通运输创新举措，要拓展整个曼哈顿下城的商业开发，并且要考虑在场地计划中为设立更多的酒店和零售点留有空间。简言之，"'公民'的声音得到了听取，并且他们的建议也受到了重视"（361）。

　　在决策者努力开发和实施曼哈顿下城的再开发计划时，公民所关注和优先考虑的事项已经继续在引导着决策者。除了开发遗址本身的新计划之外，曼哈顿下城发展公司还致力于通过许多遗址外的复兴计划来"解决一系列的计划问题、设计问题和发展问题，其中包括：创造可用的开放空间、开发住宅用途、发展和丰富零售、休闲和文化用途、改善公园和公共领域环境、完善交通运输条件"（www. renewnyc. com）。例如，2006 年 3 月，乔治·E·帕塔基（George E. Pataki）州长和迈克尔·布隆伯格（Michael Bloomberg）市长宣布：曼哈顿下城发展公司为了提升该地区的文化品位将给曼哈顿下城的艺术组织奖励 2 740 万美元（www. renewnyc. com）。

190

11.2　艾奥瓦州公民发起的绩效评估

　　绩效测量是我们可以发现多种公民参与实例的另一治理领域。让公民参与绩效测量系统的设计，不仅可以增强公民所获信息的实用性和相关性，而且还能够增强测量标准的政治重要性和可接受性（Bacova and Maney 2004）。例如，1991 年，在艾尔弗雷德·P·斯隆基金会（Alfred P. Sloan Foundation）的支持下，艾奥瓦州的九个城市开始着手一项为期三年的项目——"公民发起的绩效评估"（CIPA），该项目使公民参与了一系列绩效测量的设计与实施。"公民发起的绩效评估"项目的目标包括：（1）帮助各个城市建立一套使公民参与开发实用可信的绩效测量标准的可持续流程；（2）在公民和政府行政官员之间就地方政府的角色、责任和问责问题创建一个对话平台；（3）帮助各个城市将绩效测量整合进决策、预算和管理流程之中（Ho and Coates 2002a，8）。设计"公民发起的绩效评估"项目的目的在于从一个公民的视角看待绩效测量，在于增进公民与公务员之间的合作，以及在于强调以一种便捷有用的方式向公民公开传播信息。

　　被挑选来参与此项目的九个城市在人口规模上有所差异，其中最大的得梅因市（Des Moines）拥有 20 万人，最小的卡罗尔市（Carroll）则只有 10 万人。这些参与的城市代表着全州的大都市区和郊区、工业地区和农村地区。"公民发起的绩效评估"项目被分为三个阶段。第一阶段，每个城市都要一个所谓的"公民绩效小组"或曰"PT"。尽管每个城市的"公民绩效小组"在构成上都有所不同，但是每个小组的大多数成员都是公民和公民团体代表，其余的小组成员便是混杂着的各类官员与工作人员。例如，得梅因市的"公民绩效小组"成员就包括来自得梅因邻里的代表、一个代表着 50 个邻里团体的庞大组织、一个城市经理的员工代表以及一个理事会成员（Ho and Coates 2002b，Case Study，1）。其他城市则利用报纸、有线电视和业务通信来招募有兴趣的公民或者是从现存的公民团体或委员会中吸收成员。对于这些新成立的"公民绩效小组"来说，其首要任务之一就是识别出未被代表的重要团体或邻里，不仅要识别出要求知晓该小组活动的团体，而且要按照需要招募新成员。评估人员报道称，尽管人们最初担心城市代表最终会操纵这些公民绩效小组，但是结果事实上并非那样。政府官员和工作人员都故意表现得"很尊敬公民……他们为公民答疑解惑"（7）。

一旦这些"公民绩效小组"被最终确定，公民成员就有机会了解城市各部门及其运作情况，就可以考察关于城市特征和人口统计数据的信息，并且可以获得关于绩效测量目的和实践的信息。然后，每个小组确定一项或两项他们可以为其开发绩效测量标准的公共服务。由于公民优先考虑和关注的事项具有地区差异，所以不同的"公民绩效小组"会选择去关注不同的项目和服务。例如，来自得梅因市的小组就选择从邻里层面看待社区发展，来自克里夫市的小组选择了警务和急救服务，而来自卡罗尔市的小组选定的却是该市的娱乐中心。其他城市则选择了诸如街道服务、公共建设工程、图书馆服务以及积雪铲除这样的领域。

于是，每一个项目小组都为自己选定的服务领域开发了一份"关键要素"清单。例如，为紧急医疗服务选定的关键要素包括：反应时间、训练的恰当性以及工作人员的素质和职业操守。而康乐中心的关键要素则包括实用性和便捷性、日间护理、营业时间、设施维护和教员的质量。在许多情况下，所选定的关键要素虽然与文献中所识别的关键要素具有相似性，但是它们至少在两个重要的方面有所不同。

第一，在一个常常为其他绩效测量系统所忽略的领域中，公民十分关注该城市需要将绩效和结果的信息更好地传递给公民，并且他们希望对城市各个部门这样做的情况进行测量。例如，在治安和消防领域，公民希望了解他们报案后所发生的情况，而且他们想要获得相关部门对他们所报案件开展调查的进展报告（Ho and Coates 2002b，Case Study，5）。第二，虽然公民很关心项目的效益，但是他们还十分关心公务员个体在与公民的互动中所表现出的"职业操守、行为礼貌和一视同仁"的程度（5）。换言之，公民希望能够有更为开放的沟通方式并且希望能够就该城市正在发生的事情获得实用便捷的信息，而且，他们还希望能够确保城市雇员可以尊重公民、专业且平等地对待公民。

这些小组于是根据他们所确定的关键要素开发了绩效测量标准。这些小组的成员得到了专业帮助以便进行这些讨论。他们利用了一个由"公民发起的绩效评估"项目工作人员开发的工作记录单，他们发现这个工作记录单作为该小组评估他们自己拟定测量标准的手段非常有用（Ho and Coates 2002b，Case Study，Appendix，2）。

这些工作记录单要求小组成员们要思考这些拟定的测量手段，比如说是否在支出和时间方面可被理解、可以测量、具有合理性以及它们对于公民是否有用。

191

192

　　而且，虽然许多案例中的测量标准与专业出版物中所识别的测量标准具有相似性，但是该项目的评估人员强调的是该流程所导致的一些重要研究发现，这些重要的研究发现表明了公民对绩效测量系统的独特贡献。一般来说，尽管公民很关心后果，但是他们并非仅仅只集中关注后果。他们还关心诸如城市雇员是否有礼貌这样的过程问题以及诸如警官和医务人员接受培训这样的投入测量标准问题。公平问题也要比人们可能已经期望的更为重要。例如，公民十分关注低收入者、残疾人士以及各个年龄层的公民是否都可以获得图书馆和娱乐服务。令人惊讶的是（至少对于老公共行政和新公共管理的倡导者而言），公民对效率问题并不是很感兴趣。较之对支出的测量，他们则更加关注服务的过程、后果和公平。其实，公民还希望了解可以在街道和邻里层面获得的绩效测量信息，因为真正的服务实际上是那些地方提供的。公民强调要利用公民调查和用户调查来评估公共项目（Ho and Coates 2002b，Case Study，6）。总的来说，"所有这九个城市的公民都感觉很有必要让公民了解政府的所作所为，了解政府行为的有效性程度以及了解政府在公民表达了自己的意见和抱怨后采取了什么样的后续行动"（7）。

　　在该项目的第二阶段，"公民绩效小组"帮助设计了一个数据收集系统，在有些情况下，它们还通过调查和其他手段亲自帮助收集数据。然后，这些小组继续与市参议会和市政员工合作将绩效数据整合进预算与政策制定过程之中。

193　　这个过程并非一帆风顺。参与的城市发现，随着时间的推移，公民参与难以持续。各个城市也报告说，"公民绩效小组"的工作要想获得媒体的充分报道，这也是一个挑战。尽管如此，"公民发起的绩效评估"项目的经验"在所有这些城市中都起到了积极的作用"（Ho and Coates 2002b，Case Study，8）。在《"公民发起的绩效评估"项目的最终报告》（*Final Report on the CIPA Project* 2005）中，评估人员谈到了从这次经历中"获益"良多，其中包括以下评论：

●　公民很容易理解绩效测量和不同类型的测量标准（例如，投入、产出和后果）。

●　公民与获选城市和任命官员共同参与的过程十分可行并且能够导致良好的工作关系以及对优质服务供给构成要素的理解。

●　"公民发起的绩效评估"过程正在全国范围内被认可为有助于在城市政府中建立更好的公共问责和民主治理的一种重要推动力（*Final Report* 2005，8-9）。

11.3　国家公园管理局的公民参与创新

　　如果你访问国家公园管理局（NPS）网站中关于"公民参与"的网址（www. nps. gov/civic/index. html），你会看到下列陈述：

公民参与创新是国家公园管理局的一次自我挑战，旨在找到一些新的方法来重拾其保护和诠释我们国家自然遗产与文化遗产的使命。正是同那些对公园投入最多的人们形成有意义的合作伙伴关系才能够确保国家公园管理局的资源与项目具有长期的相关性。

　　让公众参与绝不是国家公园管理局的一项新活动。然而，公民参与创新却将那个指令上升到了一个承诺的新层次，进而正式地将公民参与确立为我们公园开发计划和项目的必要基础与基本框架。

公民参与创新源于 2001 年国家公园管理局咨询委员会的一份报告，该报告极力主张要通过重新思考将国家公园的目的与角色"不能仅仅视为个人旅行的娱乐目的地，而应该将其视为丰富个人知识素养和文化素养之旅的出发点"（除非另有特殊说明，本节所引用的所有材料均选自以下网址：www. nps. gov/civic/about/in-dex. html）。国家公园管理局局长第 75A 号令就将这样做的承诺正式表述为："将公民参与奉为制定计划和开发项目的必要基础与基本框架。"其目标就是要超越公共参与的最低要求，进而将可以使"公共服务和公共信任更广泛地牢记在心"的公民参与哲学制度化。该指令还简明而有力地表明：倘若这样的话，国家公园管理局"就必须首先要主动地欢迎公众并且要倾听他们要说的话"。"公众"在广泛的意义上应该包括任何对国家公园管理局项目有兴趣的个人或组织、接受国家公园管理局项目服务的个人或组织，或者是在国家公园管理局项目中服务的个人或组织。为了响应这项创新而实施的活动和项目数量一直都相当可观。尽管我们在此只着重叙述一小部分活动内容，但是更多的活动总结可以见诸国家公园管理局网站（www. nps. gov/civic/about/index. html）。

例如，第二次世界大战期间，美国在"战争重新安置中心"设立了 10 个拘留营拘留日裔美国人，如今，"加利福尼亚州国家公园管理局曼扎那国家历史遗迹"所在地就位于其中的一个拘留营中。该遗迹描绘历史的方式不仅重要而且颇具争议性：有人认为，所讲述的关于拘留的故事应该让社会游客了解一种对公民权利的重要否定；也有人指责国家公园管理局屈服于"日裔美国人的宣传机器"而未能告知"战争重新安置中心"的真相。由于大部分拘留营已经荡然无存，日裔美国人社区强烈要求国家公园管理局对拘留营的部分区域进行重建，以便从公民权利方面提醒游客记住这一重要的历史遗迹，而不是让它只是作为一个"山中的夏令营"。重建之所以通常遭到国家公园管理局的阻止，其原因在于它不是真的并且在通常情况下不能与历史完全相符。如果达不到严格的标准，其中包括不能满足没有任何其他备选方案并且有足够信息允许进行一次精确重建的要求，那么人们通常就会更倾向于遗迹的保存、复原和修复。

　　然而，当日裔美国人社区和其他人明确地想要重建的时候，国家公园管理局听取了他们的意见。基于公民倡导团体的努力、公众的评论以及日裔美国人社区的积极参与，拘留营的重建工作正在进行之中，进而可以确保人们未来可以听到这个关于日裔美国人被拘留的重要故事。

　　在一种很不相同的项目中，国家公园管理局参与了在马什·比灵·洛克菲勒国

194

家历史公园的一个被称为"森林课堂"的教育项目。该项目要培训教师向他们的学生教授关于"场所"这个概念并因而"更加渴望了解和管理他们自己的社区与公共地"。在谢尔本农场、资源保护研究所、青山国家森林和国家野生动物联盟东北办事处的帮助下，国家公园管理局的历史公园为教师开发了一个开发一门跨学科课程的项目，这门课程"把对生态环境的亲身探索、场所意识、管理职责和公民学整合在一起"。这个项目的关键要素一直都是要通过教授和模拟如何促进围绕争议性问题开展对话来增强公民技能。该项目开始两年后的一项评估发现了许多强项，其中包括"提供各种各样平衡的视角"以及"通过服务—学习使学生参与管理活动"。

在一个更具有城市化的背景下，基于公民参与和对话，国家公园管理局推翻了一个关于在费城的独立大道上挖掘詹姆斯·戴克斯特家现存地下遗址的决策。詹姆斯·戴克斯特是创建了美国首批黑人教堂之一的一位核心人物。他的家原本是要用于建造圣托马斯非洲黑人新教圣公会。起初，国家公园管理局已决定允许在房屋周围的地面上建造一处公交停靠站，因为这样建设不会扰乱这处地下遗址的考古资源。但是，该社区居民并不这样认为。经过同教会代表以及其他的利益团体和相关组织进行的一系列社区会议之后，大家表示强烈支持挖掘这处遗址。最终，国家公园管理局决定推翻之前的决策，进而由此增强了社区间的关系，尤其是增强了非裔美国人社区与国家公园管理局之间的联系。

为了进一步增强业已发展起来的这些社区的联系和沟通，国家公园管理局继续让该团体参与这个挖掘过程。国家公园管理局向他们解释这个挖掘过程并且邀请他们到实验室参观新的研究发现。国家公园管理局在某种程度上通过采取以下举措来维持公众的兴趣：创建社区成员可以据此观察工程进度的观测平台，定期发布关于项目进展情况的新闻报道，以及促进地方机构和组织合作拍摄一部关于这次挖掘工作的纪录片在公共电视上播放。正如圣母贝瑟尔 AME 教堂的牧师杰弗里·利思（Jeffrey Leath）所言："这是一次真正有道理的胜利。国家公园管理局听取了公民的声音。他们处理了争论并且合理地对这些争论做出了回应。"

11.4　全世界的公民参与

与新公共服务有关的理想和实践并非美国独有。《新公共服务：服务，而不是掌舵》已经翻译成中文，并且在世界各地引起了广泛的争辩和讨论，从荷兰到巴西，从韩国到意大利和瑞典乃至更远的地方。通过参加其中的一些讨论，我们更加相信在治理过程中实施公民参与和民主价值的可能性。很自然，推行新公共服务价值的努力不仅在美国的不同管辖范围有所差异，而且在全世界的不同国家之间也各不相同。然而，主题却具有相似性，即试图找到一些新的创新性方式来改进公民参与并且围绕着一个共同价值和民主对话的框架来建设社区。[在以下的段落中，来自瑞典的利纳·兰利特（Lena Langlet）和来自意大利的曼努埃拉·科奇（Manuella Cocci）讨论了他们国家为实施新公共服务所做的努力。所有引用材料都取自私人信件。]

我们的同事利纳·兰利特是瑞典地方当局和地区联合会负责民主公民参与咨询事务的项目经理。在瑞典，如同在美国一样，人们都很担心公共参与的减少和公共信任程度的下降。按照美国的标准，瑞典地方政府中民选官员的人数很多。例如，斯德哥尔摩的市参议会就有 101 名代表。由于参与程度的下降，在很多社区，一些小的政党很难找到足够数量的候选人。兰利特写道，"也许像瑞典这样长期处在民主与和平状态中的国家，其公民个人都理所当然地认为别人会去关心民主政体的运作情况"。在瑞典，这种发展状况已经意味着"帮助每一个公民承担责任和参与民主过程就成为市政当局为了在日益全球化的社会中维护民主发展而必须面对的最大挑战之一"。

兰利特就瑞典已经诉诸行动的新公共服务提供了以下实例：

> 公民能够参与地方治理的一个基本先决条件就是要处理好关于公民可能期望得到什么市政服务的知识和准确信息。在瑞典，有些市政当局正在努力通过建立特殊服务保证来使得它们的服务更加明显（透明）。它们还将这些保证与处理投诉相结合。市政当局这样做的目的在于使公民或用户能够就城市服务发表自己的看法和不满，并且能够通过与地方政府的通力合作来保持恰当水平的服务质量。
>
> 例如，2004 年孔斯巴卡社区就引进了一个可以让公民以各种方式向市政当局表达自己看法和不满的系统，他们可以采用的方式包括：通过写信、通过互联网或是通过个人访问。在引进该系统时开展了一场全面的专业营销战。每家都收到一本信息手册和一个附有地址及电话提示的冰箱贴。市政当局登记下所有的投诉并且在 4 日内用信件回复。它们要在之后的 10 个工作日内就如何解决这项投诉做出决策。市政当局要在其网站的主页上就公民提出的意见和投诉以及处理结果做出说明。每年有 3 次，政客和活动代表会收到一本对所有已经实施的评论和测量手段的资料汇编。该系统和对话有助于改进服务质量并且为决策的制定提供了政治领导信息。

兰利特还记述了瑞典地方政府为了使公民参与规划活动而开展的工作情况：

> 西格吐纳市位于斯德哥尔摩郊外的梅拉伦湖畔。该市由一个较老的城镇中心构成，既有都市城区，又有乡村地区。阿兰达机场（即服务于斯德哥尔摩的国际机场）就坐落在西格吐纳市。2004 年，该市决定加大公民对城市规划事务的影响力。2005 年和 2006 年，市政府召开了 10 次公共会议，专题讨论城市的热点规划事务。其中的每一次会议都专门讨论一个特定的问题或地区。例如：当我们开始建一所新学校时，停车场该如何规划？我们是再开辟一条新道路还是继续将其关闭？
>
> 对于每一个问题，特定地区的相关公民都有机会对政府提议的备选方案进行投票。公民一直都可以通过网络或信件进行投票。在每一次咨询会后，市政府紧接着都通过私人信件、每日新闻、互联网和现场信息会议的方式做了大量

197

的工作。为了进一步阐释这些建议，市政府还努力对将会发生的所有可能情形做了形象的说明。例如，通过烘焙一个长蛋糕模型来展示拟建道路的方方面面，并且当地的节日游客收到了关于该建议的书面信息。该市还根据各种备选方案利用放升两只气球来展现一幢建筑的高度。那些民选的代表在选举期间还对该地区进行了访问，以答疑解惑并接收各种观点。按照市政专员的说法，这些会议已经产生的信息远远不只是关于那个特定问题怎样受到重视的信息，因为公民们已经利用这个机会提出了他们对其所在邻里各个方面的意见。参加各种邻里咨询会的社区成员人数最多的时候达到了居民总人数的64%，而且最少的时候也占到了居民总人数的27%。

该市的多数团体都答应遵守咨询会的结果，而且它们已经做到了。该市政专员说，这是她长期积极从事政治活动期间所做的最有乐趣的工作，而且她已经同公民一道采用了一种新的方式并且已经知道他们是如何看待在西格吐纳市的生活。

198

瑞典的地方政府还在努力让年轻人参与社区生活和民主过程。例如，斯德哥尔摩郊区的波特基尔卡（Botkyrka）是该国种族最多样化的社区之一，有上百个民族和种族。2003年成立了一个市政青年委员会，该委员会由13～22岁的青年学生组成，这些青年学生要考虑与教育和青年娱乐相关的问题。兰利特说："这个青年委员会之所以被认为很成功，其原因不仅在于同该委员会一起工作为学生提供了以民主的方式开展工作的实践，而且还在于它为来自该市不同地区的青年人提供了彼此交往和相互理解的机会。"

公民教育和青年人的参与一直也都是位于瑞典西海岸的孔斯巴卡市的工作焦点，该市有7万人口。兰利特解释说：

两年前，有一个市政专员出席了一个私营公司领导所开设的一个讲座，作为主讲人的该公司领导谈到他让年轻的同事当他的导师。这激励了那位市政专员去联系该市的一所初中，询问参加他们社会实践项目的学生是否想要成为他的"导师"。学校对这个想法做出了积极的响应，今年就有22名学生成为他的导师。他们经常在学校或市政厅聚会讨论该市的一些热点问题。学生们认为这样使他们大量地了解了政治决策的方式，而且他们说自己有能力影响决策并且受到了重视。

该市政专员认为，这些学生使他了解了青年人的思维方式以及他们对自己城市的看法。尽管学校问题一直都是最经常被讨论的话题，但是了解一下参与的学生对于图书馆使用、当地交通和服务等问题的看法也是很有趣的。虽然第一批"导师"已经初中毕业，但是该市政专员已经亲自安排了一个新的"导师"组继续同他一起工作，因为他认为这种经历已经产生了很积极的影响，使他和学生们都开阔了眼界并获得了新的洞见。

如同美国地方政府的情况一样，就建立和维持公民参与这个长期的过程而言，瑞典各个城市的努力只是一个开端。正如兰利特对此所解释的那样："尽管瑞典各个城市都试图提高公民参与的程度，但是我们还不能说我们已经完全成功了。下一步的工作就是要改进和找到一些新的方法使公民对公共服务的看法将会在决策过程中作为代议制民主的一种补充形式发挥更大的作用。"

意大利的公务员也在寻找新的途径使公民参与。我们在锡耶纳大学的同事曼努埃拉·科奇（Manuella Cocci）给我们寄来了她对意大利新公共服务实践的评估材料。她提到都灵省就利用了审议性民主的方法来处理一个与两个废品处理设施选址有关的"邻避"（NIMBY）问题（该个案研究可参见 Bobbio 2005）。

她写道：

> 2000 年，由于之前遭到过公民抗议，都灵省环境部设立了一个名为"不要拒绝做选择"的项目，旨在鼓励公民直接参与关于焚化炉和垃圾填埋场选址的决策过程。第一步就是打一场信息战。四个月来，公民们了解了与这些设施有关的事实和风险。环境部在咖啡厅和其他公共场所发放了宣传手册与指南，并且努力确保这些材料代表了各种观点和意见。
>
> 之后就成立了一个委员会，其中包括来自当地每一个社区的代表：有一位代表来自参议会，另一位代表来自公民委员会，还有一位代表来自垃圾收集供应商。该委员会审议工作的特点在于利用多重标准进行无限制的讨论。所有的备选方案都要经过讨论，而且每一个人都有机会提出解决办法。在这个过程中，无论是效率问题还是社会方面的问题都受到重视。该委员会的两个目标都得以实现：（1）首先建立了确定选址清单的标准，然后在尊重这些标准和"该省领土规划"的同时提出选址名称；（2）为那些将会因新设施而受害最大的社区确定契约担保。

博尔扎诺（Bolzano）市的经验提供了一种不同的公民参与途径。科奇解释道：

> 博尔扎诺是意大利两个双语地区之一的主要城市；过去，较之其他的地方政府，该市更加饱受缺乏政治兴趣之苦。这个地区的高冲突率在一定程度上与存在不同的种族群体有关；但是，问题远远比这一点要复杂得多。为了更好地 *200* 理解和解决这种冲突，博尔扎诺启动了一个进行人类学领土研究的项目。一个由从业人员和公共行政管理人员组成的工作小组让公民参与确定一幅根据其地址分类的冲突地图。该地方政府认识到，尽管公民的兴趣和参与过去几年来已经有所减少，但是该地方社区的成员却愿意说明他们的利益和需求。因此，问题并不在于要获得公民的关注，真正的挑战在于要在社区内部和社区之间开展协商并且发展协作关系。2004 年，在这个过程的第二个步骤中，奥特里萨克·阿西亚戈（Olterisarco Asiago）这个邻里试点为了制定一个开发计划而启动了一个参与性的整合流程。这个流程有多个目标：界定城市空间，识别问题和议题，提高城市中心作为公民聚会场所的能见度，改善社区与自然环境之间的联系，以及促进社区网络的建立。
>
> 根据公民的需要和要求，政府拟定了一份项目清单。例如，有一个项目就是在该邻里的主干道上建造自行车道。尽管这个具体项目和其他项目在一个动

态的整合过程中为公民提供了与公务员一起讨论具体想法的机会，但是在这个过程中它们也为该邻里带来了其他的相关变化。

2005 年，博尔扎诺市的战略规划因其在意大利的一个地方政府规划文件中成为最具创新性并且最具实践成效的实例之一而荣获"公共行政部门奖"。这个战略规划流程的特点就在于协商与参与。从一开始，市参议会就会见了一些重要的社会名流、各机构代表、文化专家以及来自其他地方公共组织和服务机构的工作人员。然后，该部门在该市又设立了一个信息中心，旨在根据试点想法来解释可以提议进行何种变革。

为了识别和解决该社区的问题，又成立了一些由公民、外部专家和公共行政管理人员组成的特别工作小组。它们对公民的愿望进行了定性测量和定量测量：这些公民要对 25 种想法的重要性打分；从这 25 种主要想法中凸显出来的8 种想法就是对这些公民最重要的想法。除了这些主要的想法，这几个讨论小组还要确定可以用来将总目标转化为实践的战略决策和操作性目标。2006 年 5月，最终的战略规划获得批准。这个战略规划流程基于一种参与文化和一种"积极的倾听民主"策略改进了公共行政管理人员和公民之间的互动性。

201　　虽然在意大利和其他地方有许多这样的努力都很新，但是科奇还记述了在格罗塔马雷（Grottammare）市的一种她所谓的"公民参与的老意大利经验"。

尽管 20 世纪 90 年代欧洲的地方政府多数都具有新公共管理改革的特点，但是格罗塔马雷这个位于意大利中心的小城市却因其利用公民参与来探寻解决他们所面临的问题的办法而从其他城市中脱颖而出。格罗塔马雷市没有去关注公共部门的模式和理念，而是通过"团结与参与"这场政治运动找到了一种倾听公民心声的方法并且在该市第一次成立了作为沟通和参与之培育手段的邻里联盟和邻里委员会。这些邻里联盟和邻里委员会至今仍然是外部沟通最重要的工具，这种外部沟通不仅涉及非营利组织，而且也涉及服务提供者和公民。因此，该市能够使得公共政策因共同的利益和共同的责任而获得支持。

在这十年的参与经历中，关于上述结果的定性研究发现：（1）最早进入参与过程的邻里往往是那些问题最多的邻里；（2）十年的公民参与中产生了约124 个决策过程；（3）几乎有 90％的公民提议都变成了现实；（4）总体而言，公共利益取代了机会主义的个人利益；（5）该市的发展速度快于没有公民参与的地方政策决策。

2004 年，格罗塔马雷市荣获了由 CittadinanzaAttiva 颁发的"罗伯托·格雷格里奥——公共服务良好实践奖"（www.cittadinanzattiva.it）。

11.5　新公共服务的未来

新公共服务要求我们重新思考组织过程、组织结构和组织规则，以便为我们在治理过程所有阶段的服务对象打开参与之门。它并非某一组织的行动计划或是有待达成的某个量化目标，它是一种理想，这种理想基于无法测量但却是至关重要的民主、公民权和公共利益的价值。尽管我们已经给出了新公共服务实践的行动建议、实例和个案，但为了公共利益服务的理想而奋斗的过程才是问题的实质。关键点在于我们要比以前做得更好。

在某种意义上，新公共服务的未来取决于我们每一个人。无论我们是学生还是202教师，无论我们是公务员还是私人部门的雇员，无论我们是美国人还是意大利人甚或是巴西人，我们每一个人都能够在我们的社区、我们的组织乃至我们的世界中有所作为。我们所面临的问题既简单也异常复杂：我们会怎样对待我们的邻居？我们会为自己在民主治理中所扮演的角色负责吗？我们会乐意去聆听并且努力理解那些与自己看法相左的见解吗？我们愿意为了他人的利益而放弃我们自己的个人利益吗？我们愿意改变自己的主意吗？

无论是在细微的瞬间还是在大型的活动中，无论是在对话交谈中还是在公开声明中，无论是在正式规则中还是在非正式行为中，新公共服务都能够得以实现，现在是这样，将来也会继续如此。本章中所描述的个案和实例希望可以为大家了解城镇、都市、省区以及国家层面上组织和个人的各种努力提供一瞥，这些个案和实例正在为了努力增进公民参与和为公共利益服务而被人们所不断地试验着。

第 *12* 章

结　语

203　　在前面几章中，我们已经描述了一个充分重视民主、公民权和为公共利益服务的理论框架。我们已经把这个理论框架称为新公共服务。我们认为，新公共服务提供了一个既可以替代传统的公共管理模式，又可以替代目前占主导地位的管理主义的公共管理模式。它是一个建立在对公共部门的理论探索和实践创新基础之上的模式。与其他这样的模式相比，其结果是一个规范的模式。

　　我们一开始描述了我们所说的老公共行政或者叫作该领域的正统观念。我们认为，在老公共行政之下，政府的目标仅仅在于有效地提供服务，而且问题主要是通过改变组织的结构和控制系统而得以解决的。尽管在该领域中有人曾呼吁要更加关注民主价值，但是对层级制和控制、减少公民参与以及中立专长的呼声却居于优势地位。

　　近来，新公共管理逐渐支配了公共行政领域的思想和行动。正如我们所看到的那样，新公共管理的思想基础在于，认识人类行为的最佳途径是假定政府的行动主体和其他的行动主体都是根据它（他）们的自身利益来做出选择和采取行动的。按照这种观点，政府的角色就是为了促进个人选择和实现效率而释放市场力量。*204* 公民被视为顾客而且问题是通过操纵激励来得以处理的。公务员应该成为获得"最佳交易"并且减少成本的具有企业家精神的冒险者。

　　相比之下，我们已经对我们所说的新公共服务进行了论证。我们认为，公共行政官员一开始就应该认识到一种参与并且开明的公民权对于民主治理是至关重要的。我们宣称，这种"高度的"公民权之所以既重要又能够达到，其原因在于，人的行为不仅是一个自利的问题，而且还涉及价值观、信念以及对他人的关心。公民被视为政府的主人并且能够为了追求更大的利益而一起采取行动。因此，我们认为，公共利益超越了个人利益的聚集。新公共服务通过广泛的对话和公民参与来追求共同的价值观和共同的利益。公共服务本身被视为公民权的扩展部分，它是由为他人服务和实现公共目标的愿望所促动的。

　　从这种观点来看，公共行政官员的作用就是把人们带到"桌子旁边"并且以一种承认在一个民主系统中有多种复杂层次的职责、伦理和责任的方式来为公民服务。负责任的行政官员应该努力使公民不仅参与计划，而且还参与执行实现公共目标的项目。这样做的原因不仅在于可以使政府工作得更好，而且还在于符合我们的价值观。公共行政官员的职责主要不是控制或者使用激励，而是服务。按照这个模式，民主理想和对他人的尊重不仅贯穿于我们与公民的互动过程，而且还在公共组织内部被视为榜样。

　　总之，我们主张用一种基于公民权、民主和为公共利益服务的新公共服务模式来替代当前的那些基于经济理论和自我利益的主导模式。尽管理论家之间的争论将会继续下去而且行政实践者也将会检验和探索一些新的可能性，但重要的是，我们应该承认这不只是一个抽象的争论。公共行政官员所采取的行动基于其所依据的假定和原则的类型不同而明显地有所差异。如果我们假定政府的职责在于促进个人的自我利益，那么我们就会采取一套行动。另一方面，如果我们假定政府的职责在于促进公民权、公共对话以及公共利益，那么我们就会采取另一套全然不同的行动。正如《基层领导》一书所陈述的那样：

　　　　影响实践的最有说服力并且最有效的方法就是改变用于认识那种实践的理论和语言……从这个观点来看，说治理系统的能力以及作为该系统组成部分的公共行政的效能是接受一套支持它们的特殊理论的产物，这并不是一种夸张。（Vinzant and Crother 1998，143－144）

205

　　简单地说，我们所归因的理论很重要。促进或者抑制、鼓励或者阻拦几种特殊行动的正是理论、价值观和信念。例如，我们来考察以下这两个陈述对于行动的意义：（1）"顾客正在等着见我们"；（2）"主人正在等着见我们"。在第一种情况下，我们可能会按照他们出现的顺序以尽可能最有效率的方式来对每一个人的偏好做出回答。我们会尽可能礼貌地并且尽可能迅速地对他们的需求做出回应。当我们完成了这笔交易时，这种关系便在下一种需求提出之前结束了。顾客得到了满足便走人。在第二种情况下，我们所服务的人是主人。在回应主人时，我们认识到每一个主人都对我们的所作所为有利害关系，并且所有主人的指导和参与都是需要的与适当的。他们可以在一种长期关系的环境中保持他们的尊严和受到尊重。他们和我们都承认，我们不是要仅仅关注每一个人的自身利益，而是必须要就更大的公共利益来进行持续的对话。总之，我们察看、认识和谈论我们服务对象的方式明显地具有实践意义与行为意义。当我们改变我们的思维方式和谈话方式时，我们也会改变我们所做的事情。

我们还要注意，尽管改变一个单一的语词可能会对我们的思维方式和行为方式具有重要的意义，但是认识到新公共服务的价值观则要求同时关注本书中所讨论的所有因素和原则。新公共服务不仅要求重新界定我们看待我们所服务的公民的方式，而且还要求改变我们看待自己以及看待我们的责任的方式——我们如何相互对待，我们怎样界定我们的目的和目标，我们如何对自己和他人进行评价，我们怎样决策，我们如何看待成功和失败，以及我们怎样考虑我们行动的合法性。新公共服务又将我们的注意力重新集中在作为我们**所作所为**之基础的民主和公共利益的理想、公民权和人类尊严的理想以及服务和承诺的理想上。

新公共服务的经验教训和原则在于不是有顺序的步骤，或者说，它们不是一个线性的过程；它们都依赖于并且表达了相同的核心原则。它们构成了公共服务这个整体编织品相互依赖的线丝。如果它们彼此之间没有对方，那么它们就只是这个最新管理时尚的碎片。它们就成了没有实质内容的管理"外表"或者样式——它们先是被短暂地试用一下，然后，当它们不能连续一贯地显现出预期成果时，它们就会被遗弃掉。

206　　在《意义之追寻》（1993）一书的最后一章中，登哈特认为，传统管理观主要的并且最基本的概念就是自利的理念。他指出，标准的管理方法来自自利的假定，它或者是薪金和绩效，或者是动机和控制，或者是沟通和冲突。他然后问道：

> 如果我们把整个事情颠倒过来并且表明对于公共组织……的运转重要的不是关心自我利益而是追寻意义的话，那么情况会怎样呢？这样将会以一些非常有趣的方式改变我们对公共组织的思考方式。例如，利用这个新的假定，我们难道不希望为了人们能够集中其经历和兴奋点而更清楚地陈述对于该组织的工作很有意义的东西吗？我们难道不希望为我们整个组织中的人们提供使其能够变得有意义的力量、权力和责任吗？而且，我们难道不希望我们所做的一切都是被一种对公共服务的承诺触动，其实是推动的吗？换言之，我们难道不愿意做那些最好的公共管理者似乎已经在做的所有那些事情吗？（Denhardt 1993，276）

新公共服务不只是最新的管理时尚或者管理技巧。更确切地说，它是对我们是谁以及我们为他人服务的原因的一种界定。它是一种对价值观的根本改造。我们之所以信奉这些价值观，并不是因为它们可以增加满足感、动机、持久性、效益和服务并且可以改进决策（尽管我们会认为它们的确具有这些作用），更确切地说，我们之所以按照这些价值观来行动，其原因只是在于我们相信它们是并且一直都是美国民主政体的必要组成部分。

几十年前，赫伯特·考夫曼（Herbert Kaufman 1956）就表明过，尽管行政机构是在不同的时间为了追求不同的价值观而组织和运转的，在其组织和运转的期间，尽管一种理念占支配地位，但其他的理念绝不会被完全忽视。基于这种思想，我们在任何时候将一种规范的模式视为流行的同时都不应该忽视另一种（或者一些其他的）模式在这种流行观点的环境中扮演着一种稍小的角色。目前，新公共管理及其代理模式已经被确立为治理和公共行政领域中的主导模式。在这个过程中，尽管对民主公民权和公共利益的关注并没有完全丧失，但是这种关注却被置于次要的地位。

然而，我们认为，在一个民主社会中，对民主价值观的关注在我们思考治理系统方面应该居于首要位置。尽管诸如效率和生产积极性这样的价值观不应该被丢弃，但是它们却应该被置于由民主、社区和公共利益构成的更大环境中。根据我们已经考察过的规范模式，新公共服务显然最符合我们这个国家民主制的根本原则并因此而提供了一个包括老公共行政和新公共管理的最佳原理在内的、其他宝贵方法和价值观**在其中**都可以发挥作用的框架。新公共服务提供了这样一个基础点，围绕它，我们可以把一项公共服务建立在公民对话和公共利益的基础上并且可以将其与公民对话和公共利益充分地结合在一起。

我们怎样才能实现这些理想呢？作为公务员个人，我们每一个人都有机会和责任为了公共利益而服务于他人，尽管目前我们有许多人不会或者不能这样表达这种机会和责任。然而，我们却可以说我们有责任处理要求、调查案件、处理日常文件工作、教授课程、监督工人或者回复电话。但是，如果我们考虑我们怎样才能为公共利益服务和培养积极的公民意识做出贡献的话，那么就不仅可以改变我们对自己工作的感觉，而且还会改变我们从事日常工作的方式。正如路易斯·高思罗普（Louis Gawthrop）所表明的那样："为了服务于民主政体而工作就相当于承认我们大家在试图实现利益时都应该在不同的责任程度上为别人——别的任何人——以及相互——充当警务员、卫兵或预言家"（1998，100）。

也许我们每一个人都应该从自身做起。我们应该思考一下，是什么促使你去从事公共服务的？是什么给你的工作赋予意义呢？当你开始你的公共服务生涯时，你还记得感到自己将要成为某件重要事情的组成部分吗？你怎样才能以一种肯定这些更大目标的方式来做自己的工作呢？你怎样才能从内心唤起那种目标感或者服务意愿呢？通过这个自我反省的过程，我们可以开始重新发现我们为公民同伴服务的愿望并且可以开始以一种赞誉公共服务工作之"灵魂"和意义的方式来思考公共服务工作。

我们经常因为我们的学生——其中有许多都是在职的公务员——在关于公共服务的价值和意义以及他们在实践那些价值观时所扮演角色的讨论中做出的反应而感动。他们的注意力很集中，他们相互之间倾听得更加认真，而且会话充满了感情。一些沉默寡言的学生也变得很投入了。对于有机会谈论公共服务对他们的意义，许多人似乎感到很激动乃至感激。有些人承认他们以前从来都没有考虑过自己工作的更大意义和更大的社会价值。也许，最有说服力的是经常出现诸如"我真希望我的主管/雇主对公共服务有这样的感觉（并且这样来谈论公共服务）"这样的评论。

我们多数人也许的确很珍视公共服务的重要性、意义和"灵魂"。我们只是对它考虑和谈论得不太多。或者，最糟糕的是，我们认为它只适用于别人。在我们努力改进生产活动和效率时，我们似乎失去了热情地谈论我们彼此的情况以及我们所

207

208

作所为的能力。也许，在我们的言谈和职业身份中却到处都充满了像效率、最后期限、生产活动、测量标准、目标、分析、绩效、联合、结构、顾客以及程序这样的语词和概念。试想，你是怎样跟其他人谈论你的工作的？如果我们不能以一种反映了公共服务内在价值和社会意义的方式来谈论公共服务的话，那么我们就很可能会丧失这个领域的灵魂——这种损失不仅使我们丧失了我们自己的兴奋感和满足感，而且还剥夺了我们对公民的关心和承诺。如果我们不能给我们的职业身份以及我们与别人的会谈中注入一些像公共服务、公民权、公共利益、意义、伦理道德、社区以及民主这样的词语，那么我们就会错过增进公共服务之精神的机会。自我反省既重要又困难。只有通过自我反省，我们才能培养我们为他人服务的能力，才能重新获得我们正在失去的作为公务员的自豪感。通过这个过程，我们能够力求做到既自豪而又不骄傲自大，既坚决而又不失道德敏感性，既尊敬别人而又不缺乏自信，既警惕而又不压抑，既小心谨慎而又不让恐惧控制我们，以及既关心而又不庇护。尽管通过真诚地自我反省来找到这种平衡是一件很难的事情，但是这样却能够使我们每一个人都成为一个更加完善的人，成为一个更加完善的公民以及成为一个更加完善的公务员。

　　我们深信，就其核心而言，公务员希望做有意义和有价值的事情。倘若果真如此的话，那么关键的是，我们要从内心找到一种赞誉、承认和促进这些理念的声音。我们需要发现并且利用这些词语。当你下一次与你的雇员、学生、同事或者朋友谈话时，你要问问自己你的言谈会怎样反映公共行政的灵魂。要考虑一下你所使用的那些具体的词语。它们有激发力和感召力吗？作为公务员，如果我们每一个人都有意识地、审慎地并且经常地提醒我们自己和别人我们的所作所为有什么样的根本意义，那么我们就会受到很好的对待。

　　正如我们在前面所说的那样，如果我们改变我们的思维方式和我们的谈话方式，我们就也会改变我们的行为方式。我们是如何看待我们的服务对象的？他们只是需要尽快得到药物的患者吗？他们从根本上与我们不一样吗？我们是否是在用一种既可以反映我们的自尊又可以反映尊重他人的方式来对待我们的服务对象呢？我们眼里是否注意到他们并且真诚地帮助他们、为他们服务、关心他们，并且/或者使他们参与呢？他们是否被当作我们组织的公民—主人呢？他们是否感到自己被当作人来受到重视呢？他们与我们的互动留下的是对政府更好的感觉还是更差的感觉呢？我们的互动是否为持续的参与创造了一种良好的基础呢？或者说，我们的服务对象会担心他们与政府的下一次互动吗？我们可以一开始就把公民当作公民，我们要记住，在一个民主政体中，这些人不只是我们的当事人或顾客，他们是我们的"老板"，因此，他们理应受到真诚的尊重，而且他们理应对政府的工作有充分完备的参与。

　　作为公民和社区的成员，我们怎样才能有助于创立一个公民社会和民主的理想呢？其简短的答案就是，我们能够做与生俱来的事情——我们能够按照我们的归属愿望和与他人结合的愿望来行事。而且，这还要从我们如何考虑我们在民主治理中的角色开始。在某种意义上，我们在政府中的恰当角色之所以被削弱，其原因不是

209

在于邪恶的目的或者精英分子的阴谋，而是因为对治理和管理的探讨始终都假定了我们只能是自利的。但是，对于作为公民的我们来说，重要的是，我们应该认识到，使我们的国家和我们的社区更加美好至少需要我们合作，并且，理想地说，需要我们的积极参与。从定义上来说，我们的政府是属于我们的并且是我们的责任。尽管我们能够并且应该对政府具有较高期望，但是，政府要有效地运转，需要积极的公民意识。我们能够期望我们的那些为政府工作的公民同伴将会尊重地对待我们并且会邀请我们积极地参与他们的工作。这样做是我们的权利、责任和荣耀。作为回报，我们也能够尊重他们的贡献，不仅仅只是在国家出现灾难时这样做，而且是在日常对他人的服务中都能够这样做。

　　最后，我们可以自问，如果我们要使公共服务成为我们一生的工作，那么我们是否会在我们的生活中找到更有意义的更高目标和更加重要的意义。在我们努力使世界和我们的社区更加美好、为他人服务以及追求除了我们自己之外的更重要东西的时候，我们可以获得许多机会和得到巨大的满足。作为个人，作为一个公务员，以及作为一个国民，我们必须正直不阿、坚定不移以及全力以赴地诚实做人并且不断地努力遵守我们共同的价值观。无论我们是通过更多地参与我们的社区对话、直接地参加民主过程和民主机构，或者加强我们的承诺来表达我们的公民权，还是通过我们自己成为公务员来表达我们的公民权——不管它采取什么形式——民主公民权的扩大都不仅会有益于一起工作的公民，而且还有助于在全社会培育有益于大众的公共服务精神。让我们回忆一下莎士比亚的戏剧《威尼斯商人》中波蒂亚（Portia）对仁慈的描述：

　　　　仁慈的品质不是勉强的。它像细雨从天空中落下。它带着双重赐福：既赐福于奉献者，又赐福于获得者。

　　公共服务也同样是如此。我们邀请你加入新公共服务建设者的行列中来。

Adams, Guy B., and Danny L. Balfour. 2009. *Unmasking Administrative Evil*. 3d ed. Armonk, NY: M.E. Sharpe.

Adams, J. Stacey. 1963. "Toward an Understanding of Inequity." *Journal of Abnormal Social Psychology* 67(1): 422–36.

Adams, Roy J. 1992. "Efficiency Is Not Enough." *Labor Studies Journal* 17(1): 18–29.

Agranoff, Robert. 2007. *Managing Within Networks*. Washington, DC: Georgetown University Press.

Albretch, Karl, and Ron Zemke. 1985. *Service America*. Homewood, IL: Dow Jones–Irwin.

Alford, John. 2000. "A Public Management Road Less Traveled: Clients as Co-Producers of Public Service." *Australian Journal of Public Administration* 57(4): 128–37.

American Heritage Dictionary. 2000. Boston: Houghton Mifflin.

American Society for Public Administration (ASPA). 2001. *Code of Ethics*. Available at: http://aspanet.org/ethics/coe.html.

Appleby, Paul. 1945. *Big Democracy*. New York: Knopf.

———. 1949. *Policy and Administration*. Tuscaloosa: University of Alabama Press.

———. 1950. *Morality and Administration in Democratic Government*. Baton Rouge: Louisana State University Press.

Argyris, Chris. 1957. *Personality and Organization*. New York: Harper and Row.

———. 1962. *Interpersonal Competence and Organizational Effectiveness*. Homewood, IL: Dorsey Press.

———. 1973. "Some Limits of Rational Man Organization Theory." *Public Administration Review* 33(3): 253–67.

Asch, Solomon. 1951. "Effects of Group Pressure upon the Modification and Distortion of Judgments." In *Groups, Leadership, and Men*, ed. Harold Guetzkow. Pittsburgh: Carnegie Press.

Bacove, Margareta, and Ardith Maney. 2004. "Strengthening Policymaking and Community Economic Development through Citizen Participation." Presented to 12th annual conference of the Network of Institutes and Schools of Public Administration in Central and Eastern Europe, Vilnius, Lithuania, May.

Bailey, Stephen K. 1966. "Ethics and the Public Service." In *Public Administration: Readings in Institutions, Processes, Behavior*, ed. Robert T. Golembiewski, Frank Gibson, and Geoffrey Cornog, 22–31. Chicago: Rand McNally.

Balfour, Danny, and Barton Weschler. 1990. "Organizational Commitment: A Reconceptualization and Empirical Test of Public-Private Differences." *Review of Public Personnel Administration* 10(3): 23–40.

Barber, Benjamin. 1984. *Strong Democracy: Participatory Politics for a New Age.* Berkeley: University of California Press.

———. 1998. *A Passion for Democracy.* Princeton, NJ: Princeton University Press.

Barnard, Chester. 1948. *The Function of the Executive.* Cambridge, MA: Harvard University Press.

Barzelay, Michael. 1992. *Breaking Through Bureaucracy.* Berkeley: University of California Press.

———. 2001. *The New Public Management.* Berkeley: University of California Press.

Behn, Robert. 1999. "The New Public Management Paradigm and the Search of Democratic Accountability." *International Public Management Journal* 1(2): 131–265.

———. 2001. *Rethinking Democratic Accountability.* Washington, DC: Brookings Institution.

Bell, Daniel, and Irving Kristol. 1965. "What Is the Public Interest?" *Public Interest* 1(Autumn): 3–5.

Bellah, Robert; Richard Madsen; William Sullivan; Ann Swidler; and Steve Tipton. 1985. *Habits of the Heart.* Berkeley: University of California Press.

———. 1991. *The Good Society.* New York: Knopf.

Benest, Frank. 1999. "Reconnecting Citizens with Citizens: What Is the Role of Local Government?" *PM* (January): 6–11.

———. 2007. "A Demographic Tsunami." *Local Governments Preparing the Next Generation: Successful Case Studies.* Sacramento: Cal-ICMA.

Benhabib, Seyla. 1996. "Toward a Deliberative Model of Democratic Legitimacy." In *Democracy and Difference*, ed. Seyla Benhabib, 67–94. Princeton, NJ: Princeton University Press.

Bennett, William, ed. 1993. *The Book of Virtues.* New York: Simon and Schuster.

Bennis, Warren. 1992. "The Artform of Leadership." In *Public Administration in Action*, ed. Robert B. Denhardt and Barry S. Hammond, 311–15. Pacific Grove, CA: Brooks-Cole.

Berry, Jeffrey M. 2005. "Nonprofits and Civic Engagement." *Public Administration Review* 65(5): 568–78.

Berry, Jeffrey M.; Kent Portney; and Ken Thomson. 1993. *The Rebirth of Urban Democracy.* Washington, DC: Brookings Institution.

Bevir, Mark. 2009. *Key Concepts in Governance.* Los Angeles: Sage.

Bingham, Lisa Blomgren; Tina Nabatchi; and Rosemary O'Leary. 2005. "The New Governance: Practices and Processes for Stakeholder and Citizen Participation in the Work of Government." *Public Administration Review* 65(5): 547–58.

Block, Peter. 2008. *Community: The Structure of Belonging.* San Francisco: Berrett Koehler.

Bobbio, Luigi, ed. 2005. *A più voci. Amministrazioni Pubbliche, imprese, associazioni e cittadini nei processi decisionali inclusivi.* Rome: Edizioni Scientifiche Italiane. (As translated by Manuella Cocci in her personal correspondence.)

Boston, Jonathan. 1991. "The Theoretical Underpinnings of Public Sector Restructuring in New Zealand." In *Reshaping the State*, ed. Jonathon Boston et al., 1–24. Oxford: Oxford University Press.

Boston, Jonathan; John Martin; June Pallot; and Pat Walsh. 1996. *Public Management: The New Zealand Model.* New York: Oxford University Press.

Box, Richard. 1992. "The Administrator as Trustee of the Public Interest: Normative Ideals and Daily Practice." *Administration and Society* 24(3): 323–45.

———. 1998. *Citizen Governance.* Thousand Oaks, CA: Sage.

———. 2005. *Critical Social Theory in Public Administration.* Armonk, NY: M.E. Sharpe.

———. 2008. *Making a Difference.* Armonk, NY: M. E. Sharpe.

Box, Richard C.; Gary S. Marshall; B. J. Reed; and Christine M. Reed. 2001. "New Public Management and Substantive Democracy." *Public Administration Review* 61(5): 608–619.

Boyte, Harry C. 2005. "Reframing Democracy: Governance, Civic Agency, and Politics." *Public Administration Review* 65(5): 536–46.

Boyte, Harry C., and Nancy N. Kari. 1996. *Building America.* Philadelphia: Temple University Press.

Bozeman, Barry. 2007. *Public Values and Public Interest.* Washington, DC: Georgetown University Press.

Brudney, Jeffrey L., and Robert E. England. 1983. "Toward a Definition of the Co-production Concept." *Public Administration Review* 43(1): 59–65.

Bryson, John M., and Barbara Crosby. 1992. *Leadership for the Common Good.* San Francisco: Jossey-Bass.

Bryson, John M., and Robert Einsweiler. 1991. "Introduction." In *Shared Power*, ed. John M. Bryson and Robert Einsweiler, 1–24. Minneapolis, MN: Humphrey Institute of Public Affairs.

Bumgarner, John, and Chad Newswander. 2009. "The Irony of NPM: The Inevitable Extension of the Role of the American State." *American Review of Public Administration* 39(2): 189–207.

Burke, John. 1986. *Bureaucratic Responsibility.* Baltimore, MD: Johns Hopkins Press.

———. 1987. "A Prescriptive View of the Implementation Process: When Should Bureaucrats Exercise Discretion?" *Policy Studies Review* 7(1): 217–31.

Burns, James MacGregor. 1978. *Leadership.* New York: Harper and Row.

Callahan, Kathe. 2010. "Next Wave of Performance Measurement: Citizen Engagement." In *Connected Communities*, ed. James Svara and Janet V. Denhardt, 95–101. Phoenix: Alliance for Innovation.

Carlson, Margaret S., and Roger Schwarz. 1995. "What Do Citizens Really Want?" *Popular Government* (Spring): 26–33.

Carnavale, David. 1995. *Trustworthy Government.* San Francisco: Jossey-Bass.

Carroll, James, and Dahlia Bradshaw Lynn. 1996. "The Future of Federal Reinvention: Congressional Perspectives." *Public Administration Review* 56(3): 299–304.

Cassinelli, C.W. 1962. "The Public Interest in Political Ethics." In *Nomos V: The Public Interest*, ed. C.J. Friedrich. New York: Atherton Press.

Catlaw, Thomas. 2007. *Fabricating the People.* Tuscaloosa: University of Alabama Press.

Catlaw, Thomas, and Kelly Campbell Rawlings. 2010. "Promoting Participation from the Inside Out: Workplace Democracy and Public Engagement." In *Connected Communities*, ed. James Svara and Janet V. Denhardt, 115–19. Phoenix: Alliance for Innovation.

Cayer, N. Joseph. 1986. *Public Personnel in the United States.* 2d ed. New York: St. Martin's Press.

Chapin, Linda W., and Robert B. Denhardt. 1995. "Putting 'Citizens First!' in Orange County, Florida." *National Civic Review* 84(3): 210–15.

Chaskin, Robert J. 2001. "Building Community Capacity: A Definitional Framework and Case Studies from a Comprehensive Community Initiative." *Urban Affairs Review* 36(3): 291–323.

———. 2003. "Fostering Neighborhood Democracy: Legitimacy, Accountability Within Loosely Coupled Systems." *Nonprofit and Voluntary Sector Quarterly* 32(2): 161–89.

Civic Alliance to Rebuild Downtown New York. 2002. Listening to the City: Report of Proceedings. New York.

Cleveland, Frederick A. 1920. *The Budget and Responsible Government.* New York: Macmillan.

Cleveland, Harlan. 1985. "The Twilight of Hierarchy." *Public Administration Review* 45(2): 185–95.

Cline, Kurt D. 2000. "Defining the Implementation Problem: Organizational Management versus Cooperation." *Journal of Public Administration Research and Theory* 10(3): 551–71.

Cochran, Clarke. 1974. "Political Science and 'The Public Interest.'" *Journal of Politics* 36(2): 327–55.

Cook, Brian J. 1996. *Bureaucracy and Self-Government.* Baltimore, MD: Johns Hopkins University Press.

Cook, Thomas, and L. Douglas Dobson. 1982. "Reaction to Reexamination: More on Type III Error in Program Evaluation." *Evaluation and Program Planning* 5(1): 119–21.

Cooper, Terry L. 1991. *An Ethic of Citizenship for Public Administration.* Englewood Cliffs, NJ: Prentice-Hall.

———. 1998. *The Responsible Administrator.* 4th ed. San Francisco: Jossey-Bass.

———. 2005. "Civic Engagement in the Twenty-First Century: Toward a Scholarly and Practical Agenda." *Public Administration Review* 65(5): 534–35.

Cope, Glen. 1997. "Bureaucratic Reform and Issues of Political Responsiveness." *Journal of Public Administration Research and Theory* 7(3): 461–71.

Creighton, James. 2005. *The Public Participation Handbook.* San Francisco: Jossey-Bass.

Crosby, Ned; Janet Kelly; and Paul Schaefer. 1986. "Citizen Panels: A New Approach to Citizen Participation." *Public Administration Review* 46(2): 170–78.

Dagger, Richard. 1997. *Civic Virtues.* New York: Oxford University Press.

Dahl, Robert A. 1947. "The Science of Public Administration." *Public Administration Review* 7 (Winter): 1–11.

———. 1956. *A Preface to Democratic Theory.* Chicago: University of Chicago Press.

———. 1961. *Who Governs?* New Haven, CT: Yale University Press.

The Declaration of Independence. [1776]1970. Worcester, MA: A.J. St. Onge.

deLeon, Linda, and Robert B. Denhardt. 2000. "The Political Theory of Reinvention." *Public Administration Review* 60(2): 89–97.

deLeon, Peter. 1997. *Democracy and the Policy Sciences.* Albany: State University of New York Press.

———. 1999. "The Missing Link Revisited: Contemporary Implementation Research." *Policy Studies Review* 16(3/4): 311–38.

Denhardt, Robert B. 1981. *In the Shadow of Organization.* Lawrence: Regents Press of Kansas.

————. 1993. *The Pursuit of Significance.* Pacific Grove, CA: Wadsworth.

————. 1999. *Public Administration: An Action Orientation.* 3d ed. Fort Worth, TX: Harcourt Brace.

————. 2008. *Theories of Public Organizations.* Belmont, CA: Wadsworth.

Denhardt, Robert B., and Janet V. Denhardt. 1999. *Leadership for Change: Case Studies in American Local Government.* Arlington, VA: PricewaterhouseCoopers Endowment for the Business of Government.

————. 2000. "The New Public Service, Serving Rather than Steering." *Public Administration Review* 60(6): 549–59.

————. 2001a. "The Power of Public Service." Available at: http://aspanet.org/publications/COLUMNS/archives/2001/Sep/denhardts0913.html.

————. 2001b. "Citizenship and Public Service." Available at: http://aspanet.org/publications/COLUMNS/archives/2001/Nov/denhardts1109.html.

————. 2001c. "The New Public Service, Putting Democracy First." *National Civic Review* 90(4): 391–400.

————. 2006. *The Dance of Leadership.* Armonk, NY: M.E. Sharpe.

Denhardt, Robert B.; Janet V. Denhardt; and Maria Aristigueta. 2002. *Managing Human Behavior in Public and Nonprofit Organizations.* Thousand Oaks, CA: Sage.

Denhardt, Robert B., and Joseph E. Gray. 1998. "Targeting Community Development in Orange County, Florida." *National Civic Review* 87(3): 227–35.

————. 2000. *Theories of Public Organization.* 3d ed. Fort Worth, TX: Harcourt Brace.

————. 2001. "The Big Questions in Public Administration Education." *Public Administration Review* 61(5): 526–34.

Dent, Mike; John Chandler; and Jim Barry. 2004. *Questioning the New Public Management.* Aldershot, UK: Ashgate.

Dimock, Marshall E. 1936. "Criteria and Objectives of Public Administration." In *The Frontiers of Public Administration*, ed. John M. Gaus, Leonard D. White, and Marshall E. Dimock, 116–34. Chicago: University of Chicago Press.

Dimock, Marshall E., and Gladys O. Dimock. 1969. *Public Administration.* 4th ed. Hinsdale, IL: Dryden Press.

Dobel, Patrick. 1990. "Integrity in the Public Service." *Public Administration Review* 50(3): 354–67.

Dryzek, John S. 1990. *Discursive Democracy.* New York: Cambridge University Press.

————. 1999. *Deliberative Democracy and Beyond.* Oxford: Oxford University Press.

Dunleavy, Patrick. 1991. *Democracy, Bureaucracy and Public Choice.* New York: Harvester Wheatsheaf.

Dunn, Delmer D., and Jerome S. Legge, Jr. 2000. "U.S. Local Government Managers and the Complexity of Responsibility and Accountability in Democratic Governance." *Journal of Public Administration Research and Theory* 11(1): 73–88.

Dwivedi, O.P. 1985. "Ethics and Values of Public Responsibility and Accountability." *International Journal of Administrative Sciences* 51(1): 61–66.

Eisenhardt, Kathleen. 1989. "Agency Theory: An Assessment and Review." *Academy of Management Journal* 14(1): 57–74.

Etzioni, Amitai. 1988. *The Moral Dimension.* New York: Free Press.

————. 1995. *The New Communitarian Thinking.* Charlottesville: University of Virginia Press.

Evans, Sara M., and Harry C. Boyte. 1986. *Free Spaces*. New York: Harper and Row.

Everett, Ed. 2009. "Community Building: How to Do It, Why It Matters." *ICMA IQ Report* 41(4): 1–14.

Farmer, John David. 1995. *The Language of Public Administration*. Tuscaloosa: University of Alabama Press.

———. 2005. *To Kill the King*. Armonk, NY: M.E. Sharpe.

Final Report on the Iowa Citizen Initiated Performance Assessment Project (CIPA). 2005. Submitted to the Alfred P. Sloan Foundation.

Finer, Herman. 1941. "Administrative Responsibility in Democratic Government." *Public Administration Review* 1: 335–50.

———. 1972. "Administrative Responsibility in Democratic Government." In *Bureaucratic Power in National Politics*, ed. Francis Rourke, 326–36. Boston: Little, Brown.

Fisher, F. 2009. *Democracy and Expertise: Reorienting Policy Inquiry*. New York: Oxford University Press.

Fishkin, James S. 1991. *Democracy and Deliberation*. New Haven, CT: Yale University Press.

———. 1995. *The Voice of the People*. New Haven, CT: Yale University Press.

Fishkin, James S., and Peter Laslett, eds. 2003. *Debating Deliberative Democracy*. Malden, MA: Wiley Blackwell.

Follett, Mary Parker. 1926. "The Giving of Order." In *Scientific Foundations of Business Administration*. Baltimore, MD: Williams and Wilkins.

Fox, Charles. 1987. "Biases in Public Policy Implementation." *Policy Studies Review* 7(1): 128–41.

———. 1996. "Reinventing Government as Postmodern Symbolic Politics." *Public Administration Review* 56(3): 256–61.

Fox, Charles, and Hugh Miller. 1995. *Postmodern Public Administration*. Thousand Oaks, CA: Sage.

———. 1997. "The Depreciating Public Policy Discourse." *American Behavioral Scientist* 41(1): 64–120.

Fox, Hugh. 2002. *Postmodern Public Policy*. Albany, NY: State University of New York Press.

Frederickson, H. George. 1980. *New Public Administration*. Tuscaloosa: University of Alabama Press.

———. 1982. "The Recovery of Civism in Public Administration." *Public Administration Review* 43(6): 501–8.

———. 1991. "Toward a Theory of the Public for Public Administration." *Administration and Society* 22(4): 395–417.

———. 1992. "Painting Bulls-Eyes around Bullet Holes." *Governing* 6(1): 13.

———. 1996. "Comparing the Reinventing Government Movement with the New Public Administration." *Public Administration Review* 56(3): 263–69.

———. 1997. *The Spirit of Public Administration*. San Francisco: Jossey-Bass.

Frederickson, H. George, and Ralph Clark Chandler, eds. 1984. "A Symposium on Citizenship and Public Administration." *Public Administration Review* 44 (Special Issue): 99–206.

Frederickson, H. George, and David K. Hart. 1985. "The Public Service and Patriotism of Benevolence." *Public Administration Review* 45(5): 547–53.

Friedrich, Carl J. 1940. "Public Policy and the Nature of Administrative Responsibility." *Public Policy* 1: 1–20.

————. 1960. "The Dilemma of Administrative Responsibility." In *Responsibility*, ed. Carl J. Friedrich, 189–202. New York: Liberal Arts Press.

————. 1972. "Public Policy and the Nature of Administrative Responsibility." In *Bureaucratic Power in National Politics*, ed. Francis Rourke, 165–75. Boston: Little, Brown.

French, John R., Jr., and Bertram Raven. 1959. "The Bases of Social Power." In *Studies in Social Power*, ed. Dorwin Cartwright. Ann Arbor, MI: Institute for Social Research.

Gardner, John. 1987. "Remarks to the NASPAA Conference." *Enterprise: The Newsletter of NASPAA* (October 23): 1.

————. 1991. *Building Community*. Washington, DC: Independent Sector.

Gawthrop, Louis C. 1998. *Public Service and Democracy*. New York: Chandler.

Gerth, H.H., and C. Wright Mills. 1946. *From Max Weber: Essays in Sociology*. New York: Oxford University Press.

Gibson, Cynthia. 2006. *Citizens at the Center: A New Approach to Citizen Engagement*. Washington, DC: TheCase Foundation.

Gilmore, R.S., and L.S. Jensen. 1998. "Reinventing Government Accountability: Public Functions, Privatization, and the Meaning of State Action." *Public Administration Review* 58(3): 247–58.

Glaser, Mark; Janet V. Denhardt; and Linda Hamilton. 2002. "Community v. Self-Interest: Citizen Perceptions of Schools as Civic Investments." *Journal of Public Administration Theory and Practice* 12(1): 103–27.

Glaser, Mark; Lee Parker; and Stephanie Payton. 2001. "The Paradox Between Community and Self-Interest: Local Government, Neighborhoods, and the Media." *Journal of Urban Affairs* 23(1): 87–102.

Glaser, Mark; Samuel Yeagar; and Lee Parker. 2006. "Involving Citizens in the Decisions of Government and Community." *Public Administration Quarterly* 30: 177–217.

Goggin, Malcolm; Ann Bowman; Laurence O'Toole; and James Lester. 1990. *Implementation Theory and Practice: Toward a Third Generation*. Glenwood, IL: Scott Foresman/Little, Brown.

Goldbard, Arlene. 2010. "The Art of Engagement: Creativity in the Service of Citizenship." In *Connected Communities*, ed. James Svara and Janet V. Denhardt, Phoenix: Alliance for Innovation.

Goleman, Daniel; Richard Boyatis; and Anne McKee. 2002. *Primal Leadership*. Cambridge, MA: Harvard Business School Press.

Golembiewski, Robert T. 1967. *Men, Management, and Morality*. New York: McGraw-Hill.

————. 1977. "A Critique of 'Democratic Administration' and Its Supporting Ideation." *American Political Science Review* 71 (December): 1488–1507.

Goodnow, Frank. 1987. "Politics and Administration." In *Classics of Public Administration*. 2d ed., ed. Jay Shafritz and Albert Hyde, 26–29. Chicago: Dorsey Press.

Goodsell, Charles T. 1994. *The Case for Bureaucracy*. Chatham, NJ: Chatham House.

Gore, Al. 1993. *From Red Tape to Results*. Washington, DC: The Review.

Gray, Joseph, and Linda Chapin. 1998. "Targeted Community Initiative." In *Government Is Us*, ed. Cheryl Simrell King and Camilla Stivers, 175–94. Thousand Oaks, CA: Sage.

Gulick, Luther. 1933. "Politics, Administration, and the New Deal." *Annals of the Academy of Political and Social Science* 169 (September): 545–66.

————. 1937. "Notes on the Theory of Organization." In *Papers on the Science of Administration*, ed. L. Gulick and L. Urwick, 1–46. New York: Institute of Government.

Gutman, Amy, and Dennis Thompson. 1996. *Democracy and Disagreement.* Cambridge, MA: Harvard University Press.

———. 2004. *Why Deliberative Democracy?* Princeton, NJ: Princeton University Press.

Habermas, Jurgen. 1996. *Between Facts and Norms.* Boston: MIT Press.

Hall, John Stuart. 2002. "Reconsidering the Connection Between Capacity and Governance." *Public Organization Review* 2(1): 5–22.

Hall, Thad E., and Laurence J. O'Toole, Jr. 2000. "Structures for Policy Implementation." *Administration and Society* 31(6): 667–87.

Hambleton, Robin. 2004. "Beyond New Public Management—City Leadership, Democratic Renewal and the Politics of Change." Paper presented to the City Futures International Conference, Chicago: July 8–19.

Haque, M. Shamsul. 1994. "The Emerging Challenges to Bureaucratic Accountability: A Critical Perspective." In *Handbook of Bureaucracy*, ed. Ali Farazmand. New York: Marcel Dekker.

———. 2001. "The Diminishing Publicness of Public Service Under the Current Mode of Governance." *Public Administration Review* 61(6): 65–82.

Harmon, Michael. 1981. *Action Theory for Public Administration.* New York: Longman.

———. 1995. *Responsibility as Paradox.* Thousand Oaks, CA: Sage.

———. 2006. *Public Administration's Final Exam.* Tuscaloosa: University of Alabama Press.

Hart, David K. 1984. "The Virtuous Citizen, the Honorable Bureaucrat, and 'Public' Administration." *Public Administration Review* 44 (Special Issue): 111–20.

———. 1997. "'A Partnership in Virtue Among All Citizens': The Public Service and the Civic Humanist Tradition." *International Journal of Public Administration* 20(4–5): 967–80.

Heifetz, Ronald A. 1994. *Leadership Without Easy Answers.* Cambridge, MA: Harvard University Press.

Herring, E. Pendleton. 1936. *Public Administration and the Public Interest.* New York: Russell and Russell.

Herzberg, Frederick. 1968. "One More Time: How Do You Motivate Employees?" *Harvard Business Review* 46 (January–February): 53–62.

Ho, Alfred Tat-Kei, and Paul Coates. 2002a. "Citizen Participation: Legitimizing Performance Measurement as a Decision Tool." *Government Finance Review* (April): 8–10.

———. 2002b. *Case Study: Citizens Identifying Performance Measures—The Experience in Iowa.* Written for the "Citizens-Driven Performance" program at Rutgers University. Available at: http://newwark.rutgers.edu/~ncpp/sloan.

Homans, George. 1954. *The Human Group.* New York: McGraw-Hill.

Hood, Christopher. 1991. "A Public Administration for All Seasons." *Public Administration* 69(1): 3–19.

———. 1995. "The 'New Public Management' in the Eighties." *Accounting, Organization and Society* 20(2–3): 93–109.

Hood, Christopher, and Michael Jackson. 1991. *Administrative Argument.* Aldershot, UK: Dartmouth Press.

Hummel, Ralph. 1994. *The Bureaucratic Experience.* 4th ed. New York: St. Martin's Press.

Ignatieff, Michael. 1995. "The Myth of Citizenship." In *Theorizing Citizenship*, ed. Ronald Beiner, 53–78. Albany: State University of New York Press.

Ingraham, Patricia W., and Carolyn Ban. 1988. "Politics and Merit: Can They Meet in a Public Service Model?" *Review of Public Personnel Administration* 8(2): 1–19.

Ingraham, Patricia W.; Barbara S. Romzek; and Associates. 1994. *New Paradigms for Government.* San Francisco: Jossey-Bass.

Ingraham, Patricia W., and David H. Rosenbloom. 1989. "The New Public Personnel and the New Public Service." *Public Administration Review* 49(2): 116–25.

Ingraham, Patricia W., and Laurence E. Lynn, Jr., eds. 2004. *The Art of Governance.* Washington, DC: Georgetown University Press.

Innes, E.J., and E.D. Booher. 2004. "Reframing Public Participation: Strategies for the 21st Century." *Planning Theory and Practice* 5(4): 419–36.

Jacobs, Lawrence; Fay Cook; and Michael Carpini. 2009. *Talking Together: Public Deliberation in America.* Chicago: University of Chicago Press.

Jefferson, Thomas. 1903. *The Writings of Thomas Jefferson.* Memorial Edition. Washington, DC: Thomas Jefferson Memorial Association.

Jun, Jong S. 2006. *The Social Construction of Public Administration.* Albany: State University of New York Press.

Kaboolian, Linda. 1998. "The New Public Management." *Public Administration Review* 58(3): 189–93.

Kamensky, John M. 1996. "The Role of the Reinventing Government Movement in Federal Management Reform." *Public Administration Review* 56(3): 247–55.

Kantor, Rosabeth Moss. 1972. *Commitment and Community.* Cambridge, MA: Harvard University Press.

Kass, Henry. 1990. "Stewardship as Fundamental Element in Images of Public Administration." In *Images and Identities in Public Administration*, ed. Henry Kass and B. Catron, 112–30. Newbury Park, CA: Sage.

Kathi, Pradeep Chandra, and Terry Cooper. 2005. "Democratizing the Administrative State: Connecting Neighborhood Councils and City Agencies." *Public Administration Review* 65(5): 559–67.

Kaufman, Herbert. 1956. "Emerging Conflicts in the Doctrines of Public Administration." *American Political Science Review* 50(4): 1057–1073.

Kearney, Richard C., and Steven Hays. 1994. "Labor Management Relations and Participative Decision Making: Toward a New Paradigm." *Public Administration Review* 54(1): 44–51.

Kearns, Kevin P. 1994. "The Strategic Management of Accountability in Nonprofit Organizations: An Analytical Framework." *Public Administration Review* 54(2): 185–92.

Kettl, Donald F. 1993. *Sharing Power.* Washington, DC: Brookings Institution.

———. 1998. *Reinventing Government: A Fifth-Year Report Card.* Washington, DC: Brookings Institute.

———. 2000a. *The Global Public Management Revolution.* Washington, DC: Brookings Institution.

———. 2000b. "The Transformation of Governance." *Public Administration Review* 60(6): 488–97.

———. 2005. *The Global Public Management Revolution.* Washington, DC: Brookings Institution.

————. 2009. *The Next Government of the United States.* New York: Norton.

Kettl, Donald F., and Jon J. DiIulio, eds. 1995. *Inside the Reinvention Machine.* Washington, DC: Brookings Institution.

Kettl, Donald F., and H. Brinton Milward, eds. 1996. *The State of Public Management.* Baltimore, MD: Johns Hopkins University Press.

King, Cheryl Simrell; Kathryn M. Feltey; and Bridget O'Neill. 1998. "The Question of Participation: Toward Authentic Public Participation in Public Administration." *Public Administration Review* 58(4): 317–26.

King, Cheryl Simrell, and Camilla Stivers. 1998. *Government Is Us: Public Administration in an Anti-Government Era.* Thousand Oaks, CA: Sage.

King, Cheryl Simrell, and Lisa Zanetti. 2005. *Transformational Public Service.* Armonk, NY: M.E. Sharpe.

Kirlin, John J. 1996. "What Government Must Do Well: Creating Value for Society." *Journal of Public Administration Research and Theory* 6 (January): 161–86.

Knickerbocker, I., and D. McGregor. 1942. "Union Management Cooperation: A Psychological Analysis." *Personnel* 19(3): 520–39.

Kotter, John P. 1977. "Power, Dependence, and Effective Management." *Harvard Business Review* 55 (July–August): 125–36.

Krause, Sharon. 2008. *Civil Passions: Moral Sentiment and Democratic Deliberation.* Princeton, NJ: Princeton University Press.

Landy, Marc. 1993. "Public Policy and Citizenship." In *Public Policy for Democracy,* ed. Helen Ingram and Steven Rathgeb Smith, 19–44. Washington, DC: Brookings Institution.

Lappé, Frances Moore, and Paul Martin Du Bois. 1994. *The Quickening of America: Rebuilding Our Nation, Remaking Our Lives.* San Francisco: Jossey-Bass.

Lawler, Edward. 1990. *High Involvement Management.* San Francisco: Jossey-Bass.

Leazes, Francis J., Jr. 1997. "Public Accountability: Is It a Private Responsibility?" *Administration & Society* 29(4): 395–412.

Lee, Yong S. 2005. *A Reasonable Public Servant.* Armonk, NY: M.E. Sharpe.

Leighninger, Matt, 2008. *The Promise and Challenge of Neighborhood Democracy: Lessons from the Intersection of Government and Community.* Grassroots Grantmakers, the Deliberative Democracy Consortium, with assistance from the National League of Cities and Neighbor Works America.

Leroux, Kelly. 2007. "Nonprofits as Civic Intermediaries: The Role of Community-Based Organizations in Promoting Political Participation." *Urban Affairs Review* 42: 410–22.

Lester, James; Ann Bowman; Malcolm Goggin; and Laurence O'Toole. 1987. "Public Policy Implementation: Evolution of the Field and Agenda for Future Research." *Policy Studies Review* 7(1): 200–16.

Levine, Charles. 1984. "Citizenship and Service Delivery: The Promise of Coproduction." *Public Administration Review* 44 (Special Issue): 178–87.

Levitan, David. 1943. "Political Ends and Administrative Means." *Public Administration Review* 4(4): 353–59.

Levy, Roger. 2010. "New Public Management: End of an Era?" *Public Policy and Administration* 25(2): 234–40.

Lewin, Kurt. 1951. *Field Theory in Social Science.* New York: Harper and Row.

Lewis, Eugene. 1980. *Public Entrepreneurship.* Bloomington: Indiana University Press.

Laegreid Per, and Tom Christensen, eds. 2007. *Transcending New Public Management.* Hampshire, UK: Ashgate.

Light, Paul. 1997. *The Tides of Reform.* New Haven, CT: Yale University Press.

———. 2008. *A Government Ill Executed.* Cambridge, MA: Harvard University Press.

Linder, Stephen, and B. Guy Peters. 1986. "A Design Perspective on Policy Implementation: The Fallacies of Misplaced Prescriptions." *Policy Studies Review* 6(3): 459–75.

———. 1987. "Relativism, Contingency, and the Definition of Success in Implementation Research." *Policy Studies Review* 7(1): 102–27.

Lippmann, Walter. 1955. *Essays in the Public Philosophy.* Boston: Little, Brown.

Locke, Edwin. 1978. "The Ubiquity of the Technique of Goal Setting in Theories of and Approaches to Employee Motivation." *Academy of Management Review* (July): 594–601.

Love, Janice, and Peter Sederberg. 1987. "Euphony and Cacophony in Policy Implementation: SCF and the Somali Refugee Problem." *Policy Studies Review* 7(1): 155–73.

Lucio, Joanna, 2009. Customers, Citizens, and Residents: The Semantics of Public Service Recipients. *Administration & Society* 41: 878–99.

Luke, Jeffrey. 1998. *Catalytic Leadership.* San Francisco: Jossey-Bass.

Lukensmeyer, Carolyn J., and Steve Brigham. 2002. "Taking Democracy to Scale: Creating a Town Hall Meeting for the Twenty-First Century." *National Civic Review* 91(4): 351–66.

Lukensmeyer, Carolyn J., and Lars Hasselblad Torres. 2006. *Public Deliberation: A Manager's Guide to Citizen Engagement.* Washington, DC: IBM Center for the Business of Government.

Lukes, Steven. 1974. *Power: A Radical View.* London: Macmillan.

Lynn, Laurence E. 1996. *Public Management as Art, Science, and Profession.* Chatham, NJ: Chatham House.

———. 2006. *Public Management: Old and New.* New York: Routledge.

Lynn, Laurence E.; Carolyn Heinrich; and Carolyn Hill. 2000. "Studying Governance and Public Management: Challenges and Prospects." *Journal of Public Administration Research and Theory* 10(2): 233–62.

Maass, Arthur A., and Lawrence I. Radaway. 1959. "Gauging Administrative Responsibility." In *Democracy, Bureaucracy, and the Study of Administration*, ed. Camilla Stivers. 163–81. Boulder, CO: Westview Press.

Macedo, Stephen, ed. 1999. *Deliberative Politics.* New York: Oxford University Press.

MacKenzie, J.S. 1901. "The Use of Moral Ideas in Politics." *International Journal of Politics* 12(1): 1–23.

Madison, James; Alexander Hamilton; and John Jay. [1787]1987. *The Federalist Papers*, ed. Isaac Kramnick. Harmondsworth, UK: Penguin.

Mansbridge, Jane, ed. 1990. *Beyond Self-Interest.* Chicago: University of Chicago Press.

Mansbridge, Jane. 1994. "Public Spirit in Political Systems." In *Values and Public Policy*, ed. Henry J. Aaron, Thomas Mann, and Timothy Taylor, 146–72. Washington, DC: Brookings Institution.

Marini, Frank. 1971. *Toward a New Public Administration.* San Francisco: Chandler.

Maslow, Abraham. 1943. "A Theory of Human Motivation." *Psychological Review* 50: 370–96.

Mathews, David. 1994. *Politics for People.* Urbana: University of Illinois Press.

McCabe, Barbara. 2010. "Neighborhood and Homeowner Associations." In *Con-

nected Communities, ed. James Svara and Janet V. Denhardt, 119–22. Phoenix: Alliance for Innovation.

McCabe, Barbara, and Janet Vinzant. 1999. "Governance Lessons: The Case of Charter Schools." *Administration and Society* 31(3): 361–77.

McClelland, David. 1985. *Human Motivation.* Glenview, IL: Scott, Foresman.

McGregor, Douglas. 1957. "The Human Side of the Enterprise." *Management Review* (November): 22–28, 88–92.

McSwite, O.C. 1997. *Legitimacy in Public Administration.* Thousand Oaks, CA: Sage.

———. 2000. "On the Discourse Movement: A Self-Interview." *Administrative Theory and Praxis* 22(1): 49–65.

Meier, Kenneth J., and Laurence J. O'Toole. 2006. *Bureaucracy in a Democratic State.* Baltimore, MD: Johns Hopkins University Press.

———. 2009. "The Proverbs of New Public Management." *American Review of Public Administration* 39(1): 4–22.

Menzel, Donald. 1981. "Implementation of the Federal Surface Mining Control and Reclamation Act of 1977." *Public Administration Review* 51(2): 212–19.

Merton, Robert. 1985. *Social Theory and Social Structure.* Glencoe, IL: Free Press.

Mill, John Stuart. 1862. *Considerations on Representative Government*, II, 2. New York: Harper.

Miller, Hugh. 2002. *Postmodern Public Policy.* Albany: State University of New York Press.

Miller, Hugh, and Charles Fox. 1997. *Postmodern "Reality" and Public Administration.* Burke, VA: Chatelaine Press.

Miller, Trudi. 1989. "The Operation of Democratic Institutions." *Public Administration Review* 49(6): 511–21.

Milward, H. Brinton. 1991. "Current Institutional Arrangements that Create or Require Shared Power." In *Shared Power*, ed. John M. Bryson and Robert C. Einsweiler, 51–77. Minneapolis, MN: Humphrey Institute of Public Affairs.

Mintzberg, Henry. 1996. "Managing Government, Governing Management." *Harvard Business Review* 74 (May–June): 75–83.

Mommsen, Wolfgang. 1974. *The Age of Bureaucracy.* New York: Harper and Row.

Monypenny, Philip. 1953. "A Code of Ethics for Public Administration." *George Washington Law Review* 25(3): 247–62. Available at: http://aspanet.org/ethics/coe.html.

Mooney, James, and Alan C. Reiley. 1939. *The Principles of Organization.* New York: Harper and Row.

Mosher, Frederick. 1968. *Democracy and the Public Service.* New York: Oxford University Press.

Moynihan, Donald P. 2008. *The Dynamics of Performance Management.* Washington, DC: Georgetown University Press.

Mulgan, Richard. 2000. "Comparing Accountability in the Public and Private Sectors." *Australian Journal of Public Administration* 59(1): 87–98.

Munsterberg, Hugo. 1913. *Psychology and Industrial Efficiency.* Boston: Houghton Mifflin.

Myers, R., and R. Lacey. 1996. "Consumer Satisfaction, Performance and Accountability in the Public Sector." *International Review of Administrative Sciences* 62(2): 331–50.

Nakamura, Robert. 1987. "The Textbook Policy Process and Implementation Research." *Policy Studies Review* 7(1): 142–54.

Nalbandian, John. 1999. "Facilitating Community, Enabling Democracy: New Roles of Local Government Managers." *Public Administration Review* 59(3): 187–98.

Nabatchi, Tina, and Ines Mergel. 2010. "Participation 2.0: Using Internet and Social Media Technologies to Promote Distributed Democracy and Create Digital Neighborhoods." In *Connected Communities*, ed. James Svara and Janet V. Denhardt, 80–87. Phoenix: Alliance for Innovation.

Nelissen, Nico. 2002. "The Administrative Capacity of New Types of Governance." *Public Organization Review* 2(1): 23–43.

Nelissen, Nico; Marie Louise Bemelmans Videc; Arnold Godfroij; and Peter de Goede. 1999. *Renewing Government*. Utrecht, NL: International Books.

O'Leary, Rosemary. 2006. *The Ethics of Dissent*. Washington, DC: CQ Press.

Organization for Economic Cooperation and Development (OECD). 2001. *Citizens as Partners: Information, Consultation, and Public Participation in Policy Making*. Paris: OECD.

Osborne, David, and Ted Gaebler. 1992. *Reinventing Government: How the Entrepreneurial Spirit Is Transforming the Public Sector*. Reading, MA: Addison-Wesley.

Osborne, David, with Peter Plastrik. 1997. *Banishing Bureaucracy*. Reading, MA: Addison-Wesley.

Ostrom, Vincent. 1974. *The Intellectual Crisis in American Public Administration*. Tuscaloosa: University of Alabama Press.

Ostrom, Vincent, and Elinor Ostrom. 1971. "Public Choice: A Different Approach to the Study of Public Administration." *Public Administration Review* 31 (March–April): 203–16.

O'Toole, Laurence. 2000. "Research on Policy Implementation: Assessment and Prospects." *Journal of Public Administration Research and Theory* 10(2): 263–88.

O'Toole, Laurence, and Robert Montjoy. 1984. "Intergovernmental Policy Implementation: A Theoretical Perspective." *Public Administration Review* 54(6): 491–503.

Ott, J. Steven, ed. 1989. *Classic Readings in Organizational Behavior*. Belmont, CA: Brooks/Cole.

———. 1996. *Classic Readings in Organizational Behavior*. 2d ed. Fort Worth, TX: Harcourt Brace.

Palumbo, Dennis. 1987. "What Have We Learned and Still Need to Know?" *Policy Studies Review* 7(1): 91–102.

Pateman, Carole. 1970. *Participation and Democratic Theory*. Cambridge, UK: Cambridge University Press.

Percy, Stephen. 1984. "Citizen Participation in the Coproduction of Urban Services." *Urban Affairs Quarterly* 19(4): 431–46.

Perry, James L., ed. 1996. *Handbook of Public Administration*. 2d ed. San Francisco: Jossey-Bass.

Perry, James L., and Lois Wise. 1990. "The Motivational Bases of Public Service." *Public Administration Review* 50(3): 367–73.

Peters, B. Guy, and Donald Savoie. 1996. "Managing Incoherence: The Coordination and Empowerment Conundrum." *Public Administration Review* 56(3): 281–89.

Peters, Tom, and Robert Waterman. 1982. *In Search of Excellence*. New York: HarperCollins.

Pfeffer, Jeffrey. 1981. *Power in Organizations*. Cambridge, MA: Ballinger.

Plas, Jeanne M. 1996. *Person-Centered Leadership: An American Approach to Participatory Management.* London: Sage.

Pocock, J.G.A. 1995. "The Ideal of Citizenship Since Classical Times." In *Theorizing Citizenship*, ed. Ronald Beiner, 29–52. Albany: State University of New York Press.

Pollitt, Christopher. 1988. "Bring Consumers into Performance Measurement." *Policy and Politics* 16(2): 77–88.

———. 1993. *Managerialism and the Public Service.* 2d ed. Cambridge, UK: Basil Blackwell.

Pollitt, Christopher, and Geert Bouckaert. 2000. *Public Management Reform.* Oxford, UK: Oxford University Press.

Pollit, Christopher; Sandra Van Thiel; and Vincent Homberg, eds. 2007. *The New Public Management in Europe.* Houndsmill, UK: Palgrave Macmillan.

Portney, Kent. 2005. "Civic Engagement and Sustainable Cities in the United States." *Public Administration Review* 65(5): 579–91.

Potter, Jenny. 1988. "Consumerism and the Public Sector." *Public Administration* 66 (Summer): 149–64.

Pranger, Robert J. 1968. *The Eclipse of Citizenship.* New York: Holt, Rinehart and Winston.

Pressman, Jeffrey, and Aaron Wildavsky. 1973. *Implementation.* Berkeley: University of California Press.

———. 1979. *Implementation.* 2d ed. Berkeley: University of California Press.

Pusey, Michael. 1991. *Economic Rationalism in Canberra.* New York: Cambridge University Press.

Putnam, Robert. 2000. *Bowling Alone.* New York: Simon and Schuster.

Rabin, Jack; W. Bartley Hildreth; and Gerald J. Miller, eds. 1998. *Handbook of Public Administration.* 2d ed. New York: Marcel Dekker.

Ramesh, M.; Eduardo Araral; and Xun Wu, eds. 2010. *Reasserting the Public in Public Services.* New York: Routledge Studies in Governance and Public Policy.

Redford, Emmette. 1954. "The Protection of the Public Interest with Special Reference to Administrative Regulation." *American Political Science Review* 48: 1103–1108.

———. 1969. *Democracy in the Administrative State.* New York: Oxford University Press.

Reich, Robert B. 1988. "Policy Making in a Democracy." In *The Power of Public Ideas*, ed. Robert B. Reich. Cambridge, MA: Ballinger.

Rezmovic, Eva. 1982. "Program Implementation and Evaluation Results." *Evaluation and Program Planning* 5(1): 111–18.

Roberts, Nancy. 2004. "Public Deliberation in an Age of Direct Citizen Participation." *American Review of Public Administration* 34(4): 315–53.

Roberts, Nancy 2008. *The Age of Direct Citizen Participation.* Armonk, NY: M.E. Sharpe.

Roethlisberger, F.J., and William Dickson. 1939. *Management and the Worker.* Cambridge, MA: Harvard University Press.

Rohr, John A. 1986. *To Run a Constitution: The Legitimacy of the Administrative State.* Lawrence: University Press of Kansas, Studies in Government and Public Policy.

———. 1998. *Public Service, Ethics and Constitutional Practice.* Lawrence: University Press of Kansas.

Romzek, Barbara S., and Melvin Dubnick. 1987. "Accountability in the Public Sector: Lessons from the Challenger Tragedy." *Public Administration Review* 47(3): 227–38.

Romzek, Barbara S., and Patricia Ingraham. 2000. "Cross Pressures of Account-ability: Initiative, Command, and Failure in the Ron Brown Plane Crash." *Public Administration Review* 60(3): 240–53.

Rosen, Bernard. 1989. *Holding Government Bureaucracies Accountable.* 2d ed. New York: Praeger.

Ruscio, Kenneth. 1996. "Trust, Democracy, and Public Management: A Theoretical Ar-gument." *Journal of Public Administration Research and Theory* 6(3): 461–77.

Sandel, Michael. 1996. *Democracy's Discontent.* Cambridge: Belknap Press of Har-vard University Press.

Schachter, Hindy Lauer. 1997. *Reinventing Government or Reinventing Ourselves.* Albany: State University of New York Press.

Schattschneider, E.E. 1952. "Political Parties and the Public Interest." *Annals of the American Academy of Political and Social Science* 280:13–31.

Schein, Edgar. 1987. *Organizational Culture and Leadership.* San Francisco: Jossey-Bass.

Schmidt, Faye, with Teresa Strickland. 1998. *Client Satisfaction Surveying.* Ottawa: Ca-nadian Centre for Management Development, Citizen-Centered Service Network.

Schneider, Anne Larason, and Helen Ingram. 1997. *Policy Design for Democracy.* Lawrence: University Press of Kansas.

Schott, Richard. 1986. "The Psychological Development of Adults: Implications of Public Administration." *Public Administration Review* 46(6): 657–67.

Schubert, Glendon. 1957. "'The Public Interest' in Administrative Decision-Making: The-orem, Theosophy, or Theory." *American Political Science Review* 51(2): 346–68.

———. 1960. *The Public Interest: A Critique of the Theory of a Political Concept.* Glencoe, IL: Free Press.

———. 1962. "Is There a Public Interest Theory?" In *The Public Interest*, ed. Carl Friedrich, 162–76. New York: Atherton Press.

Schwartz, N.L. 1988. *The Blue Guitar: Political Representation and Community.* Chicago: University of Chicago Press.

Selznick, Phillip. 1992. *The Moral Commonwealth.* Berkeley: University of Cali-fornia Press.

Shafritz, Jay, and Albert Hyde. 1997. *Classics of Public Administration.* 2d ed. Fort Worth, TX: Harcourt Brace.

Shamsul, Haque. 2007. "Revisiting the New Public Management." *Public Adminis-tration Review* 67(1): 19–182.

Sharpe, Elaine. 1980. "Toward a New Understanding of Urban Services and Citizen Participation." *Midwest Review of Public Administration* 14(2): 105–18.

Sherif, M. 1936. *The Psychology of Social Norms.* New York: Harper.

Simon, Herbert A. 1957. *Administrative Behavior.* 2d ed. New York: Free Press.

Simon, Herbert A.; Donald W. Smithburg; and Victor A. Thompson. 1950. *Public Administration.* New York: Knopf.

Sirianni, Carmen, and Lewis Friedland. 2001. *Civic Innovation in America.* Berkeley: University of California Press.

Smith, Howard. 1960. *Democracy and the Public Interest.* Athens: University of Georgia Press.

Sorauf, Frank. 1957. "The Public Interest Reconsidered." *Journal of Politics* 19(4): 616–39.

Sorensen, Eva, and Jacob Torfing, eds. 2008. *Theories of Democratic Network Gov-ernance.* New York: Palgrave Macmillan.

Spiro, Herbert J. 1969. *Responsibility in Government: Theory and Practice.* New York: Van Nostrand Reinhold.

Staats, Elmer. 1988. "Public Service and the Public Interest." *Public Administration Review* (March–April): 601–5.

Stashevsky, Shmuel, and Dov Elizur. 2000. "The Effect of Quality Management and Participation in Decision-Making on Individual Performance." *Journal of Quality Management* 5: 53.

Stivers, Camilla. 1990. "The Public Agency as Polis: Active Citizenship in the Administrative State." *Administration & Society* 22(1): 86–105.

———. 1993. *Gender Images in Public Administration.* Newbury Park, CA: Sage.

———. 1994a. "Citizenship Ethics in Public Administration." In *Handbook of Administrative Ethics*, ed. Terry Cooper, 583–602. New York: Marcel Dekker.

———. 1994b. "The Listening Bureaucrat." *Public Administration Review* 54(4): 364–69.

Stone, Deborah. 1988. *Policy Paradox and Political Reason.* New York: HarperCollins.

———. 1997. *Policy Paradox: The Art of Political Decision Making.* New York: Norton.

Sundeen, Richard. 1985. "Coproduction and Communities." *Administration & Society* 16(4): 387–402.

Svara, James. 2007. *The Ethics Primer for Public Administrators in Government and Nonprofit Organizations.* Sudbury, MA: Jones and Bartlett.

———. 2010. "The Next Generation Challenge: Finding and Incorporating the Local Government Managers of the Future." *Journal of Public Administration Education* 16(3): 361–77.

Swedish Association of Local Authorities and Regions. 2010. *11 Thoughts About Citizen Dialogue in Local Government.* Stockholm, Sweden.

Taylor, Frederick W. 1923. *Scientific Management.* New York: Harper and Row.

Tebo, David. 2006. "Searching for the Wisdom of the American Founders: The Four Great Challenges of the Federalist Papers Facing Today's Public Servant." Unpublished paper.

Terry, Larry D. 1993. "Why We Should Abandon the Misconceived Quest to Reconcile Public Entrepreneurship with Democracy." *Public Administration Review* 53(4): 393–95.

———. 1995. *Leadership of Public Bureaucracies.* Thousand Oaks, CA: Sage.

———. 1998. "Administrative Leadership, Neo-Managerialism, and the Public Management Movement." *Public Administration Review* 58(3): 194–200.

Thomas, John Clayton. 1995. *Public Participation in Public Decisions.* San Francisco: Jossey-Bass.

———. 2010. "Citizen, Customer, Partner: Thinking about Local Governance with and for the Public." In *Connected Communities*, ed. James Svara and Janet V. Denhardt, 57–61. Phoenix: Alliance for Innovation.

Thompson, Dennis. 1970. *The Democratic Citizen.* Cambridge, UK: Cambridge University Press.

de Tocqueville, Alexis. [1835]1969. *Democracy in America*, trans. George Lawrence, ed. J.P. Mayer. Garden City, NY: Doubleday.

Tornatzky, Louis, and Elmina Johnson. 1982. "Research on Implementation: Implications for Evaluation Practice and Evaluation Policy." *Evaluation and Program Planning* 5(1): 193–98.

Trajanowicz, R.; V. Kappeler; L. Gaines; and B. Bucqueroux. 1998. *Community Policing: A Contemporary Perspective.* Cincinnati, OH: Anderson.

Turner, Bryan S., ed. 1993. *Citizenship and Social Theory.* London: Sage.

University of Wisconsin Extension. 2005. Community Development Update. Quarter One.

Van Meter, D.S., and C.E. Van Horn. 1975. "The Policy Implementation Process: A Conceptual Framework." *Administration & Society* 6(4): 445–88.

Van Wart, Montgomery. 2005. *Dynamics of Leadership in Public Service.* Armonk, NY: M. E. Sharpe.

Vinzant, Janet. 1998. "Where Values Collide: Motivation and Role Conflict in Child and Adult Protective Services." *American Review of Public Administration* 28(4): 347–66.

Vinzant, Janet, and Lane Crothers. 1998. *Street-Level Leadership: Discretion and Legitimacy in Front-Line Public Service.* Washington, DC: Georgetown University Press.

Vroom, Victor. 1964. *Work and Motivation.* New York: John Wiley.

Wagenaar, H. 2007. "Governance, Complexity, and Democratic Participation: How Citizens and Public Officials Harness the Complexities of Neighborhood Decline." *American Review of Public Administration* 37(1): 17–50.

Waldo, Dwight. 1948. *The Administrative State.* New York: Ronald Press.

———. 1952. "The Development of a Theory of Democratic Administration." *American Political Science Review* 46 (March): 81–103.

Walters, L. C., Aydelotte, J. and Miller, J. 2000. "Putting More Public in Policy Analysis." *Public Administration Review* 60: 349–59.

Walzer, Michael. 1995. "The Civil Society Argument." In *Theorizing Citizenship,* ed. Ronald Beiner, 153–74. Albany: State University of New York Press.

Wamsley, Gary; Robert Bacher; Charles Goodsell; Philip Kronenberg; John Rohr; Camilla Stivers; Orion White; and James Wolf. 1990. *Refounding Public Administration.* Newbury Park, CA: Sage.

Wamsley, Gary, and James Wolf. 1996. *Refounding Democratic Public Administration.* Thousand Oaks, CA: Sage.

Watson, Douglas; Robert Juster; and Gerald Johnson. 1991. "Institutional Use of Citizen Surveys in the Budgetary and Policy-Making Processes." *Public Administration Review* 51(3): 232–39.

Weale, Albert. 2007. *Democracy.* Houndsmill, UK: Palgrave Macmillan.

Weber, Edward P. 1999. "The Question of Accountability in Historical Perspective." *Administration & Society* 31(4): 451–95.

Weeks, Edward C. 2000. "The Practice of Deliberative Democracy." *Public Administration Review* 60(4): 360–72.

Weimer, David. 1980. "CMIS Implementation: A Demonstration of Predictive Analysis." *Public Administration Review* 50(3): 231–40.

White, Jay. 2002. *Taking Language Seriously: The Narrative Foundations of Public Administration Research.* Washington, DC: Georgetown University Press.

White, Leonard D. 1926. *Introduction to the Study of Public Administration.* New York: Macmillan.

Whyte, W.F. 1943. *Street Corner Society.* Chicago: University of Chicago Press.

Willoughby, W.F. 1927. *Principles of Public Administration.* Baltimore, MD: Johns Hopkins University Press.

Wilson, Woodrow. [1887]1987. "The Study of Administration." *Political Science Quarterly* 2 (June). Reprinted in *Classics of Public Administration*, 2d ed., ed. Jay Shafritz and Albert Hyde, 10–25, Chicago: Dorsey Press, 1997.

Wolfe, Alan. 1989. *Whose Keeper? Social Science and Moral Obligation.* Berkeley: University of California Press.

Woolum, Janet. 2000. "Social Capital as a Community Resource: Implications for Public Administration." Unpublished manuscript.

Woolum, Janet. 2010. "Citizen-Government Dialogue in Performance Measurement Cycle: Cases from Local Government." In *Connected Communities*, ed. James Svara and Janet V. Denhardt, 102–105. Phoenix: Alliance for Innovation.

Wolin, Sheldon. 1960. *Politics and Vision.* Boston: Little, Brown.

Yankelovich, Daniel. 1991. *Coming to Public Judgment.* Syracuse, NY: Syracuse University Press.

———. 1999. *The Magic of Dialogue.* New York: Simon and Schuster.

Yeatman, Anna. 1987. "The Concept of Public Management and the Australian State." *Australian Journal of Public Administration* 46(4): 339–53.

索 引

学术前沿系列
公共行政与公共管理经典译丛

以下所标页码为英文原书页码，见本书每页边上的标码（边码）；斜体数字表示专栏中的内容。

人大版公共管理类翻译（影印）图书

公共行政与公共管理经典译丛

书名	著译者	定价
公共管理名著精华："公共行政与公共管理经典译丛"导读	吴爱明　刘晶　主编	49.80 元
公共管理导论（第四版）	［澳］欧文·E. 休斯　著 张成福　马子博　等　译	48.00 元
政治学（第三版）	［英］安德鲁·海伍德　著 张立鹏　译	49.80 元
公共政策分析导论（第四版）	［美］威廉·N. 邓恩　著 谢明　等　译	49.00 元
公共政策制定（第五版）	［美］詹姆斯·E. 安德森　著 谢明　等　译	46.00 元
公共行政学：管理、政治和法律的途径（第五版）	［美］戴维·H. 罗森布鲁姆　等　著 张成福　等　译校	58.00 元
比较公共行政（第六版）	［美］费勒尔·海迪　著 刘俊生　译校	49.80 元
公共部门人力资源管理：系统与战略（第六版）	［美］唐纳德·E. 克林纳　等　著 孙柏瑛　等　译	58.00 元
公共部门人力资源管理（第二版）	［美］埃文·M. 伯曼　等　著 萧鸣政　等　译	49.00 元
行政伦理学：实现行政责任的途径（第五版）	［美］特里·L. 库珀　著 张秀琴　译　音正权　校	35.00 元
民治政府：美国政府与政治（第 23 版·中国版）	［美］戴维·B 马格莱比　等　著 吴爱明　等　编译	58.00 元
比较政府与政治导论（第五版）	［英］罗德·黑格　马丁·哈罗普　著 张小劲　等　译	48.00 元
公共组织理论（第五版）	［美］罗伯特·B. 登哈特　著 扶松茂　丁力　译　竺乾威　校	32.00 元
公共组织行为学	［美］罗伯特·B. 登哈特　等　著 赵丽江　译	49.80 元
组织领导学（第七版）	［美］加里·尤克尔　著 丰俊功　译	78.00 元
公共关系：职业与实践（第四版）	［美］奥蒂斯·巴斯金　等　著 孔祥军　等　译　郭惠民　审校	68.00 元
公用事业管理：面对 21 世纪的挑战	［美］戴维·E. 麦克纳博　著 常健　等　译	39.00 元
公共预算中的政治：收入与支出，借贷与平衡（第四版）	［美］爱伦·鲁宾　著 叶娟丽　马骏　等　译	39.00 元
公共行政学新论：行政过程的政治（第二版）	［美］詹姆斯·W. 费斯勒　等　著 陈振明　等　译校	58.00 元
公共部门战略管理	［美］保罗·C. 纳特　等　著 陈振明　等　译校	49.00 元
公共行政与公共事务（第十版·中文修订版）	［美］尼古拉斯·亨利　著 孙迎春　译	68.00 元
案例教学指南	［美］小劳伦斯·E. 林恩　著 郄少健　等　译　张成福　等　校	39.00 元
公共管理中的应用统计学（第五版）	［美］肯尼思·J. 迈耶　等　著 李静萍　等　译	49.00 元
现代城市规划（第五版）	［美］约翰·M. 利维　著 张景秋　等　译	39.00 元
非营利组织管理	［美］詹姆斯·P. 盖拉特　著 邓国胜　等　译	38.00 元

书名	著译者	定价
公共财政管理：分析与应用（第九版）	［美］约翰·L. 米克塞尔　著 苟燕楠　马蔡琛　译	138.00 元
公共行政学：概念与案例（第七版）	［美］理查德·J. 斯蒂尔曼二世　编著 竺乾威　等　译	75.00 元
公共管理研究方法（第五版）	［美］伊丽莎白森·奥沙利文　等　著 王国勤　等　译	79.00 元
公共管理中的量化方法：技术与应用（第三版）	［美］苏珊·韦尔奇　等　著 郝大海　等　译	39.00 元
公共部门绩效评估	［美］西奥多·H. 波伊斯特　著 肖鸣政　等　译	45.00 元
公共管理的技巧（第九版）	［美］乔治·伯克利　等　著 丁煌　主译	59.00 元
领导学：理论与实践（第五版）	［美］彼得·G. 诺斯豪斯　著 吴爱贞　陈爱明　陈晓明　译	48.00 元
领导学（亚洲版）	［新加坡］林志颂　等　著 顾朋兰　等　译　丁进锋　校译	59.80 元
领导学：个人发展与职场成功（第二版）	［美］克利夫·里科特斯　著 戴卫东　等　译　姜雪　校译	69.00 元
二十一世纪的公共行政：挑战与改革	［美］菲利普·J. 库珀　等　著 王巧玲　李文钊　译　毛寿龙　校	45.00 元
行政学（新版）	［日］西尾胜　著 毛桂荣　等　译	35.00 元
比较公共行政导论：官僚政治视角（第六版）	［美］B. 盖伊·彼得斯　著 聂露　李姿姿　译	49.80 元
理解公共政策（第十二版）	［美］托马斯·R. 戴伊　著 谢明　译	45.00 元
公共政策导论（第三版）	［美］小约瑟夫·斯图尔特　等　著 韩红　译	35.00 元
公共政策分析：理论与实践（第四版）	［美］戴维·L. 韦默　等　著 刘伟　译校	68.00 元
公共政策分析案例（第二版）	［美］乔治·M. 格斯　保罗·G. 法纳姆　著 王军霞　贾洪波　译　王军霞　校	59.00 元
公共危机与应急管理概论	［美］迈克尔·K. 林德尔　等　著 王宏伟　译	59.00 元
公共行政导论（第六版）	［美］杰伊·M. 沙夫里茨　等　著 刘俊生　等　译	65.00 元
城市管理学：美国视角（第六版·中文修订版）	［美］戴维·R. 摩根　等　著 杨宏山　陈建国　译　杨宏山　校	56.00 元
公共经济学：政府在国家经济中的作用	［美］林德尔·G. 霍尔库姆　著 顾建光　译	69.80 元
公共部门管理（第八版）	［美］格罗弗·斯塔林　著 常健　等　译　常健　校	75.00 元
公共行政学经典（第七版·中国版）	［美］杰伊·M. 沙夫里茨　艾伯特·C. 海德　主编 刘俊生　译校	148.00 元
理解治理：政策网络、治理、反思与问责	［英］R. A. W. 罗兹　著 丁煌　丁方达　译　丁煌　校	69.80 元
政治、经济与福利	［美］罗伯特·A. 达尔　查尔斯·E. 林德布洛姆　著 蓝志勇　等　译	98.00 元
新公共服务：服务，而不是掌舵（第三版）	［美］珍妮特·V. 登哈特　罗伯特·B. 登哈特　著 丁煌　译　方兴　丁煌　校	39.00 元

书名	著译者	定价
议程、备选方案与公共政策（第二版·中文修订版）	[美] 约翰·W. 金登　著 丁煌　方兴　译　丁煌　校	49.00 元
政策分析八步法（第三版）	[美] 尤金·巴达克　著 谢明　等　译　谢明　等　校	48.00 元
新公共行政	[美] H. 乔治·弗雷德里克森 丁煌　方兴　译　丁煌　校	23.00 元
公共行政的精神（中文修订版）	[美] H. 乔治·弗雷德里克森　著 张成福　等　译　张成福　校	48.00 元
官僚制内幕（中文修订版）	[美] 安东尼·唐斯　著 郭小聪　等　译	49.80 元
民营化与公私部门的伙伴关系（中文修订版）	[美] E.S. 萨瓦斯 周志忍　等　译	59.00 元
行政伦理学手册（第二版）	[美] 特里·L. 库珀　主编 熊节春　译　熊节春　熊碧霞　校	168.00 元
政府绩效管理：创建政府改革的持续动力机制	[美] 唐纳德·P. 莫伊尼汗　著 尚虎平　杨娟　孟陶　译　孟陶　校	69.00 元
后现代公共行政：话语指向（中文修订版）	[美] 查尔斯·J. 福克斯　等　著 楚艳红　等　译　吴琼　校	38.00 元
公共行政的合法性：一种话语分析（中文修订版）	[美] O.C. 麦克斯怀特　著 吴琼　译	45.00 元
公共行政的语言：官僚制、现代性和后现代性（中文修订版）	[美] 戴维·约翰·法默尔　著 吴琼　译	56.00 元
领导学	[美] 詹姆斯·麦格雷戈·伯恩斯　著 常健　孙海云　等　译　常健　校	69.00 元
官僚经验：后现代主义的挑战（第五版）	[美] 拉尔夫·P. 赫梅尔　著 韩红　译	39.00 元
制度分析：理论与争议（第二版）	[韩] 河连燮　著 李秀峰　柴宝勇　译	48.00 元
公共服务中的情绪劳动	[美] 玛丽·E. 盖伊　等　著 周文霞　等　译	38.00 元
预算过程中的新政治（第五版）	[美] 阿伦·威尔达夫斯基　等　著 苟燕楠　译	58.00 元
公共行政中的价值观与美德：比较研究视角	[荷] 米歇尔·S. 德·弗里斯　等　主编 熊缨　耿小平　等　译	58.00 元
公共决策中的公民参与	[美] 约翰·克莱顿·托马斯　著 孙柏瑛　等　译	28.00 元
再造政府	[美] 戴维·奥斯本　等　著 谭功荣　等　译	45.00 元
构建虚拟政府：信息技术与制度创新	[美] 简·E. 芳汀　著 邵国松　译	32.00 元
突破官僚制：政府管理的新愿景	[美] 麦克尔·巴泽雷　著 孔宪遂　等　译	25.00 元
政府未来的治理模式（中文修订版）	[美] B. 盖伊·彼得斯　著 吴爱明　等　译　张成福　校	38.00 元
无缝隙政府：公共部门再造指南（中文修订版）	[美] 拉塞尔·M. 林登　著 汪大海　等　译	48.00 元
公民治理：引领 21 世纪的美国社区（中文修订版）	[美] 理查德·C. 博克斯　著 孙柏瑛　等　译	38.00 元
持续创新：打造自发创新的政府和非营利组织	[美] 保罗·C. 莱特　著 张秀琴　译　音正权　校	28.00 元

书名	著译者	定价
政府改革手册：战略与工具	[美] 戴维·奥斯本 等 著 谭功荣 等 译	59.00 元
公共部门的社会问责：理念探讨及模式分析	世界银行专家组 著 宋涛 译校	28.00 元
公私合作伙伴关系：基础设施供给和项目融资的全球革命	[英] 达霖·格里姆赛 等 著 济邦咨询公司 译	29.80 元
非政府组织问责：政治、原则与创新	[美] 丽莎·乔丹 等 主编 康晓光 等 译 冯利 校	32.00 元
市场与国家之间的发展政策：公民社会组织的可能性与界限	[德] 康保锐 著 隋学礼 译校	49.80 元
建设更好的政府：建立监控与评估系统	[澳] 凯思·麦基 著 丁煌 译 方兴 校	30.00 元
新有效公共管理者：在变革的政府中追求成功（第二版）	[美] 史蒂文·科恩 等 著 王巧玲 等 译 张成福 校	28.00 元
驾御变革的浪潮：开发动荡时代的管理潜能	[加] 加里斯·摩根 著 孙晓莉 译 刘霞 校	22.00 元
自上而下的政策制定	[美] 托马斯·R. 戴伊 著 鞠方安 等 译	23.00 元
政府全面质量管理：实践指南	[美] 史蒂文·科恩 等 著 孔宪遂 等 译	25.00 元
公共部门标杆管理：突破政府绩效的瓶颈	[美] 帕特里夏·基利 等 著 张定淮 译校	28.00 元
创建高绩效政府组织：公共管理实用指南	[美] 马克·G. 波波维奇 主编 孔宪遂 等 译 耿洪敏 校	23.00 元
职业优势：公共服务中的技能三角	[美] 詹姆斯·S. 鲍曼 等 著 张秀琴 译 音正权 校	19.00 元
全球筹款手册：NGO 及社区组织资源动员指南（第二版）	[美] 米歇尔·诺顿 著 张秀琴 等 译 音正权 校	39.80 元

公共政策经典译丛

书名	著译者	定价
公共政策评估	[美] 弗兰克·费希尔 著 吴爱明 等 译	38.00 元
公共政策工具——对公共管理工具的评价	[美] B. 盖伊·彼得斯 等 编 顾建光 译	29.80 元
第四代评估	[美] 埃贡·G. 古贝 等 著 秦霖 等 译 杨爱华 校	39.00 元
政策规划与评估方法	[加] 梁鹤年 著 丁进锋 译	39.80 元

当代西方公共行政学思想经典译丛

书名	编译者	定价
公共行政学中的批判理论	戴黍 牛美丽 等 编译	29.00 元
公民参与	王巍 牛美丽 编译	45.00 元
公共行政学百年争论	颜昌武 马骏 编译	49.80 元
公共行政学中的伦理话语	罗蔚 周霞 编译	45.00 元

公共管理英文版著作

书名	作者	定价
公共管理导论（第四版）	［澳］Owen E. Hughes（欧文・E. 休斯） 著	45.00 元
理解公共政策（第十二版）	［美］Thomas R. Dye（托马斯・R. 戴伊） 著	34.00 元
公共行政学经典（第五版）	［美］Jay M. Shafritz（杰伊・M. 莎夫里茨）等 编	59.80 元
组织理论经典（第五版）	［美］Jay M. Shafritz（杰伊・M. 莎夫里茨）等 编	46.00 元
公共政策导论（第三版）	［美］Joseph Stewart，Jr.（小约瑟夫・斯图尔特）等 著	35.00 元
公共部门管理（第九版・中国学生版）	［美］Grover Starling（格罗弗・斯塔林） 著	59.80 元
政治学（第三版）	［英］Andrew Heywood（安德鲁・海伍德） 著	35.00 元
公共行政导论（第五版）	［美］Jay M. Shafritz（杰伊・M. 莎夫里茨）等 著	58.00 元
公共组织理论（第五版）	［美］Robert B. Denhardt（罗伯特・B. 登哈特） 著	32.00 元
公共政策分析导论（第四版）	［美］William N. Dunn（威廉・N. 邓恩） 著	45.00 元
公共部门人力资源管理：系统与战略（第六版）	［美］Donald E. Klingner（唐纳德・E. 克林纳）等 著	48.00 元
公共行政与公共事务（第十版）	［美］Nicholas Henry（尼古拉斯・亨利） 著	39.00 元
公共行政学：管理、政治和法律的途径（第七版）	［美］David H. Rosenbloom（戴维・H. 罗森布鲁姆）等 著	68.00 元
公共经济学：政府在国家经济中的作用	［美］Randall G. Holcombe（林德尔・G. 霍尔库姆） 著	62.00 元
领导学：理论与实践（第六版）	［美］Peter G. Northouse（彼得・G. 诺斯豪斯） 著	45.00 元

更多图书信息，请登录 www. crup. com. cn 查询，或联系中国人民大学出版社政治与公共管理出版分社获取

地址：北京市海淀区中关村大街甲 59 号文化大厦 1202 室　　邮编：100872
电话：010－82502724　　　　　　　　　　　　　　传真：010－62514775
E-mail：ggglcbfs@vip. 163. com　　　　　　　　　　网站：http：//www. crup. com. cn

图书在版编目（CIP）数据

新公共服务：服务，而不是掌舵：第三版/（美）登哈特（Denhardt，J. V.），（美）登哈特（Denhardt，R. B.）著；丁煌译. —北京：中国人民大学出版社，2016.8
（公共行政与公共管理经典译丛. 学术前沿系列）
"十三五"国家重点出版物出版规划项目
ISBN 978-7-300-22888-4

Ⅰ.①新… Ⅱ.①登… ②登… ③丁… Ⅲ.①社会服务-研究 Ⅳ.①C916

中国版本图书馆 CIP 数据核字（2016）第 103895 号

公共行政与公共管理经典译丛
学术前沿系列
"十三五"国家重点出版物出版规划项目
新公共服务：服务，而不是掌舵（第三版）
［美］珍妮特·V·登哈特（Janet V. Denhardt）
罗伯特·B·登哈特（Robert B. Denhardt）　　著
丁　煌　译
方　兴　丁　煌　校
Xin Gonggong Fuwu

出版发行	中国人民大学出版社				
社　　址	北京中关村大街 31 号		**邮政编码**	100080	
电　　话	010－62511242（总编室）		010－62511770（质管部）		
	010－82501766（邮购部）		010－62514148（门市部）		
	010－62515195（发行公司）		010－62515275（盗版举报）		
网　　址	http://www.crup.com.cn				
经　　销	新华书店				
印　　刷	天津鑫丰华印务有限公司				
开　　本	787 mm×1092 mm　1/16		**版　次**	2016 年 8 月第 1 版	
印　　张	13.75 插页 2		**印　次**	2023 年 4 月第 5 次印刷	
字　　数	285 000		**定　价**	65.00 元	